Tamar Amar-Dahl

Das zionistische Is

Tamar Amar-Dahl

Das zionistische Israel

Jüdischer Nationalismus und die
Geschichte des Nahostkonflikts

Ferdinand Schöningh
Paderborn · München · Wien · Zürich

Titelbild:
Trennzaun in der Altstadt von Hebron, Westjordanland.
Die Wohnquartiere von Palästinensern im Erdgeschoss sind durch Maschendrahtzäune
von den Quartieren israelischer Siedler in den oberen Geschossen abgetrennt.
– Wikimedia Commons – Asad112, 2009

Bibliografische Information der Deutschen Nationalbibliothek

Die Deutsche Nationalbibliothek verzeichnet diese Publikation in der Deutschen
Nationalbibliografie; detaillierte bibliografische Daten sind im Internet über
http://dnb.d-nb.de abrufbar.

© 2012 Ferdinand Schöningh, Paderborn
(Verlag Ferdinand Schöningh GmbH & Co. KG, Jühenplatz 1, D-33098 Paderborn)

Internet: www.schoeningh.de

Einbandgestaltung: Evelyn Ziegler, München
Printed in Germany
Herstellung: Ferdinand Schöningh GmbH & Co. KG, Paderborn

ISBN 978-3-506-77591-7

Inhalt

Einleitung

Israel ist ein Produkt des Zionismus. Der jüdische Staat entstammt dem jüdischen Nationalismus, der sich im Laufe der zweiten Hälfte des 19. Jahrhunderts in Europa herausbildete. Im Zuge der Verweltlichung und der Nationalstaatsbildungen in Westeuropa nahm der religiös gefärbte, alt-christliche Judenhass rassistische Züge an und wurde zum virulenten Antisemitismus. Gleichzeitig scheiterten Versuche einer echten Emanzipation der Juden Europas. Die »Judenfrage« wurde infolgedessen von den Juden selbst aufgegriffen; neue Lösungsansätze schienen vonnöten.

Theodor Herzls Pamphlet *Der Judenstaat* von 1896 folgte 1897 der Erste Zionistische Kongress in Basel. Mit der Gründung der Zionistischen Weltorganisation wurde gleich das politische Ziel angekündigt: die Errichtung eines Judenstaats für das jüdische Volk außerhalb Europas. Die Ablehnung jüdischen Lebens in Europa wurde zum zionistischen Grundsatz der »Negation der Diaspora«; die zionistisch motivierte, jüdische Auswanderung aus zunächst Ost-, später auch Westeuropa begann bereits 1882. Die Wahl des Territoriums fiel Anfang des 20. Jahrhunderts auf das alt-neue Land Israel – *Eretz Israel*.

Ein halbes Jahrhundert später, jedoch nicht bevor die Ermordung der europäischen Juden durch den NS-Staat stattfand, erzielte die jüdische Nationalbewegung einen bedeutsamen Sieg: Der jüdische Staat wurde ausgerufen. 1948 ist neben 1945 die entscheidende Zäsur der jüdischen Zeitgeschichte: Die Gründung Israels so kurz nach der Shoah lässt das zionistische Projekt in *Eretz Israel* bitter dringlich erscheinen. Gerade die Vernichtung der eigentlichen Bürger des zu gründenden Judenstaats verfestigte den Zionismus sowohl unter Juden als auch auf internationalem politisch-diplomatischem Parkett zur ultimativen Antwort auf die »Judenfrage«.

Diese zwei historischen Momente setzten einen historischen Prozess in Gang: Die Nationalisierung der Juden vollzog sich in der zweiten Hälfte des 20. Jahrhunderts. Jüdische Nationalstaatlichkeit etablierte sich als manifeste Lebensform. Politische Souveränität und militärische Stärke wurden indes zu zentralen

Merkmalen des neuen jüdisch-israelischen Selbstverständnisses. Im zionistischen Geschichtsverständnis gilt nämlich National-staatlichkeit als ein zu erkämpfender »Normalzustand« des zu nationalisierenden jüdischen Volks. Anfang des 21. Jahrhunderts ist das jüdische Selbstverständnis zionistisch orientiert: *Eretz Israel* ist in jüdischen Händen, der Großteil des jüdischen Volks lebt im alt-neuen Land und der jüdische Nationalstaat ist die israelische Staatsräson.

Doch das zionistische Israel ist nicht selbstverständlich oder normal: Israel verfügt über kein international anerkanntes Staatsgebiet. Das Land hat einen großen nichtjüdischen Bevölkerungsanteil und befindet sich seit seiner Ausrufung in einem andauernden, geradezu prekären Kriegszustand. Der Konflikt um Palästina und dessen Eskalation zu einem unlösbaren regionalen Problem prägt den israelischen Nationalismus nachhaltig. Der Kampf um die Nationalstaatlichkeit hält *de facto* an und dominiert eben deshalb Politik, Gesellschaft, Militär und politische Kultur Israels. Die »Sicherheit« wird zum gesellschaftlichen Schlüssel-Code.

In diesem Spannungsfeld zwischen einem Verständnis von Nationalstaatlichkeit als alternativloser jüdischer Lebensform einerseits, und den Gegebenheiten zur Realisierung des zionistischen Projekts andererseits lässt sich die Geschichte Israels nachvollziehen. Vom Zwiespalt zwischen zionistischem Selbstverständnis in *Eretz Israel* und der Realität in Palästina, wo dieses Selbstverständnis gelebt wird, ist die Historie des zionistischen Projekts geprägt. Dort liegt der Schlüssel zum Verständnis der Geschichte Israels und des Nahostkonflikts.

In diesem Buch will ich folgende Fragen erörtern: Wie ist das zionistische Israel entstanden? Was bedeutet die dem israelischen Staat zu Grunde liegende zionistische Ideologie? Was bedeutet diese für die Umsetzung des Zionismus in einem *de facto* bi-nationalen Palästina? Welche politische Ordnung ist im Laufe der Jahre angesichts dieses Spannungsverhältnisses zwischen Staatsverständnis und demografischer bzw. geopolitischer Realität entstanden? Und: Wie lassen sich die politische Kultur, das Verhältnis von Staat, Politik, Militär und Gesellschaft in Israel charakterisieren?

In fünf Themenkomplexen behandele ich erstens Herkunft und Ideologie des Zionismus, um dann zweitens das in Israel historisch gewachsene Feindverständnis und den Umgang mit dem als

Feind identifizierten Gegner zu ergründen. Ein drittes Kapitel widmet sich der israelischen Demokratie, vor allem dem Spannungsverhältnis zwischen den Ansprüchen der israelischen Staatsdefinition, nicht nur »jüdisch« sondern auch »demokratisch« zu sein. Sowohl der demografische Widerspruch zwischen einem jüdischen Staat in *Eretz Israel* und der bi-nationalen Realität in Palästina als auch die Bedeutung der historisch gewachsenen, stark von sicherheitspolitischen Aspekten geprägten politischen Kultur für die israelische Demokratie sind Gegenstand meiner Darstellung. Kann die israelische Demokratie dem ewigen Kriegszustand standhalten?

Daran knüpft sich ein vierter Teil, der Rolle und Bedeutung des Kriegs bei der Schaffung und Konsolidierung der jüdischen Nationalstaatlichkeit behandelt. Ursache, Form und Verständnis des militärischen Einsatzes als unabdingbares Instrument der Sicherheit bzw. Nationalstaatlichkeit Israels werden in ihren Konsequenzen ergründet. Und schließlich setzt sich das fünfte Kapitel mit der Kompatibilität einer friedlichen Regelung des Nahostkonflikts mit Israels Staatsräson auseinander: Kann sich das zionistische Israel mit seinen Nachbarn versöhnen?

Denn gerade in Hinblick auf die alt-zionistische, in der politischen Kultur des Landes jedoch verleugnete, Palästina-Frage steht das politische Israel heute mit dem Rücken zur Wand: Während der Druck der internationalen Gemeinschaft dramatisch wächst, die staats- bzw. völkerrechtlichen Probleme politisch zu klären, verharrt das Land in seiner traditionellen Verweigerungshaltung. Dieses »destruktive« Ethos bedarf einer Erklärung. Sie findet sich in der Geschichte des zionistischen Israels, die dieser Band erzählt – kritisch aber nicht tadelnd, differenziert, aber nicht bloßstellend, nüchtern und trotzdem nicht anteillos.

1

Der Zionismus:
Ideologie des jüdischen Staats

Von der jüdischen Diaspora und ihrer »Negation«

Der Zionismus entstand Mitte des 19. Jahrhunderts in Europa
mit dem erklärten Ziel, den »anormalen« politischen Zustand der
»jüdischen Diaspora« bzw. Staatenlosigkeit der Juden aufzulösen,
um eine nationalstaatliche Lebensform aufzubauen. Aus der Not
eines zunehmend grassierenden rassistischen Antisemitismus in
Europa kristallisierte sich der jüdische Nationalismus zu einer Bewegung heraus, die die »Negation der Diaspora« zum Kern ihrer
Ideologie bzw. zum Ausgangspunkt ihrer Politik machte.

So beschreibt der zionistische Staatsmann und langjährige israelische Politiker Shimon Peres, der selbst in einem osteuropäischen Schtetl 1923 geboren ist und als Jugendlicher nach Palästina immigrierte, die jüdische Diaspora aus Sicht der bereits
erzielten Nationalstaatlichkeit:

> »Wladimir Jankéléwitsch, ein berühmter jüdischer Philosoph, hat
> einmal gesagt, das jüdische Leben in der Diaspora sei so etwas wie
> eine Fahrt mit der U-Bahn. Man fährt unter der Erde, sieht keine
> Landschaft und wird auch selbst in diesem Zug nicht gesehen. Erst
> in jüngster Zeit vollzieht sich das jüdische Leben so, als sei es eine
> Reise mit dem Bus. Vom Bus aus kann man die Landschaft draußen
> sehen, und von draußen ist zu erkennen, daß Menschen im Bus sit-
> zen. Ein Schtetl war auf vielfältige Weise die U-Bahnfahrt des jüdi-
> schen Lebens. Man war völlig von der Außenwelt abgeschnitten.
> Wenn wir es näher betrachten, dann bekommt es etwas von einem
> Traum, und es war in gewisser Weise auch erfreulich. Es war schön
> dort zu leben, denn man war vom übrigen Leben losgelöst. Das war
> kein gewöhnlicher Ort zu leben. Eher schon ein Traum, denn mit
> unserem Denken und Fühlen lebten wir gar nicht dort. Unsere Her-
> zen waren in Israel. Das Schtetl war so etwas wie eine Durchgangs-
> station.«[1]

Die 2000jährige jüdische Diaspora als eine historische Über-
gangsphase zur ersehnten »normalen« Nationalstaatlichkeit? Neben der zionistischen finden sich diverse weitere jüdische Interpretationen des Diasporagedankens. Der jüdische Historiker
Simon Dubnow (1860-1941) weist in seinem 1931 verfassten Es-
say *Diaspora* darauf hin: Aus *religiöser* Sicht gelte die Diaspora
als *Strafe Gottes*: »Die Hoffnung auf eine Rückkehr nach Zion
und auf das Kommen des Messias ist im Herzen orthodoxer Juden stets lebendig geblieben und bildete einen der von Maimoni-
des formulierten dreizehn Glaubenssätze der jüdischen Religion.«
In Anbetracht der Resignation auf Grund der über zweitausend
Jahre lang vergeblich erwarteten Rückkehr nach Zion »haben
sich [die Juden] mit dem Gedanken getröstet, die Diaspora sei
nicht Gottes Fluch, sondern eine Wohltat [gegenüber dem jüdischen Volk] gewesen«. Dazu führt Dubnow eine Erklärung des
mittelalterlichen Thora-Kommentators Raschi an: Die Diaspora
sei deshalb eine Wohltat, weil durch sie ein zerstreutes Volk nicht
zur selben Zeit vollständig vernichtet werden könne. Der Lebensform der Juden als »zerstreutem Volk« wird eine universelle, zumindest unter religiösem Aspekt wohltätige Wirkung nachgesagt:
»Gott habe die Juden nicht ›zerstreut‹, sondern sie wie Samen
unter die Völker gesät, aus denen die wahre Weltreligion des Mo-
notheismus erwachsen werde.«[2]
   Diese unterschiedlichen Sichtweisen auf das Diasporaleben sind
entsprechend in die jüdischen politischen Bewegungen eingeflos-
sen. Die moderne jüdische Reformbewegung oder der religiöse
Liberalismus akzeptierten die Assimilation, das Aufgehen in der
Mehrheitsbevölkerung, als alternativlos und betrachten das Exil-
leben gewissermaßen als eine universelle Aufgabe. Die sogenannten Diasporanationalisten hielten weder die Assimilation noch
grundsätzlich die Ablehnung der Diaspora für eine Lösung. Sie
sahen ihre jüdische Identität bzw. nationale Autonomie auch in
der Diaspora bewahrt, und zwar durch eigene kulturelle Institutionen und organisierte Gemeinden einerseits und Anpassung an
das neue politische und kulturelle Umfeld andererseits.
   Für die Zionisten ist die Diaspora eine gefährliche Lebensform
für die Juden bzw. für die jüdische Identität, weil die Assimilation
und somit die Aufgabe der eigenen Identität die zwangsläufige
Konsequenz des überall virulenten Antisemitismus sei. Durch ih-

ren politischen Ansatz der radikalen Ablehnung der Diaspora er-
weckten die Zionisten »die messianische Lehre in modernisierter
politischer Form wieder zum Leben«.[3] Dazu meint der israelische
Historiker Amnon Raz-Krakotzkin (geb. 1958):

> »[...] der Begriff ›Negation des Exils‹ ein Bewußtsein, das in der ge-
> genwärtigen jüdischen Besiedlung Palästinas und der Souveränität
> über Palästina die ›Rückkehr‹ der Juden in ein Land erblickt, das als
> ihre Heimat angesehen wird und vor ihrer Rückkehr menschenleer
> gewesen sein soll. ›Negation des Exils‹ schien der Höhepunkt jüdi-
> scher Geschichte und die Verwirklichung lange gehegter Erlösungs-
> erwartungen zu sein. Dies im Gegensatz zum Exil, einem Begriff, der
> als eine nur die Juden betreffende, unbefriedigende politische Reali-
> tät gedeutet wird.«[4]

Raz-Krakotzkin weist weiter darauf hin, dass zionistisch-israelische Historiker wie Itzhak Baer (1888-1980), Chaim Hillel Ben-
Sasson (1914-1977), Gershom Scholem (1897-1982), Ben-Zion
Dinur (1884-1973) – welche eine zentrale Rolle bei der Schaffung
und Prägung einer zionistischen Nationalgeschichte spielten – in
der zionistischen Geschichtsschreibung zwar die komplexe nationale und territoriale Definition des jüdischen Kollektivs proble-
matisierten. Doch die generelle »Negation des Exils« habe die
zionistische Historiographie nicht nur nicht in Frage gestellt, sondern sie vielmehr als Grundlage der zionistischen Kultur fest in
dieser verankert. Die israelische Gegenwart gelte dabei als »Erfüllung der jüdischen Geschichte«: Die jüdische Exilkultur wird als
Spiegelbild des »Geistes der Nation« und die Exilgeschichte als
Bestandteil einer spezifisch jüdischen, nationalen und territorialen Meistererzählung betrachtet. Wie auch der amerikanische
Soziologe Rogers Brubaker (geb. 1956) anmerkt, »[...] ist fast
jede nationalistische Geschichtsschreibung teleologisch: Die Geschichte wird von ihrem Ausgang her gelesen, sie kulminiert in
der nationalstaatlichen Unabhängigkeit. Dieser erlösende Kulmi-
nationspunkt kann entweder in die Zukunft projiziert werden –
als Zustand, für den es zu kämpfen gilt – oder als bereits Wirklichkeit geworden gefeiert werden.«[5]
Für den zionistisch-israelischen Politikwissenschaftler Shlomo
Avineri (geb. 1933) gilt beispielsweise die zionistische Lebensform
als eine ›Steigerung‹. Er misst der jüdischen Nationalstaatlichkeit
eine moralisch-normative Bedeutung bei. Israel verkörpere die

»Öffentlichkeit des jüdischen Volks«, indem es die Rolle der traditionellen, religiös-gemeinschaftlichen Diasporazentren übernehme. Diese seien früher für den Erhalt des »kollektiven Judentums« verantwortlich gewesen. Angesichts der Modernisierungs- und Säkularisierungsprozesse, mithin der zunehmenden Assimilation der Juden in der jeweiligen Gesellschaft, komme dem Judenstaat eine normative Funktion zu: Aufrechterhaltung der »kollektiven Existenz des jüdischen Volks«. Avineri betont, der Staat sei kein Ersatz für die jüdische Religion, denn für die Gläubigen habe diese ohnehin eine tiefe kollektiv-existenzielle Bedeutung. Vielmehr stelle er angesichts zunehmender Säkularisierung des jüdischen Lebens eine angemessene Antwort auf die Assimilationsgefahr dar: »Alleine der Judenstaat und nicht die Religion kann als ein gemeinsamer Nenner [...] für all die heterogenen Faktoren des jüdischen Daseins fungieren.«[6]

Diesen Standpunkt, der den Kern der jüdischen Identität von der Religion zum Nationalismus verschiebt, lehnt die jüdische Orthodoxie naturgemäß ab. Der Großteil der Orthodoxen war von Anfang an ein konsequenter Gegner des Zionismus und der Idee einer durch Menschen herbeigeführten »Erlösung der Juden«. Eine radikale religiöse antizionistische Bewegung, die *Neturei Karta*, die sich für die Auflösung des Staats Israel einsetzt, erklärt Theodor Herzls Idee der Auflösung der Diaspora als Bruch des göttlichen Gesetzes. Die Thora

> »verbietet [den Juden], aus eigener Kraft die Diaspora zu verlassen und einen Staat zu gruenden, bis Gott in seinem Willen seinem Volke und der ganzen Welt die endgueltige Erlosung bringt. [...] Das juedische Volk ist von Gott vor 2000 Jahren in die Verbannung (Diaspora) geschickt worden, und wird von Gott auch wieder aus dieser erloest werden. Bis dann hat es geduldig, wohin immer es das goettliche Schicksal vertrieben hat, treu und untergeben zu seinen Gastvoelkern zu sein. Einschliesslich zu den Palestinensern, die im Heiligen Land, Palastina, gemaess goettlichem Willen, wohnen. Dies ist in der Thora und in den Propheten unzweideutig schriftlich ueberliefert.«[7]

Diese kategorische Ablehnung eines Judenstaats bzw. der Auflösung der Diaspora leitet sich hier von einer strenggläubigen Interpretation der jüdischen Religion ab.

Als entgegengesetzte Position zum religiös begründeten antizionistischen Judentum bietet die antireligiöse Bewegung der *Kanaanäer* ein neues Konzept eines hebräischen Staats an. Die von Jonathan Ratosch (1908-1981) begründete, in der Gründungszeit aktive Bewegung strebte in erster Linie die Integration des neuen Staats in die Kultur des Nahen Ostens an, mithin die vollständige Trennung der in Palästina lebenden Juden von der jüdischen Geschichte und somit von den Diasporajuden.[8]

Aber auch weniger radikale, nicht unbedingt antizionistische religiöse Juden befassen sich mit der Frage, inwiefern sich Israel als Judenstaat auf die jüdische Tradition und Religion stützen bzw. Israel das jüdische Volk im Sinne Avineris repräsentieren kann. Der strenggläubige israelische Philosoph Yeshayahu Leibowitz (1903-1994), ein konsequenter Befürworter der Trennung von Staat und Religion, richtet seine Kritik weniger gegen die Existenz eines Judenstaats. Vielmehr bemängelt er die Vereinnahmung des jüdischen Volks bzw. die Instrumentalisierung der jüdischen Religion und Tradition für zionistische Zwecke. So Leibowitz 1954:

> »Der Staat Israel wagt es nicht, seine wirkliche geistige Natur offenzulegen, die eine Rebellion gegen die religiöse Tradition der jüdischen Nation darstellt. Er kann es sich nicht leisten, ehrlich zu sein, da der atheistische Staat gegenwärtig keinen anderen Ursprung und keine andere Quelle kennt, auf die er sich stützen kann, als die historische jüdische Nation. Dieser Staat kann seine Existenz nur rechtfertigen und sich nur dadurch ein ideologisches Fundament schaffen, indem er die jüdische Geschichte und Tradition benützt. Deshalb ist dieser säkulare Staat in der Erziehung wie in der Propaganda nach innen und nach außen gezwungen, dauernd Symbole und Begriffe des traditionellen Judentums zu benutzen, obwohl die Bedeutung und der Inhalt dieser Symbole und Begriffe religiöser Natur sind. [...] Die Auswirkungen auf die öffentliche Moral sind fatal: Der Gebrauch von Formulierungen, Namen und Symbolen, die ihrer religiösen Bedeutung entleert sind, zerstört alle Werte und fördert Heuchelei, Zynismus und Nihilismus.«[9]

Doch zwischen dem säkularen Zionismus und dem religiösen A- bzw. Antizionismus findet sich eine Strömung im jüdischen Denken, welche beide Momente – das religiöse und das nationale – nicht nur nicht als Widerspruch sieht, sondern beides zur Grundlage ihrer Agitation macht. Der religiöse Zionismus teilt die Grundidee des säkularen Zionismus, sprich die Negation der Diaspora und die Errichtung eines Judenstaats als ausschließliche jüdische Lebensform.

Im Gegensatz zu den jüdischen Orthodoxen betrachteten die frühen religiösen Zionisten den säkularen Zionismus und seine Ziele der Besiedlung des Heiligen Landes keineswegs als gotteslästerlich. Vielmehr gelang es ihnen, jüdische Religion und Nationalstaatlichkeit insofern in Einklang zu bringen, als sie Fragen der Kultur und Erziehung ins Zentrum ihrer Bewegung stellten und die eher kontroverse messianische Dimension der jüdischen Orthodoxie in den Hintergrund treten ließen.

Die Errichtung eines religiösen Staats nach jüdischem *Halacha*-Gesetz stellt zunächst kein erklärtes Ziel des religiösen Zionismus dar. Erst später, vom jüdischen Mystiker Abraham Itzhak Hacohen Kuk (1865-1935) in den 1920er Jahren beeinflusst, nimmt der religiöse Zionismus messianische Züge an. Nach dem Sechstagekrieg von 1967 werden diese manifest, schließlich bilden sie die ideologische Grundlage der 1974 gegründeten nationalreligiösen Siedlerbewegung *Gusch Emunim* (hebr. »Block der Gläubigen«).

Die Errichtung des weltlichen Judenstaats gilt dabei als unerlässlicher Schritt auf dem Weg zur »messianischen Erlösung«. *Gusch Emunim* und seine Vertreter in der Knesset wussten den Staatsapparat vor allem seit 1967 für ihre Ziele der jüdischen Besiedlung des Heiligen Landes effizient einzuspannen. Betont werden muss allerdings: In der Ideologie der »Judaisierung des Landes der Urväter« unterscheiden sich religiöser und säkularer Zionismus kaum. Damit erklärt sich die über die Jahre hinweg betriebene Siedlungspolitik aller zionistisch-orientierten Regierungen Israels.[10] Die Implementierung des zionistischen Projekts in *Eretz Israel* ist das Werk des zionistischen Israels. Der jüdische Nationalismus setzte sich im Laufe der zweiten Hälfte des 20. Jahrhunderts als zentrale jüdische Strömung durch.

Zum Nationalismus

Der Zionismus entstand als Reaktion auf den Antisemitismus und die Verfolgung der Juden in Europa und wurde letztendlich vom europäischen Nationalismus inspiriert. Der Nationalismus, mithin Nation, Nationalität und Nationalgefühl, beschäftigte ab Mitte des 19. Jahrhunderts die Denker der Romantik. Auch das wissenschaftliche Verständnis von Nationen und Nationalismus war bis Anfang der 1980er Jahre von den sogenannten »Vormodernen« dominiert. Ihnen galten die Nationen als quasi-natürliche Einheiten, die sich seit dem Mittelalter entwickelt haben, sodass die ersten Nationen »nach einem organischen Wachstumsprozess zur Blüte kamen und sich voll entfalten konnten«.[11] Die zweite Prämisse bezieht sich auf das Recht jeder Nation auf ihren eigenen Staat, woraus sich nach dem Ersten Weltkrieg das von Woodrow Wilson (1856–1924) und Wladimir I. Lenin (1870-1924) beschworene Selbstbestimmungsrecht der Völker ableitete. Drittens: Jede Nation habe ihre eigenen Ideen- und Wertesysteme, die ihre Existenz rechtfertigten und als Nationalbewusstsein, Patriotismus oder Nationalgefühl bezeichnet werden können. Und viertens nimmt dieses Nationsverständnis die Existenz einer vorgegebenen politischen und sprachlichen »Basis« der Nation an, die einen ideellen »Überbau« in Gestalt des Nationalismus erzeuge.[12]

Die neue Nationalismus-Forschung distanziert sich von diesen Grundannahmen.[13] Sie beruft sich auf die Ideen des Konstruktivismus, demzufolge historische Phänomene als Konstrukte des menschlichen Geistes verstanden werden können. Max Weber (1864-1920) war der erste Forscher, der den Nationalismus als ein historisch-ideologisches Phänomen mit einem klaren Beginn und einem möglichen Ende begriff. Weber stellte die zu seiner Zeit vorherrschenden Grundeinstellungen zu Nationalismus und Nation radikal in Frage. Damit eröffnete er die Möglichkeit einer neuen, modernen Nationalismus-Forschung, welche vom utopischen Entwurf der Nation als einer »gedachten Ordnung« ausgeht. So der Soziologe Ernest Gellner (1925-1995): »Nicht die Bestrebungen von Nationen schaffen den Nationalismus, vielmehr schafft sich der Nationalismus seine Nationen.«[14] Für den britischen Historiker Eric J. Hobsbawm (geb. 1917) kann »[...] kein ernsthafter Historiker [...] ein überzeugter politischer Nationalist sein [...] Nationalismus erfordert zuviel Glauben an etwas, das offensichtlich in dieser Form nicht existiert. [...] Historiker sind von Berufs wegen verpflichtet, sie [die Geschichte] nicht zu fälschen oder sich zumindest darum zu bemühen.«[15]

Doch wie ist dieser Kommentar zu verstehen? Existiert der Nationalismus nicht wirklich? Historiker wie auch »andere Menschen« sind in ihren spezifischen historischen Epochen »gefangen« und gehen in bestimmten sozialen, politischen und kulturellen Strukturen ihrer Arbeit nach. Vom Nationalismus geprägte Gesellschaften neigen dazu, nationalistisch orientierte Historiker zu »produzieren«. Dies gilt auch für andere große Ideologien.

Was den jüdischen Nationalismus anbelangt, so ist Israel bzw. die jüdisch-israelische Gesellschaft vom Zionismus durchdrungen, dementsprechend die meisten ihrer Historiker; diese schreiben ihre Geschichte aus *eigener,* d.h. *authentischer* Perspektive. Das muss anerkannt werden, auch wenn ihre Ansätze nicht- bzw. antizionistischen Lesern wenig ansprechend erscheinen mögen oder von ihnen gar missverstanden werden. Der Historiker kann wohl kaum die ideologische Konstellation der untersuchten Figuren, die er zu verstehen sucht, ignorieren, auch wenn er diese Ideologie nicht teilt.

Hobsbawm stellt die Frage nach der Attraktivität des Nationalismus für die breite Bevölkerung: Weshalb stieß und stößt Nationalismus auf derart enormen Zuspruch? Wo liegt die eigentliche Quelle dieser Empfänglichkeit für nationale Ideen? Darin besteht nämlich die Schwäche der konstruktivistischen Auffassung: Sie beantwortet die Frage nach der erfolgreichen Etablierung des Nationalismus in der breiteren Bevölkerung kaum, was wiederum die Interpretation zulässt, der Nationalismus sei kein völlig fremdes, »konstruiertes« Element und insofern auch nicht ganz »erfunden«. Vielmehr müsse es sich um ein Phänomen handeln, das sich aus einem bereits existierenden Reservoir an kulturellen und politischen Wahrnehmungen und Vorstellungen speise.

Eben diesen Gedanken rückt der britische Soziologe Anthony D. Smith (geb. 1939) ins Zentrum seiner Nationalismus-Forschung. Smith ist Hauptvertreter des älteren konventionellen Ansatzes, der für die zionistische Historiographie von erheblichem Belang ist. Der Nationalismus appelliert Smith zufolge an ein tief sitzendes, menschliches Bedürfnis nach Gruppenzugehörigkeit. Der Begriff der »Ethnien« spielt hier eine zentrale Rolle und fungiert als wesentliche Einheit. Die Nation habe dabei über alle historischen, wirtschaftlichen und gesellschaftlichen Entwicklungen hinweg seit archaischen Zeiten Bestand. Für die Identifizierung der Ethnie gibt Smith einige Kriterien an: den Namen der Gruppe, den gemeinsamen Mythos bezüglich ihrer Entstehung, die tatsächliche gemeinsame Geschichte und offensichtlich gemeinsame Kultur, den Bezug zum gemeinsamen Territorium und im vorhandenen Solidaritätsgefühl zur Gruppe.[16]

So gesehen erklärt sich der Nationalismus als eine Überlebenstaktik der Ethnie gegen die im Zuge der Herausbildung der Moderne entstandenen Gefahren für den Erhalt der Gruppe.[17] Für Smith spielen zwar bei allen Nationalismen Prozesse der Politisierung und Säkularisierung der Ethnie, der Territorialisierung und des Aufkommens moderner Eliten eine wichtige Rolle. Doch in der historischen Analyse des Nationalismus können die ethnischen Wurzeln nicht außer Acht bleiben. Die Geschichtsschreibung von Nationen mag dabei auch manipuliert oder geschönt werden, diese historische Entwicklung des Nationalismus kommt Smith zufolge auf der Grundlage einer vorgegebenen gemeinsamen Vergangenheit zustande.

Zionismus-Denker und Zionismus-Kritiker

Schon die frühen, ausgesprochen säkularen und assimilierten Zionismus-Denker wie Moshe Hess (1812–1875) und Theodor Herzl erkannten die Notwendigkeit einer »Säkularreligion« für die Juden. Angesichts eines sich verfestigenden rassistischen Antisemitismus wurden sich diese Denker des Scheiterns der im 19. Jahrhundert in Gang gesetzten rechtlichen Emanzipation und der Assimilation der westeuropäischen Juden bewusst.

Der ungarische Jude Theodor Herzl wies in seiner 1896 erschienenen Schrift *Der Judenstaat* auf dieses Problem hin: »Die Judenfrage besteht. Es wäre töricht, sie zu leugnen. [...] Den großmütigen Willen zeigten sie ja, als sie uns emanzipierten. Die Judenfrage besteht überall, wo Juden in merklicher Anzahl leben. Wo sie nicht ist, da wird sie durch hinwandernde Juden eingeschleppt.«

Aus einer vom Scheitern der Assimilation enttäuschten, fatalistischen Haltung heraus entwickelte Herzl ein neues Verständnis der »Judenfrage«: »Ich halte die Judenfrage weder für eine soziale noch für eine religiöse, wenn sie sich auch noch so und anders färbt. Sie ist eine nationale Frage und um sie zu lösen, müssen wir sie vor allem zu einer politischen Weltfrage machen, die im Rate der Kulturvölker zu regeln sein wird. Wir sind ein Volk, *ein* Volk.«[18]

Herzls Grundgedanke war, die aus dem rassistischen Antisemitismus resultierende prekäre Lage der europäischen Juden durch die Schaffung eines politisch souveränen Staats außerhalb Europas aufzuheben. Das Diasporaleben sollte in letzter Konsequenz durch die massive Auswanderung der europäischen Juden in ihre neue nationale »Heimstätte« gänzlich beendet werden. Der Zionismus unterschied sich im Wesentlichen von anderen nationalen Vorstellungswelten seiner Zeit dadurch, dass die Definition der Nation weder an ein einheitliches Territorium noch eine gemeinsame Sprache gekoppelt wurde. Vielmehr fungierten Ende des 19. Jahrhunderts das Gefühl der Bedrohtheit sowie religiöse Gemeinsamkeiten als Integrationsfaktoren für die jüdische Nationalbewegung.

Herzls Postulat der radikalen Beendigung des Diasporalebens durch den politisch-nationalistisch gefärbten Zionismus erhielt von einer anderen zionistischen Denkrichtung Konkurrenz. Anfang des 20. Jahrhunderts verlieh der aus Odessa, der Metropole eines aufgeklärten und säkularen osteuropäischen Judentums, stammende Achad Haam (1856-1927) seiner Skepsis bezüglich Herzls Zielsetzung des politischen Zionismus Ausdruck. Er hegte Zweifel, ob eine völlige Negation der Diaspora richtig und überhaupt durchführbar wäre. Weder könne durch die Errichtung eines Judenstaats die Judenfrage gelöst noch das Diasporaleben beendet werden.

Für Achad Haam war vielmehr die schrittweise Ansiedlung eines kleinen Teils des jüdischen Volks möglich, der die nationale Basis und die »nationale Kultur« aufbauen sollte. Das wäre die geeignete Vorbereitung für die »Rückkehr des Judentums in die Geschichte«. Dem historisch-kulturellen Geist der Romantik des 19. Jahrhunderts verpflichtet, die den Nationalstaat als Höhepunkt einer historisch gewachsenen Entwicklung der kulturellen Ressourcen einer Nation verstand, sah Achad Haam die Neubelebung und Entfaltung der hebräischen nationalen Kultur in *Eretz Israel* als unerlässliche Vorstufe auf dem Weg zur Staatlichkeit:

»Für dieses Ziel bedarf es vorerst keiner politischen Souveränität. [...] [Es bedarf] vielmehr einer angemessenen Versammlung arbeitender Hebräer, die ungestört in den unterschiedlichen Kulturbranchen ihrer Tätigkeit nachgehen können. [...] Diese [...] Kerngruppe soll auf lange Sicht zum Zentrum der Nation herauskristallisiert werden, in dem der Volksgeist in seiner Reinheit verwirklicht und letztlich bis zu seiner Perfektion entfaltet wird. Von diesem Zentrum soll der Geist des Judentums [...] in die Diaspora-Gemeinden gelangen, sie wiederbeleben und ihre Einheit bewahren. Erst, wenn die nationale Kultur in *Eretz Israel* diesen Grad erreicht, lässt sich auf dieser Basis mit Zuversicht [...] ein ›Staat‹ gründen – und zwar, nicht ein Judenstaat, sondern ein wirklicher jüdischer Staat.«[19]

Achad Haam prägte einen Kulturzionismus, der darin bestand, zunächst den »Volksgeist«, den »Geist des Judentums« neu zu beleben und eine hebräische Kultur zu schaffen. Die Staatsgründung sollte dabei eine langfristige »natürliche« Entwicklung darstellen, die aber nicht forciert werden dürfe. Seine Hauptkritik an Herzls Zionismus richtete sich auf die Frage, inwiefern der durch diplomatische Bemühungen bei den Großmächten herbeizuführende Judenstaat »jüdisch« sein sollte.

Denn, fragte sich der auf Hebräisch schreibende Achad Haam, wenn die Juden in ihrem utopischen Staat in *Eretz Israel* die Sprache ihrer Herkunftsländer sprächen, ein deutsches Theater gründeten oder eine italienische Oper errichteten, wie Herzl in *Altneuland* (1902) dargelegt hatte – weshalb Herzls Staat ein »kosmopolitisches nationales Konzept« nachgesagt wird[20] –, inwiefern ließe sich dann von einer national-hebräischen Kultur reden? Der Kulturzionismus strebte eine spirituelle und kulturelle Renaissance des Judentums an und fragte nach den Inhalten des letztlich zu errichtenden jüdischen Staats und gleichzeitig auch nach Rolle und Bezug zum Diasporajudentum. Letzteres sollte durch die kulturelle Renaissance in *Eretz Israel* in seiner jüdischen Identität inspiriert und zugleich in seiner Existenz gestärkt werden. Die Stärke eines jüdischen Staats sah der Kulturzionismus im hebräischen Kulturellen verankert, wobei Staatlichkeit als Selbstzweck den jüdischen Staat in letzter Konsequenz gefährden würde.[21]

Ob politischer oder spirituell-kultureller Zionismus – beide Zionismus-Denker legten ihrer Definition des jüdischen Volks einen säkularen Nationsbegriff zu Grunde. Das jüdische Volk wur-

de als säkular-nationales Subjekt eines säkularen Unterfangens
verstanden. Die jüdische Religion als Konfession spielte in diesen
zionistischen Utopien und Vorstellungen der heterogenen Strömungen der zionistischen Bewegung (der revisionistischen, demokratischen, liberalen, marxistischen oder sozialistischen) eine ge-
ringe Rolle. Die jüdische Nationalbewegung entstammte vielmehr
einer anti-religiösen Tradition im Geist der sozialistischen und
aufklärerischen Einflüsse des 19. Jahrhunderts. In bestimmten
Phasen zeigte sie sich sogar ausgesprochen feindlich gegenüber
der Religion. Die zionistische Ideologie, basierend auf der Negation der Diaspora, lehnte die traditionell-religiöse Lebensart der
Thoraschulen ab.

Die religiöse Orthodoxie bekämpfte ihrerseits von Beginn an
dezidiert und in aller Schärfe das zionistisch-aktivistische Streben
nach einem jüdischen Staat; für sie galt das Axiom, die Erlösung
sei durch Gott, nicht durch den Menschen herbeizuführen. Doch
inwiefern lässt sich der Zionismus als eine *säkulare* Nationalbewegung verstehen? Was ist unter »hebräischer Nationalkultur«
im Kontext des Judentums gemeint? Welche Rolle nimmt letztlich
die jüdische Religion im zionistischen Nationalgedanken ein?

Ein religiöses Moment ist dem israelisch-marxistischen Historiker Moshe Zuckermann (geb. 1949) zufolge von vorneherein in
der zionistischen Nationalstaatsbewegung angelegt. Von den
westlichen Nationalstaatsbildungen unterscheide sich »der Zionismus […] in seinem Ursprung schon darin, dass er sich im
Grunde als ein im Bereich des Überbaus sich konstituierender Na-
tionalstaatsgedanke entfaltete, nicht in der Praxis. Es gab den Gedanken eines Judenstaats, bevor es das Territorium für diesen Judenstaat gegeben hat. Es gab den Gedanken eines Judenstaats,
bevor die Bevölkerung, die dieses Territorium hätte bevölkern sollen, objektiv als solche existierte.«[22]

Die ideologischen Bausteine des Zionismus – die Negation der
Diaspora, die Schaffung eines »neuen Juden«, die Versammlung
aller Diaspora-Gemeinschaften auf einem zu erobernden und urbar zu machenden Territorium und die Vermengung aller dieser
Diaspora-Gemeinschaften, damit daraus der »neue Jude« als
künftiger Israeli erwachse – stützen sich Zuckermann zufolge in
letzter Konsequenz auf ein religiöses Moment. Denn zunächst sei
die Wahl von *Eretz Israel* – ein an sich religiös besetzter Begriff

der Diasporajuden – ein wesentlicher Gegensatz zum säkularen Anspruch des Zionismus, auf Grund der Tatsache, »dass eine europäisch vorgeprägte, moderne, mithin säkulare Nationalstaatsbildung auf einem von Grund auf religiösen Moment basierte.«[23] Denn die ideologische Prämisse eines unbevölkerten Territoriums widersprach der objektiven Situation Palästinas gewaltig. Dort lebte ein anderes Kollektiv, mit dem der Zionismus und später Israel um das Land kämpfen musste. Dieser Kampf wird letztlich religiös gerechtfertigt: »Der Zionismus erhob den Anspruch auf eine moderne nationale Heimstätte, aber als ideologische Begründung hierfür wurde angeführt, es sei historisch ein jüdisches Land, mithin den Juden versprochen.«[24] Die im Grunde politische Nationalbewegung stützt sich also auf die religiöse Rechtfertigungsbasis eines Gottesversprechens.

Noch auf einen weiteren Widerspruch im Zionismus weist Zukkermann hin: Das religiöse Moment fungiere als einziges Bindeglied zwischen den unterschiedlichen Segmenten der potenziellen Bevölkerung der zu konstituierenden Staatsnation: »[…] denn bei genauer Betrachtung gab es keinerlei Verbindung zwischen dem Händler aus Bagdad, dem polnischen Fuhrmann, dem deutschjüdischen Grunewaldprofessor und dem jemenitischen Schuster.«[25] Sie alle hätten keine Verbindung, abgesehen von ihrer Religion, ob sie sie nun ausübten oder nicht.

Die jüdische Religion bildet den Kern des israelischen Nationalismus in Form des israelischen Rückkehrrechts für alle Juden. Dies gilt auch, wenn diese Basis vom Überbau her nicht alle Juden einschließt: Die Juden in arabischen Ländern kommen nämlich vorerst in der Perspektive dieses westlich-modernistischen Zionismus nicht vor, ebenso wenig, wie sie in der Vision Herzls existierten. Der Händler aus Bagdad sowie der jemenitische Schuster sind also nicht als Träger dieser neuen Nation vorgesehen. Bei der Umsetzung des zionistischen Projekts jedoch wird die Volkszugehörigkeit religiös definiert und auf diese Weise das nationale Selbstverständnis bestimmt. So gesehen trägt der Zionismus als westlich-säkulares »Projekt der Moderne« in sich eine Dialektik: »Der Zionismus ist ein Projekt, das auf der einen Seite den Nationalstaat als eine Instanz der Befreiung eines Volks angesehen hat, auf der anderen Seite aber in eben diese Instanz ein dem bürgerlichen Nationalgedanken zuwiderlaufendes Element eingebracht hat.«[26]

Als »Projekt der Moderne« habe auch der Zionismus die Befreiung des jüdischen Volks durch die Nationalstaatsbildung zum Ziel, zugleich aber werde in diesem Prozess das bereits auf dem zu erobernden und urbar zu machenden Territorium existierende Kollektiv als der »Andere«, als der »Feind« verstanden, und somit aus dem nationalen Projekt ausgegrenzt, wenn auch offiziell zum Teil und unter Restriktionen eingebürgert. Der letztlich durchgesetzte politisch-nationalistische Zionismus, auf ethnisch-religiösen Momenten basierend, sorgte also dafür, dass der israelische Nationalismus ein nicht auf Staatsbürgerschaft, sondern auf Volkszugehörigkeit basierendes Selbstverständnis entwickelte.

Diese Tendenz durchschaute auch die deutsch-jüdische Philosophin Hannah Arendt (1906-1975). Sie erkannte bereits 1945 den sich herauskristallisierenden apolitischen und suprahistorischen, von Herzls politischem Zionismus geprägten Nationsbegriff der zionistischen Gemeinde in Palästina:

> »Es bedeutet nichts anderes als die kritiklose Übernahme des Nationalismus in seiner deutschen Version. Diesem zufolge ist die Nation ein unvergänglicher Organismus, das Produkt einer unvermeidlichen natürlichen Entfaltung angeborener Qualitäten; die Völker werden nicht als politische Organisationen, sondern als übermenschliche Persönlichkeiten betrachtet. In diesem Sinne wird die europäische Geschichte zerlegt in die Geschichten von unzusammenhängenden Organismen, und die großartige französische Idee der Volkssouveränität wird pervertiert zu nationalistischen Ansprüchen auf autarke Existenz. Mit dieser Tradition des nationalistischen Denkens eng verknüpft, hat sich der Zionismus nie sonderlich um die Volkssouveränität gekümmert, welche die Voraussetzung für die Bildung einer Nation ist, sondern wollte von Anfang an utopische nationalistische Unabhängigkeit.«[27]

Arendt wies auch auf die ideologisch-utopische Dimension in Herzls *Der Judenstaat* hin, deren Quelle der Wunsch einer Trennung zwischen Juden und Nichtjuden als Antwort auf den immerwährenden schicksalhaften Antisemitismus sei, welcher auch auf die Verhältnisse in Palästina projiziert werde. Das Trennungsprinzip prägt nach Arendt Selbstverständnis und Praxis des Zionismus. Diese ahistorische bzw. apolitische Auffassung hielt sie für ebenso unrealistisch wie schädlich. Ebenso weltfremd und naiv schien ihr Herzls Vorstellung einer radikalen Abkehr der Juden

von einer als feindselig begriffenen Welt und die Flucht in ein
»Land ohne Volk«, wo sich die Juden als eine geschlossene natio-
nal-ethnische Gruppe, geschützt vor ihren Verfolgern, entfalten
können sollten. Dabei ging es Arendt nicht alleine darum, dass ein
solches leeres Land überhaupt nicht existiert. Vielmehr hielt sie
die politische Philosophie eines jüdischen Isolationismus für apolitisch in einer Welt voller wechselseitiger Abhängigkeiten zwischen den unterschiedlichen Nationen und Staaten. Den jüdischen
Nationalismus, den Arendt als Reaktion auf den Antisemitismus
als »Pan-Semitismus« bezeichnete,[28] verstand sie als eine Abkehr
der Juden von der Welt in der politisch-pragmatischen Form der
Errichtung eines jüdischen Staats. Darin sah sie weder eine Garantie für die Bändigung des Antisemitismus noch für die Rettung
der Juden vor der »Außenwelt«.[29]

Jüdische Zurückgezogenheit und Selbstbesinnung waren für
Arendt 1945 illusionär, utopisch, für Israel sind sie Anfang des
21. Jahrhunderts bereits realisierte Wirklichkeit. Der Ausbruch
der Zweiten Intifada im Oktober 2000 und das Scheitern des politischen Versuchs, den Konflikt um Palästina zu klären, stehen
ein halbes Jahrhundert nach der Staatsgründung für eine historisch gewachsene, schleichende Entfremdung des zionistischen
Israels von der »Welt«. Dieser Prozess ist eng verbunden mit der
Unfähigkeit der israelischen Politik, sich mit der Differenz zwischen der ersehnten zionistischen Utopie und der bi-nationalen
Realität auf besagtem Territorium politisch auseinanderzusetzen.
Unter der zionistischen Utopie ist hier die seit Staatsgründung gel-
tende israelische Staatsräson bzw. Staatsdefinition zu verstehen:
Ein jüdischer und demokratischer Staat für das jüdische Volk in
Eretz Israel. Da besagtes Territorium etwa zur Hälfte von Nichtjuden besiedelt ist, stellt Israels Staatskonzept eine Utopie dar, die
von der israelischen Politik weiterhin imaginiert und auch angestrebt wird.

In seinem Buch *Zurück nach Israel – Eine Reise mit Theodor
Herzl* (1998), führt Shimon Peres den Begründer des politischen
Zionismus in einer imaginären Exkursion durch das Land seiner
Vision und zieht dabei eine Bilanz der Errungenschaften und
Mängel des seit fünf Jahrzehnten bestehenden Judenstaats. Im
Schlussabsatz beschreibt er auf recht poetische Weise die zionisti-
sche Utopie der Zusammenführung des »verlorenen Volks« aus

allen Himmelsrichtungen, entsprechend dem von Herzl ein Jahrhundert zuvor erträumten nationalstaatlichen Judenstaat:

> »Und wenn der Abend kommt, werden wir eine unabsehbare Menschenmenge auf den See [Tiberias, letzte Station der *Reise mit Theodor Herzl*] zuströmen sehen, bestehend aus all den Generationen, die durch die Jahrhunderte das jüdische Volk bildeten, Millionen und Abermillionen Menschen. Wie Ernest Renan glaube ich, daß ein Volk nicht nur aus den Menschen besteht, die es heute bilden, sondern auch aus den vergangenen und den künftigen Generationen. Sie werden also alle da sein, der Zelote des von den Römern beherrschten Palästina ebenso wie der Essener, der seinen Schlupfwinkel Qumran verlassen hat, oder der mit Rom verbündete Sadduzäer; Flavius Josephus, Historiker und Anhänger des Titus, ebenso wie Rabbi Akiba, Anführer des Aufstands von 135; die Anhänger Kahenes, der Königin der jüdischen Berber des Aurès-Gebirges, und jene Marranen, die die jüdische Religion heimlich in Quito oder Buenos Aires ausübten; die stolzen Rabbiner aus der Champagne des 11. Jahrhunderts und die feinsinnigen Dichter des Spaniens der drei Religionen; die Juden aus dem fernen Kotschin und jene aus Wischnewa; die *Chassidim*, Schüler des Baal Shem Tow, und die *Mitnagdim*, Anhänger des Gaon von Wilna; die deutschen und polnischen *Maskilim* und die Anhänger der Neoorthodoxie à la Samson Raphael Hirsch; die armseligen Bewohner der *schtetlech* Osteuropas, der *mellas* Nordafrikas und der *harat* Tunesiens und die stolzen Aristokraten mit Stadtpalais in Paris, London, Wien und Berlin; die Anhänger der Weltrevolution und die Verfechter der Assimilation; die Gläubigen und die Ungläubigen oder die Agnostiker; diejenigen, die sich als Juden bekennen, und diejenigen, die ihre Ursprünge vergessen haben; die Überlebenden der Massaker von Worms, Trier, Fez, Sijilmassa im Mittelalter oder des Warschauer Ghettos in moderner Zeit und die zahllosen Opfer der Pogrome und der *Schoa*, gefallen wegen der Heiligung Seines Namens; die frommen Rabbiner, die endlos die talmudischen Texte kommentieren, und die in die Moderne und die neuen Doktrinen vernarrten Intellektuellen.«[30]

Hier zeigt sich Peres' auf der Volkszugehörigkeit beruhendes Staatsverständnis des israelischen Nationalismus und die Beschwörung eines – im Sinne von Smith – starken Gruppenzugehörigkeitsgefühls, das die Grundlage seines Zionismus darstellt. Peres zählt zu den »Trägern dieses historischen Wegs« interessanterweise auch potenzielle und erklärte Gegner des jüdischen Nationalismus.

Das Kriterium für die Zugehörigkeit zur jüdischen Nation ist hier ethnisch-biologisch definiert, es ist von Geburt an bestimmt.

Denn »[e]s spielt keine Rolle, wer sie sind und was sie denken«, weswegen Peres eine Reihe verschiedenster Gruppen und historischer Gebilde mit einbezieht: »Sie werden alle da sein mit uns in dieser Abendstunde, um zu hören, wie Herzl am Ende seiner Reise den biblischen Satz sagt: ›Wenn ich dich vergesse, o Jerusalem, möge meine rechte Hand verdorren‹.« Das Verhältnis des jüdischen Volks in seiner Gesamtheit zu Jerusalem, zu Zion, ist demnach evident ahistorisch und auch apolitisch: Es ist von keiner Relevanz, welches religiöse Verständnis bzw. welche politische Orientierung die genannten Menschen haben; es tut auch kaum etwas zur Sache, welche persönlichen Erfahrungen oder Neigungen sie haben, noch, welcher Zeitgeist in den jeweiligen Epochen vorherrschte – all diese stellen, ob bewusst oder unbewusst, Glieder eines einzigen Organismus dar, der auf Zion gerichtet ist und nur dort seine Erlösung erleben kann: »Für einen Augenblick, einen kurzen Augenblick, wird die Welt stillstehen, gleichsam in der Schwebe zwischen Vergangenheit, Gegenwart und Ewigkeit. Alles wird endlich einen Moment lang Ordnung, Ruhe, Harmonie, Friede, Gedeihen und Glück sein.«[31]

2

Der Zionismus und Israels Feinde

Ruhe, Harmonie, Friede, Gedeihen und Glück sind wohl kaum Teil der politischen Realität Israels. Was bzw. wer steht der zionistischen Utopie im Wege? Wie definiert Israel seine Widersacher und wie tritt es ihnen gegenüber auf? Der jüdische Nationalismus muss sich von Beginn an damit auseinandersetzen, dass das von ihm als »Land der Urväter« begriffene Territorium von einem anderen Kollektiv bereits besiedelt ist. Für dieses war jedoch kein Platz in der zionistischen Utopie vorgesehen; die »Araber von *Eretz Israel*« – im zionistischen Jargon die nichtjüdischen Bewohner Palästinas – erweisen sich im Laufe der Zeit vielmehr als eigentliche Achillesferse des utopischen Projekts. Seit Beginn der zionistisch motivierten Besiedelung Palästinas Ende des 19. Jahrhunderts rückt somit für die zionistische Bewegung die sogenannte »arabische Frage« zunehmend in den Mittelpunkt:[1] Wie soll sich der *Jischuw*, die jüdisch-zionistische Gemeinde in Palästina vor der Staatsgründung, zu den »Arabern von *Eretz Israel*« verhalten? Welche politische Haltung gegenüber dem palästinensischen Kollektiv wäre den zionistischen Zielen am dienlichsten?

Der zionistische Diskurs im *Jischuw* war charakterisiert von der großen Kluft zwischen der objektiven demographischen Lage bis zur Staatsgründung und dem von den meisten zionistischen Parteien vertretenen politischen Ziel eines jüdisch-mehrheitlichen Staats. Mit der Staatsgründung und angesichts der verheerenden demographischen und politischen Folgen des ersten israelisch-arabischen Kriegs von 1948 – die palästinensische Katastrophe (arab. *Nakba*) einerseits und die Eroberung von 78% des Gebiets Palästina/*Eretz Israel* andererseits – erweiterte sich die arabische Frage schließlich auf die arabischen Nachbarstaaten. Mit dem Eingreifen fünf arabischer Armeen in die Kämpfe in Palästina im Mai 1948, um im Sinne der Palästinenser die Errichtung eines Judenstaats zu vereiteln, wurde die lokale Palästina-Frage zum regionalen Konflikt. Der Sechstagekrieg von 1967 mit der israeli-

schen Einnahme der u.a. palästinensischen Gebiete markiert eine
Zäsur dieser Konfliktgeschichte. Aus israelischer Sicht wurde die
die ganze Region betreffende arabische Frage nun wieder zur lo-
kal auf die besetzten Gebiete beschränkten »palästinensischen
Frage« verwandelt. Unter der israelischen Besatzung wird sie allerdings zur »Palästinenserfrage«.

Wie blickt das »modern-westliche Israel« auf den Orient?

Der Zionismus hat seinen ideologischen Ursprung in Europa, mithin in dessen nationalistischer und kolonialistischer Tradition, ist
aber im Orient in die Tat umgesetzt worden. Daher ist die Frage
nach dem Verhältnis zwischen dem arabisch-palästinensischen
und dem jüdischen Kollektiv aufs engste mit dem intellektuell tra-
ditionsreichen Problem der Beziehungen zwischen Orient und
Okzident bzw. Islam und Christentum verknüpft.
    Dem Historiker Amnon Raz-Krakotzkin zufolge ist die vom
palästinensisch-amerikanischen Literaturwissenschaftler Edward
W. Said (1935-2003) entwickelte Orientalismus-These unabdingbar für das Verständnis des modernen Diskurses von und über
Juden. Diese Erkenntnis legt er einer eigenen Untersuchung des
zionistischen Diskurses zu Grunde. In der »Säkularisierung« des
jüdischen Diskurses im Zuge der Nationalisierung des jüdischen
Lebens sieht Raz-Krakotzkin eine Distanzierung von der alten,
religiös besetzten christlich-jüdischen Polemik und eine daraus
folgende Neuformulierung des modernen jüdischen Diskurses in
orientalistischen Begriffen.[2] Said versteht unter Orientalismus:

> »[...] jene Denkweise, die sich auf eine ontologische und epistemo-
> logische Unterscheidung zwischen ›dem Orient‹ und (in den meisten
> Fällen zumindest) ›dem Okzident‹ stützt. In diesem Geiste verwen-
> den eine Vielzahl von Schriftstellern – darunter Dichter, Romanciers,
> Philosophen, Politologen, Ökonomen und Juristen – diese Ost-West-
> Polarisierung als Ausgangspunkt für ihre weitläufigen Darstellungen
> des Orients, also von Land und Leuten, Sitten und Gebräuchen, von
> ›Mentalitäten‹, Schicksalen und so weiter.«[3]

Said weist auf die historische Rivalität zwischen den zwei großen
Religionen hin, wobei sich ein jahrhundertealtes Bild vom Islam

und von den Arabern als »fanatisch, gewalttätig, lüstern, irrational« verfestigt habe. Die andere Seite dieser Vorstellung beinhalte den westlichen Wunsch nach politischer Kontrolle über den Orient. Said spricht von einem »polemischen Charakter des Wissens über den Islam und die Araber, der sich in der Kolonialzeit entwickelte und zu dem führte, was ich [Said] als Orientalismus bezeichne, eine Form des Wissens, in der das Studium des Anderen sehr stark mit der Kontrolle und Herrschaft Europas und des Westens überhaupt über die islamische Welt verknüpft ist«.[4]

Der zionistische Diskurs ist für Raz-Krakotzkin von Anfang an orientalistisch konzipiert; er erklärt dies mit dem historischen Prozess der Nationalisierung der Juden:

> »Trotz der zionistischen Ablehnung ›assimilatorischer Trends‹ kann er [der Diskurs] als extremer Ausdruck des Wunsches gelesen werden, die Juden in das westliche Narrativ von Aufklärung und Erlösung aufzunehmen. [...] Allgemein hat zionistisches Denken, trotz sehr wichtiger Differenzen zu assimilatorischen Ideologien, die Dichotomie zwischen Europa und dem Orient nicht in Frage gestellt; es basierte eher auf dem Wunsch, sich in den Westen zu integrieren. [...] Zionisten haben eine Reihe von Haltungen gegenüber dem Orient und den Arabern entwickelt, vom romantischen Begehren bis zur totalen Leugnung; aber all dies blieb im Rahmen einer orientalistischen Dichotomie und diente dazu, einen ›neuen Juden‹ zu schaffen, den sich der Zionismus als einen neuen Europäer wünschte, und nicht als Orientalen.«[5]

Ein orientalistisches Element ist demnach grundlegend im zionistischen Diskurs verankert. In der »Negation des Exils« stecke der Gedanke der Negation des in orientalistischen Begriffen aufgefassten »Exiljuden«. Die Negation der Diaspora sei somit die Aufhebung all dessen, was bei den Juden als »orientalisch« galt und zugleich der Wunsch der Juden nach einer Rückkehr in die westliche Geschichte: »Der Akt der Immigration wurde als Transformation und Regeneration des Juden aufgefasst, das heißt, als Überwindung orientalischer Elemente.«[6] Der in Israel durchgesetzte Zionismus orientiert sich nach Westen und distanziert sich zugleich von der unmittelbaren Umgebung. Der Orient gilt für den Zionismus als der »andere«, das zionistische Israel fühlt sich in der Region geradezu unheimlich.

Zionistische Denker und die »arabische Frage«

Herzl befasste sich im *Der Judenstaat* im Zusammenhang mit der Territoriums-Frage kaum mit der in Palästina lebenden Bevölkerung und ihrer möglichen Reaktion auf dessen jüdisch-europäische Kolonisation. Vielmehr richtete er seinen Blick auf die bestimmenden Mächte, die es zu überzeugen galt, Palästina den Juden zu geben. Während Herzl dem Osmanischen Sultan »finanzielle Dienste« für die Regelung der Geldangelegenheiten seines Reichs anbot, wollte er dem Westen folgende Gegenleistung vorschlagen: »Für Europa würden wir ein Stück des Walles gegen Asien bilden, wir würden den Vorpostendienst der Kultur gegen die Barbarei besorgen.«[7]

Bemerkenswert an diesem häufig zitierten Satz und an den weiteren Ausführungen hinsichtlich einer »Gegenleistung« der Juden ist, dass Herzl nicht näher bestimmte, worauf oder auf wen er sich mit dem Begriff »Barbarei« bezog. Er verwendete »Asien« und »Barbarei« als Gegensatzpaar zu »Europa« und »Kultur«, umriss das »große Andere« aber nicht. Es blieb gesichtslos. Im Weiteren war zwar die Rede von der durch die Juden zu gewährleistenden »Ehrenwache um die heiligen Stätten der Christenheit« in Palästina, doch die andere große Religion, vor der das Christentum und seine Stätten geschützt werden sollen, findet hier keinen Platz. Die Begriffe »Islam«, »Araber«, aber auch »Orient«, blieben gänzlich unerwähnt.[8]

Im utopischen Roman *Altneuland* (1902), in dem Herzl seine Vorstellungen der neuen jüdischen Gesellschaft in *Eretz Israel* umriss, widmete der Autor den dort bereits ansässigen Arabern einige Seiten. Fluchtpunkt dieser Passagen blieb jedoch der feste Glaube an die positive Wirkung der jüdischen Ansiedlung auf die Entwicklung des Landes und somit der Gedanke, dass die jüdische Präsenz den Lebensstandard der arabischen Bevölkerung anheben werde. Deshalb werde diese auch, so Herzl, dem Zionismus dankbar sein. Der Roman nahm die Perspektive der Juden als Europäer bzw. europäische Modernisierer ein, die Kultur und Fortschritt in die unentwickelte, sich noch im Stadium der Barbarei befindliche *Terra incognita* bringen.

Die Vorstellung eines »Europa im Orient« steht im Mittelpunkt von *Altneuland*. Die Integration der arabischen Palästinenser in die neue Gesellschaft hing nach Herzl von ihrer Anpassungsfähigkeit an die westliche Zivilisation ab.[9] Herzls Weggefährte Max Nordau (1849-1923) vertrat ebenfalls die Auffassung, dass die jüdische Nation ein Bestandteil der westlichen Zivilisation sei. Achad Haams Kritik an *Altneuland*, es gebe keine jüdischen, sondern nur europäische Elemente in Herzls neuer Gesellschaft, kommentierte Nordau wie folgt: »*Altneuland* soll in der Tat eine europäische Einheit im Orient darstellen. […] Wir wollen, dass das jüdische Volk nach dessen Befreiung [von Europa] und Wiederbelebung durch seine Vereinigung [im Orient] weiterhin eine Kulturnation bleibt.«

Nordau bekräftigte seine Position: »Wir würden es nie zulassen, dass die Rückkehr der Juden zu ihrem Vaterland mit dem Rückfall in die Barbarei einhergehe. […] Das jüdische Volk wird seine wesenhafte Besonderheit im Rahmen der westlichen Kultur entfalten, wie alle anderen Kulturvölker, und nicht außerhalb dieser. Nämlich in einem wilden, kulturlosen Asiatismus, wie Achad Haam es anscheinend wünscht.«[10]

Dass Nordau die zionistische Utopie und Agitation rein westlich inspiriert sah, und dass er den Zionismus auch weiterhin europäisch geprägt sehen wollte, bekräftigte seine 1907 auf dem Weltzionistischen Kongress gehaltene Rede, in der er jegliche Bedenken hinsichtlich einer möglichen »Asiatisierung der Juden« ausräumte: »Wir werden uns bemühen, im Vorderen Asien zu bewerkstelligen, was die Engländer in Indien getan haben: Wir werden nach *Eretz Israel* als Kultur-Missionare kommen und die moralischen Grenzen Europas bis hin zum Euphrat erweitern.«[11]

Der zionistisch-israelische Historiker Josef Gorny (geb. 1933) identifiziert Nordau als klaren Vertreter jener Gruppierung, welche die arabische Frage, die sich seit Beginn der zionistischen Besiedelung und verstärkt mit dem Ersten Weltkrieg im jüdischen *Jischuw* und im zionistischen Diskurs immer wieder stellte, auf nationalistisch-separatistischem Wege lösen wollte. Diese Richtung lehnte jegliche Integrationsversuche der jüdischen Gesellschaft im orientalischen Raum ab und strebte die unangefochtene Vorherrschaft über *Eretz Israel* an. Vor dem Hintergrund einer von Verachtung geprägten Einstellung zum Orient wurde dabei eine völlige Separation beider Gesellschaften angestrebt. Eine nationale Konfrontation erschien somit unvermeidlich.[12]

Die alternative Herangehensweise zur arabischen Frage bezeichnet Gorny als »altruistisch-integrationistisch«. Dabei wird
die Umsetzung des Zionismus von der jüdischen Integrationsfä-
higkeit in den Orient abhängig gemacht. Itzhak Epstein (1863-
1943) gilt als Vertreter dieser Haltung. Er veröffentlichte 1907
einen Aufsatz mit dem Titel »Die verborgene Frage«. Dort thema-
tisierte er die für ihn die entscheidende Problematik des Zionismus: Ob er nämlich der Integration in der Region fähig bzw. wil-
lig sei. Epstein kritisierte die vorherrschende zionistische Haltung
der Verdrängung der arabischen Frage und sprach sich für eine
aktive Integration desselben in den Zionismus aus.

Epstein sah darin den moralisch und realpolitisch richtigen
Weg für die zionistische Zielsetzung. Eine wohlwollende Aufnahme der Juden durch die Palästinenser wäre für beide ein Gewinn:
Für Letztere würde es den Fortschritt bedeuten, und die Juden
erhielten eine Heimat. Die Grundlage einer solchen Kooperation
sah er auch in der gemeinsamen semitischen Herkunft beider Völker; eine kolonialistische bzw. repressive Haltung seitens der neu-
en Einwanderer in Palästina wäre jedenfalls kontraproduktiv für
die zionistischen Ziele. Epstein erkannte zudem im arabischen
Nationalismus des Anfangs des 20. Jahrhunderts nicht zwangs-
läufig einen Gegner des jüdischen Nationalismus. Eine auf Ausgleich bedachte Politik sollte vielmehr die nationale Entfaltung
der Araber im Sinne der zionistischen Bestrebungen sein.[13]

In der ersten Hälfte des 20. Jahrhunderts gab es auch sozialistisch beeinflusste, von osteuropäischen Zionisten vertretene Lö-
sungskonzepte. Ihre Vertreter gehörten zum großen Teil der Arbeiterbewegung bzw. der Partei »Arbeiter von Zion 1919«
– (*Achdut Haavoda*, 1930 – *Mapai*) an. Von Beginn an war dieses
Modell von der Spannung zwischen den ihm zu Grunde liegenden
universalistisch-sozialistischen und partikularistisch-nationalen,
wenn nicht gar nationalistischen Elementen geprägt. 1910 wies
David Ben-Gurion (1886-1973) – damals Mitherausgeber der
»Arbeiter von Zion«-Zeitung *Ichud* (hebr. »Einheit«) – auf die
Gefahr hin, die aus der Verknüpfung von Klassenkampf und Nationalismus für die zionistische Sache entstehe. Die Feindseligkeit
der Araber im Lande gegenüber den Juden verstand Ben-Gurion
eher im nationalen Kontext, weniger im Kontext eines Klassen-
kampfs.[14]

Zunehmend setzte sich in den Kreisen der Arbeiterbewegung die Auffassung durch, dass die klassenkämpferische Solidarität im herkömmlichen sozialistischen Sinne in *Eretz Israel* den zionistischen Zielen nicht dienlich sei. Die Integration von Palästinensern in die neuen Siedlungen wurde als Beeinträchtigung der zionistischen Sache gesehen. Schließlich wurde von der Arbeiterbewegung unter dem Stichwort »Kampf um die hebräische Arbeit« eine Richtlinie angenommen, welche die Palästinenser aus dem im Entstehen befindlichen Arbeitsmarkt im *Jischuw* ausschloss. Auf diese Weise wurde schon lange vor der Gründung Israels die Trennung der beiden Märkte, damit der Aufbau eines nationalen unabhängigen Marktes für die Juden gewährleistet. Die Segregationspolitik im *Jischuw*, später in Israel, wurde als unabdingbar begriffen für die Fundierung der politisch-wirtschaftlichen Machtbasis der Juden im Lande. Diese Basis wiederum wurde als eine Voraussetzung für eine zukünftige Koexistenz beider Völker gesehen: Angesichts der objektiven, allen voran der demographischen Machtverhältnisse zugunsten der arabischen Palästinenser zur *Jischuw*-Zeit sollte die Umsetzung des Zionismus den künftigen Frieden sichern; Zunächst jüdische Nationalstaatlichkeit und erst dann eine mögliche Versöhnung: »Sicherheit und Frieden« heißt die Formel heute im israelischen Jargon.

Eine Verhandlungsbasis sieht diese Haltung erst dann gegeben, wenn sich die Machtverhältnisse grundlegend zugunsten der Juden in Palästina verändert haben bzw. wenn die zionistische Ideologie eine entsprechende bedeutende Machtbasis erzielt hat. So gesehen hängt eine mögliche Koexistenz beider Völker von einer gesellschaftlich-wirtschaftlichen Trennungspolitik ab, die jedoch auf der anderen Seite die Spannungen in Palästina immer wieder verschärft.[15]

Berl Katznelson (1887-1944) gilt als ein führender Ideologe der jüdischen Arbeiterbewegung und hat in seiner meinungsbildenden Funktion als Chefredakteur der Gewerkschaftszeitung *Davar* seit deren Gründung 1925 bis zu seinem Tod 1944 eine ganze Generation geprägt. Dazu zählt auch der 1935 aus Weißrussland nach Palästina eingewanderte Junge Shimon Persky (Peres) – später ein bedeutender Politiker der Arbeiterpartei und Umsetzer des politischen Zionismus nach der Staatsgründung. Katznelsons Auseinandersetzung mit der arabischen Frage beeinflusste nach-

haltig die Gründergeneration in den formativen Jahren der Vor-
staatlichkeit.

Katznelsons Verhältnis zur arabischen Frage lässt sich nach seiner Biographin Anita Shapira (geb. 1940) als ausschließlich zionistisch bezeichnen. Sein Bezug zum neuen »arabischen Goj« speise
sich aus seinem tief sitzenden Misstrauen gegenüber Nichtjuden
als solchen vor dem Hintergrund der Tradition des feindseligen
russisch-jüdischen Verhältnisses. Seine Herangehensweise an die
demographische Frage, das Haupthindernis auf dem Weg zur Verwirklichung der zionistischen Utopie, zeichne sich durch eine
Mischtaktik des Hinhaltens und Ausblendens aus.[16]

Angesichts der bestehenden demographischen Verhältnisse und
vor dem Hintergrund eines »maximalistischen Zionismus« – Sha-
piras Begriff für Katznelsons Anspruch auf das Gebiet Palästina –
nahm Katznelson eine Haltung ein, der zufolge »der Fokus [des
zionistischen Diskurses] nicht die ›arabische Frage‹, sondern die
jüdische Sache sein sollte«. Die zionistische Politik des *Jischuw* –
verkörpert durch die drei Maximen: Einwanderung, Landkauf
und Besiedlung – sollte ins Zentrum der Debatte gerückt werden.
Damit wollte er die arabische Frage langfristig lösen. Im Sinne des
»konstruktiven Zionismus« (Gorny) galt auch für Katznelson der
Aufbau einer wirtschaftlich-politisch-sozialen Machtbasis als Antwort auf die brennende, als demographisches Problem begriffene
arabische Frage. Das Entscheidende dabei ist nicht so sehr die Suche nach einer sozialpolitischen Regelung. Katznelson wollte vielmehr die Lösung der arabischen Frage als langfristigen Prozess
sehen, eben »in der Veränderung der (demographischen) Lage in
Eretz Israel«. Somit galt es, die Palästinenser unter den aktuellen
objektiven Umständen aus strategischen Gründen eher hinzuhal-
ten, wenn nicht gar, die gesamte arabische Frage auszublenden.

Und doch geriet Katznelson in Hinblick auf seine zentrale Ziel-
vorstellung einer mehrheitlich jüdischen Heimstätte im »Land der
Urväter« angesichts der von diesem Anspruch weit entfernten
Wirklichkeit in Erklärungsnot. Er bestritt das Recht der Palästinenser auf das von ihnen besiedelte Land zwar nicht explizit, be-
teuerte aber zugleich, dass sie »kein Recht darauf haben, die Juden davon abzuhalten, *Eretz Israel* neu zu gestalten. Zwar stellen
sie noch die Mehrheit im Lande dar, doch das lässt sich langfristig
durch Einwanderung, Landkauf und Siedlungen ändern«.[17]

Wichtig ist hier, die durch die Lücke zwischen Anspruch und Wirklichkeit entstehende »leere Stelle«, die die einheimische Bevölkerung zu »füllen« habe: Diese habe zwar ein Recht auf das von ihr besiedelte Land, denn sie lebt ja dort *de facto* – eine realpolitische Position. Zugleich aber bedeutet Katznelsons Zionismus eben die Veränderung dieser Lage zu ungunsten der Einheimischen, welche »kein Recht darauf haben, die Juden davon abzuhalten, *Eretz Israel* neu zu gestalten«. Die Realität hat sich somit dem Anspruch unterzuordnen. Insofern steckt hierin zum einen der Gedanke, die Palästinenser hätten die »neue Gestaltung von *Eretz Israel*« – nach Katznelsons Vorstellungen wohlgemerkt – hinzunehmen, und zum anderen die Überzeugung, dass jegliche Revolte gegen diesen Zionismus unrechtmäßig sei. Die Konsequenz einer Übersiedlung der Palästinenser in Regionen außerhalb Palästinas entsteht nicht zuletzt aus solchem maximalistischen Zionismus.

Das Trennungsprinzip vertrat Katznelson seiner Biographin zufolge aus zweierlei Gründen. Zum einen aus Pragmatismus, denn eine politische Kooperation zu den damaligen demographischen Bedingungen hätte den Palästinensern einen bedeutenden Vorteil gegenüber den Juden verschafft. Die Spielregeln der Demokratie dienten demnach kaum den Interessen der jüdischen Minderheit und bestätigten den Status quo, weshalb Katznelson dezidiert eine politisch-konstitutionelle Regelung ablehnt. Laut Shapira speiste sich Katznelsons Insistieren auf einer strikten Trennung der beiden Völker und die Absage an jegliche politische Integration aber auch aus dessen orientalistischer Weltsicht: Auf Grund seiner Überzeugung, die arabische Kultur und Gesellschaft seien in technologischer und sozialer Hinsicht ausgesprochen rückständig, lehnte er jeglichen Integrationsversuch als Hindernis für die Entfaltung der eigenen Gesellschaft ab.[18]

Der »Andere« wird dabei samt seiner »besonderen« Wesenszüge so kaum beachtet. Katznelsons Hauptaugenmerk war vielmehr auf die »Judenfrage« gerichtet. Diese sollte durch die Schaffung zweier Einheiten in Palästina gelöst werden, die »voneinander ganz getrennt, voneinander nicht beeinflusst werden sollen, wobei jede nach eigenem Bedarf und Rhythmus sich entfalten soll«.[19] Kurz vor seinem Tod 1944 gestand Katznelson die Problematik der zionistischen Zielsetzung für die einheimische Bevölkerung

ein. Diese Zielsetzung ließe sich zwar kaum mit der »formalen
Moralität« in Einklang bringen, aber mit der »wirklichen, realen
Moralität«, wie er dies nannte, sah er sie als kompatibel. Denn
ebenso wie ein Mittelloser Recht auf Besitz habe, wie der Vermö-
gende auch, so habe auch »ein Volk ohne Land und ohne Boden
das Recht« auf Land und Boden, wie alle anderen Völker der
Welt. Der Zionismus aber müsse gegen den Strom agieren und
gegen den Willen der Mehrheit bzw. gegen den Gang der Geschichte seine Ziele erreichen. Er unterliege daher »anderen Maßstäben« als der »formalen Moralität«.[20]

Eigene nationalstaatliche Existenz wird somit vom Handeln
nach »eigenen Regeln«, nach eigenen moralischen Maßstäben,
abhängig gemacht. Diese Existenz – formuliert in der ideologischen Sprache des maximalistischen Zionismus – lasse sich letztlich nur durch die Verdrängung des anderen Kollektivs herbeiführen, und zwar sowohl aus dem Lande als auch aus dem
Bewusstsein. Dies kommt in der von Katznelson erhofften Um-
siedlung zum Ausdruck, wie sie im Laufe des Zweiten Weltkriegs
als Möglichkeit erschien.[21]

Hin- und hergerissen zwischen dem eigenen Anspruch eines
maximalistischen Zionismus und seinem Verständnis des Zionismus als einer moralischen Bewegung mit apodiktischen moralischen Zielen, befand sich Katznelson angesichts der real existierenden, allerdings immer wieder verdrängten arabischen Frage in
der Zwickmühle und äußert sich widersprüchlich. Kurz vor seinem Tod sagte er: »Im Judenstaat werden die Araber gleichbe-
rechtigt sein, kein Araber wird enteignet, vertrieben oder ausge-
wiesen. Sollte er aber emigrieren wollen, so werden wir ihm nicht
im Wege stehen. Wir werden ihm vielmehr dabei helfen.«[22]

Mehr als ein halbes Jahrhundert später blickte Berl Katznelsons
Schüler Shimon Peres in den 1940er Jahren auf die nun auch von
der israelischen Politik anerkannte palästinensische Frage. Der jüdische Staat war bereits gegründet, Israel nahm in zwei Erobe-
rungskriegen (1948 und 1967) das ganze *Eretz Israel* ein. Die
»Araber von *Eretz Israel*« stellte es *mutatis mutandis* unter die
Kontrolle des Militärs, sodass die »Judaisierung des Landes« im
Sinne des maximalistischen Zionismus größtenteils umgesetzt
werden konnte.

Gleichsam aus Siegerperspektive schilderte Peres Ende 1996 seine Sicht auf das »andere Kollektiv«. Zu diesem Zeitpunkt hatte die Arbeitspartei-Regierung die Gespräche mit der PLO als legitime politische Vertreterin des palästinensischen Volks aufgenommen, mit den zwei Oslo-Verträgen (1993 und 1995) einige Zugeständnisse gemacht. Außenminister Peres (1992-1995) galt als Mitinitiator des 1993 in Gang gesetzten Oslo-Friedensprozesses. Auf die Frage nach den Stärken und Schwächen des palästinensischen Volks antwortet der damalige Vorsitzende der Arbeitspartei:

»Sie [Die Palästinenser] sind ohne Zweifel ein begabtes Volk, und sie können, unter bestimmten Umständen, ein modernes Volk werden, so modern wie jedes andere Volk der Welt. Sie haben einiges aufzuholen. So waren sie bislang nie Volk: Bis vor kurzem hat es gar kein palästinensisches Volk gegeben. Und sie haben auch noch gar nicht erfahren, was es heißt, in einem eigenen Staat zu leben – es hat bislang ja keinen palästinensischen Staat gegeben. Sie wurden verzehrt von Gewalt und Terror, in Stämme und Familienclans auseinander dividiert, so daß es sehr schwer ist, sie zu vereinigen. Aber ich denke, sie lernen schnell, und sie können auch erfinderisch sein. Das heißt, sie können sich in allen Lebensbereichen hervortun, wenn sie nur erst einmal einen Normalzustand erreichen. Und auf dem Weg dahin sind sie. Der Vergleich mit dem jüdischen Volk ist richtig, wenn man bedenkt, daß auch die Juden sehr lange keinen Normalzustand erlebt haben. Unter ›normal‹ verstehe ich, einen Staat zu führen und Verantwortung zu übernehmen. Ein weiteres Defizit besteht darin, daß sie äußerst empfindlich sind im Hinblick auf Achtung und Ehre. Sie sind sehr sensibel, was ihre Selbstachtung angeht. Es scheint, daß dies für sie fast der wichtigste aller Aspekte ist. Und dann stellt für sie der Besitz von Land einen hohen Wert dar. Und dies, obwohl wir doch in einem Zeitalter leben, in dem Wissenschaft wichtiger ist als Territorium. Das haben sie bis jetzt noch nicht begriffen.«[23]

Um diese irritierende Stellungnahme eines führenden israelischen Politikers nachzuvollziehen, ist es notwendig, sich neben Katznelsons Verständnis der arabischen Frage auch vor Augen zu führen, was Raz-Krakotzkin als ein Grundcharakteristikum der politischen Kultur Israels versteht. Er weist auf eine dieser Kultur zugrunde liegende Tendenz der Trennung der zwei Geschichten hin. Die Geschichte der zionistischen Ansiedlung wird dadurch von der Geschichte des Konflikts bzw. der Geschichte der Palästinen-

ser losgelöst erörtert. In diesem Zusammenhang verweist Raz-
Krakotzkin auf die von dem israelischen Soziologen Gershon Sha-
fir (geb. 1947) bezeichnete Arbeitsteilung der israelischen
Historiker zwischen denjenigen, die sich mit der Geschichte des
Zionismus bzw. des jüdischen Volks und der jüdischen Ansiedlung in Palästina befassen, und den sogenannten »Orientalisten«,
die die »Araber« und den »Orient« erforschen.[24]

Bemerkenswert an Peres' Schilderung der Palästinenser und ihrer Geschichte ist, dass er die Geschichte des Zionismus und der
jüdischen Ansiedlung ausblendet. Er skizziert die Geschichte der
Palästinenser unter Auslassung des zionistisch-israelischen Zu-
sammenhangs. Auch wenn Peres die fehlende Nationalstaatlichkeit der Juden vor der israelischen Staatsgründung mit dem Fall
der Palästinenser vergleicht, bleibt der zionistisch-israelische Kontext insgesamt außen vor. Dem Gesagten ist daher nicht zu entnehmen, wer der Kontrahent dieses »begabten Volks« sei, bzw. in
welchem konkreten historischen Zusammenhang es seine Bega-
bung nicht entfalten könne.

Als Peres im genannten Interview darauf hingewiesen wurde,
dass auch Israel Land als wertvolle Sache schätze und dass die
Siedlerbewegung wohl von allen Regierungen unterstützt werde,
antwortete er nur knapp, dass die Siedler auch falsch lägen, und
ging gleich darauf wieder auf die palästinensische Geschichte ein,
die er getrennt von der israelisch-zionistischen erörterte.[25] Denn
in welcher Form auch immer Peres die jüdische Siedlerbewegung
kritisiert, fällt sie für ihn doch immer unter die Kategorie der
»heiligen Geschichte« des Zionismus, weshalb sie als solche mit
der Geschichte der Palästinenser keine Berührungspunkte haben
kann.

Dem oben angeführten Zitat Peres' lassen sich orientalistische
Tendenzen entnehmen. Ein zentrales Merkmal dieser Haltung ist
die Bevormundung der Palästinenser. Ihnen wird in einem wohl-
wollend wirkenden, aber kolonialistisch anmutenden Ton eine
Reihe positiver Eigenschaften zugeschrieben: Sie seien »ein begabtes Volk«, das »unter bestimmten Umständen« »ein modernes
Volk« hätte werden können. Sie hätten zwar noch »einiges aufzuholen«, aber »sie lernen schnell«. Sie seien »erfinderisch« und
hätten das Potenzial, »sich in allen Lebensbereichen« hervorzu-
tun. Doch eines stehe dem im Wege: die fehlende Nationalstaat-

lichkeit. Denn »wenn sie nur erst einmal einen Normalzustand erreichen« würden, meint Peres, dann würden sie unter »normalen« Bedingungen der Nationalstaatlichkeit leben.

Doch damit endet der Gedankengang zur palästinensischen Geschichte abrupt, eben weil diese mit der Geschichte Israels in Berührung zu kommen droht. An diesem Punkt bricht die versöhnliche Sprache ab und es beginnt der Versuch, die fehlende Nationalstaatlichkeit der Palästinenser zu erklären, und zwar losgelöst von der israelischen Geschichte. Hier entsteht, was Raz-Krakotzkin als »ein verfälschtes historisches Bild« bezeichnet: Indem Peres eine wichtige Perspektive der palästinensischen Geschichte ausblendet, schließt er sich einem Geschichtsverständnis an, das ein fragmentiertes Bild auch hinsichtlich der eigenen Geschichte ergibt.[26]

Denn die Erklärung für die fehlende Nationalstaatlichkeit der Palästinenser bezieht Peres ausschließlich auf ihre »wesenhaften Eigenschaften«: Zunächst seien sie ein junges Volk: »So waren sie bislang nie Volk: Bis vor kurzem hat es gar kein palästinensisches Volk gegeben.« Unklar bleibt, ab wann die Palästinenser als »Volk« gelten. Die bestehende traditionelle Lebensweise der Palästinenser sieht Peres als »Vorstufe zur Nationalstaatlichkeit«: Die Palästinenser seien noch immer »von Gewalt und Terror« verzehrt und »in Stämme und Familienclans auseinander dividiert«, sie seien »schwer zu vereinigen«. Dazu seien sie »äußerst empfindlich im Hinblick auf Achtung und Ehre« und »sehr sensibel, was ihre Selbstachtung angeht«. Von besonderer Bedeutung ist das am Ende der Passage erwähnte »Territorium«, von Peres auf den »Besitz von Land« reduziert.

Ausgerechnet das Territorium, an dem sich der hundertjährige Konflikt entzündete, löst Peres in einer verblüffenden Weise aus dem Kontext: Er erklärt den Wunsch, Land zu besitzen, zu einem palästinensischen Problem; dies sei unzeitgemäß, eine »wesenhafte Eigenschaft«. Hier wird nicht nur genau das unterschlagen, was die zwei Geschichten verbindet. Den Hinweis auf den besonderen Bezug der Palästinenser zum umkämpften Land verknüpft Peres auch mit seiner These, das palästinensische Volk lebe in einem vormodernen Zeitalter. »Das haben sie bis jetzt noch nicht begriffen«, dass »wir doch in einem Zeitalter leben, in dem Wissenschaft wichtiger ist als Territorium«. Weil »für sie der Besitz

von Land einen hohen Wert« darstelle, befänden sich die Palästinenser noch in einem vermeintlich rückständigen Zustand.

Bemerkenswert an diesem Text von 1996 ist das separate Geschichtsverständnis und die darin enthaltene Zurückweisung der
zionistischen Verantwortung für das Schicksal der Palästinenser.
Die hier aufgezählten »Eigenschaften« des palästinensischen
Volks, die dessen Schicksal vermeintlich allein bestimmen, werden unabhängig von der israelischen Geschichte begriffen und
können deren Fortgang daher offenbar nicht gefährlich werden.
Der langjährige Politiker aus der Mitte der israelischen Gesellschaft gibt sich also Ende 1996 den Anschein, auf gewisse Weise
keinen Anteil an der aktuellen Lage der Palästinenser zu haben,
mithin »nicht betroffen« zu sein. Doch stellt sich die Frage, ob
angesichts der zionistisch-arabischen Auseinandersetzung um Pa-
lästina/*Eretz Israel* von einer derartigen »Nicht-Betroffenheit«
noch die Rede sein kann. Handelt es sich bei dem palästinensischen Volk für Israel um einen verleugneten Erzfeind der zionistischen Utopie? Oder ist hier die Rede von einem besiegten bzw.
zerschlagenen Feind, der Israels Existenz kaum gefährden kann?

Seit seiner Gründung betrachtet Israel den »arabischen Feind«
und somit den israelisch-arabischen Konflikt in zwei Kontexten.
Zum einen blickt man auf den quasi innenpolitisch-lokalen, palästinensischen Kontext, die alte arabische Frage. Zum anderen ist
die Rede vom Kontext des größeren regionalen israelisch-gesamtarabischen Konflikts. Diese zwei Konfliktkreise begreift Israel zwar nicht als voneinander gänzlich losgelöst – die »Araber von
Eretz Israel« werden als Bestandteil der »arabischen Welt« verstanden. Doch die von dem jeweiligen Konfliktkreis ausgehende
Gefahr für das zionistische Israel wird im Laufe der Entwicklung
des israelisch-arabischen und des israelisch-palästinensischen
Konflikts unterschiedlich betrachtet und bewertet.

Alles in allem lässt sich dies wie folgt skizzieren: In den ersten
drei Jahrzehnten begreift Israel in erster Linie die »arabische
Welt« bzw. den arabischen Nationalismus als den gefährlichen
Feind. Die Vereinigung der arabischen Armeen mit dem Ziel der
»Vernichtung des zionistischen Projekts« stellt die größte Heraus-
forderung für die sicherheitspolitische Führung des Landes dar.
Historische Beispiele für diese Gefahr sind der erste arabisch-is-
raelische Krieg von 1948, der arabische Nationalismus der 1950er

und 1960er Jahre unter der Führung von Ägyptens Präsidenten Gamal Abdel Nasser (1918-1970) und der ägyptisch-syrische Überfall am jüdischen Versöhnungstag *Jom-Kippur* von 1973. Die Problematik der »Araber von *Eretz Israel*« rückte in dieser Zeit eher in den Hintergrund. Israels Sieg von 1948 mit dessen demografischer und geopolitischer Bedeutung für den Zionismus ließen diese zunächst als militärisch kontrollierbar erscheinen; zumal ein weiterer territorialer Sieg über die Palästinenser 1967 erfolgte. Israel widmete sich daher bis Ende der 1970er Jahre sicherheitspolitisch gesehen dem größeren regionalen Konflikt mit der arabischen Staatenwelt.

Erst im Laufe der 1980er Jahre, als Folge einer gewissen Entspannung des regionalen Konflikts durch den israelisch-ägyptischen Friedensvertrag von 1979, rückte die alte arabische Frage nun als palästinensische Frage unweigerlich ins Zentrum der israelischen Politik. Das Scheitern einer Autonomie für die Palästinenser gemäß dem Camp-David-Abkommen von 1979, dann Israels Kampf gegen die PLO im Libanon 1982, um u.a. diese Autonomie nicht zustande kommen zu lassen, dann die erste palästinensische Intifada gegen die israelische Besetzung der palästinensischen Gebiete (1987-1992), dann der Friedensprozess der 1990er Jahre mit den Palästinensern und sein Scheitern bzw. der Ausbruch der Zweiten Intifada (2000-2004) – diese Ereigniskette beherrscht die israelische Sicherheitspolitik bis in die heutige Zeit.

Die Palästina-Frage rückte somit unweigerlich in die Politik bzw. ins Bewusstsein Israels. Sie wurde zunehmend zur Schwachstelle des zionistischen Israel. Spätestens seit 2000, mit dem endgültigen Scheitern des einzigen Versuchs der Jahre 1993-1999, die Palästina-Frage politisch zu regeln, hat sich die Palästinenserfrage als ein unlösbares Problem für Israel herausgestellt. Der Begriff »Palästinenserfrage« trifft für das israelische Verständnis der Palästina-Frage deshalb zu, weil für das zionistische Israel *Eretz Israel* eine territoriale Einheit ist, die Grundlage des zionistischen Projekts. Die Judaisierung von *Eretz Israel* war und ist ein Grundsatz der israelischen Politik, vor und nach 1967. Dementsprechend werden die Palästinenser nach offizieller israelischer Lesart nicht als ein nationales Kollektiv, sondern vielmehr als Individuen begriffen, die diversen Status unter israelischer Vorherrschaft genießen. Die zionistisch-israelische Bezeichnung der »Araber von

Eretz Israel« (bezogen auf die Bewohner Palästinas bis zur Staatsgründung und auf die eingebürgerten Palästinenser Israels nach
1948) ist hier von exemplarischer Bedeutung. Wie entwickelte
sich über die Jahre hinweg die israelische Perspektive auf die
»Feinde von innen«?

Israel und die »Palästinenserfrage«

1948 gelang es der zionistischen Bewegung, mittels eines Kriegs
die geopolitischen und demographischen Verhältnisse zwischen
den beiden Kollektiven in Palästina dramatisch zu verschieben.
Dies war ein bedeutsamer Schritt auf dem Weg zur Verwirklichung des zionistischen Projekts eines jüdisch-mehrheitlichen
Staats in *Eretz Israel*. Im Laufe der britischen Mandatszeit bis
zum ersten israelisch-arabischen Waffengang (1917-1948) – rund
ein halbes Jahrhundert nach dem Ersten Zionistischen Kongress
(1897) – brachte die zionistische Bewegung kaum mehr als sechs
Prozent der Landfläche Palästinas in ihren Besitz, meist durch
Landerwerb.[27]

Im Laufe des Kriegs von 1948 nahmen die israelischen Streitkräfte 78 Prozent des Gesamtgebiets ein. In den 1949 auf Rhodos
stattfindenden Waffenstillstandsgesprächen zwischen Israel und
den am Krieg beteiligten Nachbarstaaten wurden die sogenannten Waffenstillstandsgrenzen festgelegt. Die restlichen 22 Prozent
der Landfläche fielen bis zu ihrer Einnahme im Sechstagekrieg an
Jordanien (Westjordanland) und Ägypten (Gazastreifen). Hier sei
bemerkt: Nach der UN-Resolution 181 vom 29.11.1947 ist die
Rede von einer Aufteilung Palästinas zu 55 an den jüdischen und
45 Prozent an den arabischen Staat.

Neben dieser geopolitischen vollzog sich 1948 auch eine demographische Verschiebung der Verhältnisse zwischen Juden und
Palästinensern. Im Laufe der britischen Herrschaft stieg der jüdische Bevölkerungsanteil Palästinas von zehn Prozent im Jahre
1900 (1929 – 16 Prozent, sprich 156.000) auf ein Drittel der Gesamtbevölkerung von rund zwei Millionen bis 1947.[28] Der Mas-
sen-Exodus von ca. 750.000 Palästinensern im Laufe des Kriegs
von 1948-1949 aus dem Gebiet, auf dem der Staat Israel letztlich

entstand, und die massive jüdische Einwanderung aus Europa und den arabischen Staaten vor und nach der Gründung Israels, sorgten für diese demographische Transformation.

Während im Kernland Israels ca. 150.000 Palästinenser verblieben, fand ein Großteil der Flüchtlinge im ehemaligen Mandatsgebiet Palästina, also im von Ägypten besetzen Gazastreifen und im von Jordanien beherrschten Westjordanland Zuflucht, sodass 1952 im Gesamtgebiet Palästinas 1.4 Millionen Juden und ca. 1.2 Millionen Palästinenser lebten.[29] Im Laufe des Sechstagekriegs fand erneut ein Exodus von ca. 200.000 Palästinensern aus dem Westjordanland nach Jordanien statt; insgesamt verblieben 1967 1.2 Millionen Palästinenser in den nun von Israel besetzten Gebieten. Die Juden stellen 1967 zwei Drittel der Gesamtbevölkerung. Im Jahre 2003 lebten 3.3 Millionen Palästinenser in den besetzten Gebieten und 1.3 Millionen israelische Palästinenser im Kernland Israel, während die Zahl der Juden 5.1 Millionen betrug.[30] Im Jahre 2011 lebten 5.8 Millionen Juden und 5.3 Millionen eingebürgerte (1.6) und nichteingebürgerte Palästinenser auf dem Gebiet *Eretz Israel*/Palästina.[31]

Mit der Palästinenserfrage muss sich Israel also angesichts des realisierten politischen Zionismus durchgehend auseinandersetzen. Mit dem zionistischen Ziel der Nationalisierung der Juden bzw. von *Eretz Israel* mittels Landeinnahme und jüdischer Ansiedlung betreibt Israel seit seiner Gründung eine Politik der De-Nationalisierung bzw. Fragmentierung der Palästinenser. Ein palästinensischer Staat im Sinne der UN-Teilungs-Resolution 181 von 1947 wird kurz nach dem Krieg von 1948 zum Tabu. 1949 sah sich Israel daher vorwiegend mit drei Gruppen von Palästinensern konfrontiert: den Flüchtlingen, den Rückkehrern, im israelischen Jargon »Eindringlinge«, und den nach 1948 im Lande gebliebenen, 1949 von Israel eingebürgerten Palästinensern.

Israels Politik wird seit der Gründung durch drei Faktoren bestimmt: das Ziel eines jüdischen Staats, den Anspruch, ein demokratisches politisches System zu repräsentieren und das Vorhaben, den dauerhaft schwelenden arabisch-israelischen Konflikt in den Griff zu bekommen.[32] Der jüdische Charakter des Staats wird mit bevölkerungspolitischen Mitteln durch ein Rückkehrverbot für die palästinensischen Flüchtlinge und die Stärkung der jüdischen Immigration gefördert. Die *Knesset* erließ im Juli 1950 das

»Law of Return«: Im Paragraph 1 räumt der neue Staat jedem
Juden das Recht auf die israelische Staatsbürgerschaft ein.[33] Dazu
wird eine gesetzlich institutionalisierte, schleichende Enteignung
der geflüchteten und gebliebenen Palästinenser betrieben;[34] zudem wird das Erziehungswesen der im Lande gebliebenen Palästinenser kontrolliert, mithin ihr Ausschluss aus allen Machtzentren
bzw. die politische und wirtschaftliche Marginalisierung betrieben.[35]

Die Rechtsgrundlage für Beschlagnahme palästinensischen
Landes und Eigentums nach der Staatsgründung stützt sich auf
eine Reihe israelischer Gesetze. Gemäß dem Gesetz über das
brachliegende Land (»The Law of Fallow Land«) von 1948 wird
über ein Jahr nicht bearbeitetes Land dem Landwirtschaftsmini-
sterium übertragen, um seine Kultivierung zu garantieren; dem
1950 erlassenen Gesetz über das Eigentum von Abwesenden
(»Absentees Property Law«) zufolge wird das gesamte Eigentum
palästinensischer Flüchtlinge (hier als »Abwesende« bezeichnet)
einem Vormund des Staats übertragen. Als »Abwesende« gelten
all diejenigen, die ihr Haus bzw. Land seit Kriegsbeginn am
29.11.1947 verlassen haben, also palästinensische Flüchtlinge außerhalb sowie innerhalb (sogenannte »anwesende Abwesende«)
des israelischen Staatsgebiets. Das »Landerwerbs-Gesetz« (»Land
Acquisitions Law«) von 1953 reguliert die rechtmäßige Übertragung des enteigneten Landes in Staatsbesitz, einschließlich des
Landes der als »anwesend-abwesend« erklärten palästinensischen
Staatsbürger Israels, wobei deren Abfindungsanspruch im Gesetz
enthalten ist. Vor allem räumen die noch immer geltenden Not-
standsgesetze den israelischen Behörden einen beträchtlichen
Spielraum ein, bestimmte Gegenden als »geschützt« zu erklären
und somit deren Konfiszierung aus »Sicherheitsgründen« zu betreiben.

Der Anspruch Israels, ein demokratischer Staat zu sein, hatte
zur Folge, dass die Palästinenser im israelischen Staatsgebiet die
israelischen Staatsbürgerschaft und das Wahl-, Sozial- und Erzie-
hungsrecht erhielten.[36] Kurz nach Beendigung der Kämpfe und in
Zusammenhang mit der Aufnahme des neuen Staats in die Vereinten Nationen am 11. Mai 1949 bürgerte Israel die ca. 160.000
Palästinenser ein. Und trotzdem unterlagen die nun (im israelischen Jargon) »israelischen Araber« einer strengen Militärregie-

rung, welche erst im Dezember 1966 aufgehoben wurde. Diese hatte vor allem zum Ziel, einerseits den Zugriff auf die Ressourcen des Landes für das zionistische Projekt zu sichern, andererseits die politisch-soziale Kontrolle über die palästinensische Bevölkerung zu gewährleisten. Jegliche Kooperation zwischen den israelischen Arabern und den arabischen Nachbarstaaten galt es dabei zu vereiteln.[37] Die Militärregierung hatte Befugnis, die von Palästinensern bewohnten Gebiete im Kernland Israel zu verwalten. Darunter fielen u.a. die Erteilung der Arbeitserlaubnis und die Ausstellung von Bau- und Passierscheinen. Ziel war außerdem, die Bewegungsfreiheit und Siedlungsmöglichkeit der Palästinenser im Lande einzuschränken. Die Militärregierung sorgte des Weiteren für die Einhaltung der Ausgangssperre ab 21:00 Uhr bis zum folgenden Tag.

Die rechtliche Grundlage der Militärregierung bilden die zunächst von der vorübergehenden, später von der gewählten israelischen Regierung angenommenen Notstands-Verteidigungsverordnungen (»Defence Regulations Emergency«) der britischen Mandatsverwaltung aus dem Jahre 1945. Demnach darf das vom Verteidigungsminister autorisierte Militär legislative, judikative und exekutive Gewalt über bestimmte Lebensbereiche der Bevölkerung ausüben. Dieser Verordnung liegt die Überzeugung zugrunde, dass das Land sich in einem anhaltenden Verteidigungszustand befinde, der die extremen Maßnahmen notwendig mache. Der Militärbefehlshaber kann deshalb u.a. Arrestnahmen, Hausdurchsuchungen ohne Durchsuchungsbefehl, Gebäudezerstörungen und Ausgangssperren veranlassen.[38]

Die Militärregierung von 1949 bis 1966 ist im kollektiven Geschichtsbewusstsein der jüdischen Israelis fast nicht präsent. Einer der Gründe dafür mag die immer noch auf der politischen Tagesordnung stehende, humanitär wie politisch gravierende Frage der militärischen Besatzung der palästinensischen Gebiete seit 1967 sein.[39] Dieses Kapitel einer 19jährigen Militärregierung über die israelischen Palästinenser rückt in der politischen und historischen Wahrnehmung angesichts der akuten Problematik der Besatzung in den Hintergrund. Weiter lässt sich diese Ausblendung der »ersten Erfahrung mit der Besatzung« mit der Verdrängung der Tatsache erklären, dass Israel seit seiner Gründung de facto kaum eine andere Situation kennt als die einer militärischen Herrschaft über die Palästinenser – ein deutliches Zeichen dafür, dass diese als Feinde des zionistischen Israels gesehen und bekämpft werden.

Während die eingebürgerten Palästinenser unter Kontrolle gehalten, die palästinensischen Flüchtlinge von 1948 mittels eines strengen Rückkehrverbots in Israel außerhalb des Bewusstseins gehalten werden,[40] kehrt mit dem Krieg von 1967 die arabische Frage auf die israelische Tagesordnung zurück. Die Eroberung der palästinensischen Gebiete im Sechstagekrieg macht die alte arabische Frage zur »Palästinenserfrage«. Der Anspruch auf *Eretz Israel* als Besitz des jüdischen Volks und somit als zionistischer Grundsatz bleibt unerschüttert; vielmehr gilt es nun zu klären, welchen Status die auf diesem Gebiet lebenden Palästinenser im jüdischen Staat haben sollten.

Nach dem Sechstagekrieg setzt Israel den Apparat der Militärregierung in den besetzten Gebieten ein und betrachtet diese zunächst als »besetzt«. In der Praxis wurden aber der Gazastreifen, das Westjordanland, die Golanhöhen und die Halbinsel Sinai als »befreite« jüdische Gebiete behandelt. Sie werden daher auch jüdisch besiedelt. Von der langsam etablierten israelischen Okkupation ist insbesondere die palästinensische Bevölkerung betroffen. Denn während die Bevölkerung der Golanhöhen nach Syrien und die des Sinai nach Ägypten fliehen bzw. vertrieben werden konnte, blieb der Großteil der palästinensischen Bevölkerung in den vom israelischen Militär übernommenen palästinensischen Gebieten – im israelisch-zionistischen Jargon: »Judäa, Samaria und Gaza«. Ab 1967 steht die Frage der Einbürgerung der »neuen Palästinenser« jedoch gar nicht zur Debatte: Die Integration mehrerer Millionen Nichtjuden in das israelische Staatsgebilde würde dem zionistischen Ziel eines jüdisch-mehrheitlichen Staats unweigerlich zuwider laufen.

Die Palästinenserfrage bleibt ab 1967 eine offene Frage, die die israelische sicherheitspolitische, aber auch politische Tagesordnung immer wieder bestimmt. Ein Jahrzehnt nach dem Sechstagekrieg steht im Kontext der Camp-David-Friedensverhandlungen mit Ägypten 1977/78 die Frage der 1967 eroberten palästinensischen Gebiete erstmals ernsthaft auf der politischen Tagesordnung. Wie soll Israel mit den Palästinensern im Gazastreifen und

Westjordanland nun verfahren? Eine Autonomielösung für die Palästinenser wird zum ersten Mal ausgehandelt.

Ende der 1970er und Anfang der 1980er Jahre gelang es zwar der Regierung Menachem Begin (1913-1992), einen Friedensvertrag mit Ägypten unter der Führung von Anwar al-Sadat (1918-1981) zu erzielen, um den Preis der Rückgabe der 1967 eroberten ägyptischen Halbinsel Sinai. Doch die ebenfalls ausgehandelte Autonomie für die Palästinenser im Westjordanland und Gaza-Streifen vermochte Israel nicht zu realisieren. Das politische Israel ist Anfang der 1980er Jahre nicht gewillt, seinen Machtstatus auch in den palästinensischen Gebieten zu verlieren; vielmehr erhielt die Konsolidierung der jüdischen Präsenz oberste Priorität. In besagtem Jahrzehnt regiert Israel von 1984 bis 1990 eine Große Koalition der beiden großen zionistischen Lager Likud und Arbeitspartei.

Ein Weg der Sicherstellung der jüdischen Präsenz ist die massive Besiedlung Judäas, Samarias und Gazas. Aber auch die Bekämpfung der Palästinensischen Nationalbewegung und deren Repräsentanten soll diesem Ziel dienen: Kurz nach der Implementierung des israelisch-ägyptischen Friedensvertrags, sprich der Räumung der Halbinsel Sinai, schickte die israelische Führung unter Menachem Begin und Ariel Sharon Militär in den Libanon. Im Juni 1982 begann mit Unterstützung der in der Opposition befindlichen Arbeitspartei ein Krieg, dessen erklärtes Ziel die Bekämpfung des von der PLO im Libanon ausgehenden Terrorismus. Eigentliches Kriegsziel ist es aber, eine neue geopolitische Ordnung im Nahen Osten zu gestalten, in der Israel seine strategischen Interessen bewahren kann. Vor allem geht es darum, eine Autonomie der Palästinenser in den besetzten Gebieten zu vereiteln, da diese den israelischen Anspruch auf Teile von *Eretz Israel* in Frage stellen würde. Den PLO-Chef Jassir Arafat (1929-2004) wollte Verteidigungsminister und Kriegsinitiator Ariel Sharon (geb. 1928) dafür gewinnen, dass dieser in Jordanien einen palästinensischen Staat errichtet – was den Sturz des Jordanischen Königreichs mit sich brächte. Arafat ließ sich nicht auf den Vorschlag ein. Daraufhin forcierte Israel die Vertreibung der PLO-Führung und Hunderter palästinensischer Aktivisten aus dem Libanon im Sommer 1982.

Die Entfernung der palästinensischen Führung aus dem Nachbarland brachte die Palästinenserfrage nur für paar Jahre von der israelischen Tagesordnung. Im Dezember 1987 brach die erste sogenannte »Intifada der Steine« aus. Dabei erhob sich die palästinensische Zivilbevölkerung mit primitivsten Kampfmitteln gegen die technisch hochgerüstete Besatzungsmacht. Das politische und militärische Israel sah sich mit einer neuen Situation konfrontiert: Die Bilder der militärischen Unterdrückung der zivilen Erhebung gingen um die Welt. Israel wurde zunehmend als der »Goliath« in diesem Konflikt begriffen, die Palästinenser gewannen dabei die Aufmerksamkeit und die Anerkennung weiter Teile der Weltöffentlichkeit als unterdrückter »David«.

Mit der Ost-West-Zäsur von 1989 und dem Zweiten Golf-Krieg von 1991 – für Israel ein traumatisches Ereignis – erzwang schließlich die internationale Gemeinschaft unter amerikanischer Führung die Madrider Konferenz vom Oktober 1991. Dort wurden Israel, Syrien, Libanon, Jordanien und die Palästinenser an den Verhandlungstisch geholt, um gemeinsam mit internationaler Unterstützung den Nahostkonflikt beizulegen. Die Palästinenserfrage stand dabei im Mittelpunkt der Gespräche, weshalb auch die rechtszionistische Regierung mit Likud-Chef Itzhak Shamir (geb. 1915) an der Spitze (1990-1992) nur äußerst widerwillig an der Konferenz teilnahm. Dementsprechend blieb auch dieser Friedensgipfel ergebnislos.

Erst mit dem Machtwechsel in Jerusalem gelang ein nennenswerter Durchbruch in den israelisch-palästinensischen Beziehungen. Die Arbeitspartei übernahm 1992 die Macht und setzte einen Friedensprozess mit den Palästinensern in Gang. Im sogenannten Oslo-Friedensprozess von 1993 erkannte Israel zum ersten Mal in der Geschichte die Rechte des palästinensischen Volks an und akzeptierte die PLO mit Yassir Arafat an ihrer Spitze als seine legitime Führung und Israels Gesprächspartner. In zwei Abkommen (1993, 1995) wurde die Palästinensische Autonomiebehörde (PA) errichtet. Damit glaubte man, die Rahmenbedingung für eine permanente Lösung der Palästina-Frage geschafft zu haben. Dies ließ die Hoffnung aufkommen, dass Israel nun bereit wäre, *Eretz Israel* auf seine politische Tagesordnung zu setzen und das Land zwischen beiden Völkern zu teilen; es schien, als ob es einsähe, dass die Zweistaatenlösung auch im Sinne des Zionismus sein würde.

(Näheres zum Oslo-Friedensprozess und dessen Scheitern in Kapitel 5).

Dass der erste ernsthafte Versuch, die hundertjährige Auseinandersetzung um Palästina beizulegen, gescheitert ist, hat mehrere Gründe. Hier möchte ich folgenden Erklärungsansatz anführen, welcher einen breiteren historischen Kontext mitberücksichtigt: Israel befindet sich gegen Ende der 1990er Jahre in einer heiklen politische Lage, wenn nicht in einer Sackgasse. Zum einen kann es aus innenpolitischen Gründen bzw. Gründen der Staatsräson die Teilung des Landes nicht durchsetzen; denn es ist nicht alleine der Rechtszionismus bzw. religiöse Zionismus, der solch eine Teilung als Blasphemie ansieht und mit allen Mitteln bekämpft hat und bekämpfen würde. Auch der Linkszionismus, gern als das israelische »Friedenslager« bezeichnet, lehnt im Prinzip ab, die Souveränität über das Land mit den Palästinensern zu teilen. Denn auch für das linkszionistische Lager gilt der Grundsatz, *Eretz Israel* sei das Land des jüdischen Volks. Dies bleibt auch, wenn der Linkszionismus dem Dilemma der sogenannten demographischen Frage, also der bi-nationalen Realität in Palästina, mit einer Zweistaatenlösungs-Rhetorik begegnen möchte. Fakt bleibt die langjährige Praxis aller zionistischen Parteien bei der Implementierung des zionistischen Projekts in *Eretz Israel*, und zwar aus fester Überzeugung, der Zionismus sei die ultimative Antwort auf die sogenannten »Judenfrage«. Damit hängt ein weiterer wichtiger Aspekt zusammen: das orientalistische Verständnis des »Arabers«, somit des regionalen israelisch-arabischen Konflikts. Dieses Verständnis bildet die historisch gewachsene Grundlage für die zivilmilitaristisch geprägte israelische Ordnung.

Wichtig für die hier behandelte Thematik des gescheiterten israelisch-palästinensischen Friedensprozesses der 1990er Jahre ist, dass das politische Israel nicht nur der Teilung des Landes aus innenpolitischen und ideologischen Gründen nicht gewachsen ist. In der israelischen Politik herrscht große Skepsis, ob eine Regelung der lokalen Palästina-Frage den regionalen Frieden nach sich ziehen würde. Wie versteht aber das politische bzw. zionistische Israel das arabische Umfeld, in dem es sich nun einmal befindet?

Israel und seine Sicht auf die »arabische Welt«

Betrachtet man Texte eines Establishment-Mannes wie Shimon
Peres in den ersten drei Jahrzehnten der Existenz Israels, so lässt
sich darin ein deutliches orientalistisches Feindverständnis erkennen, welches eng an den zentralen Topos dieser Texte gekoppelt
ist: die Sicherheitsfrage bzw. den israelisch-arabischen Konflikt.
    Peres (u.a. Generaldirektor im Verteidigungsministerium 1953-
1965 und Verteidigungsminister 1974-1977) tendierte in diesen
Jahren dazu, die von ihm identifizierten Feinde des jüdischen
Staats mit den verallgemeinernden Oberbegriffen »arabische
Welt« und »die Araber« zu bezeichnen. An manchen Stellen
sprach er sogar von einer Auseinandersetzung zwischen »dem
arabischen und dem jüdischen Volk«.[41] Peres begreift den israelisch-arabischen Konflikt im Kontext einer langen historischen
Tradition der Judenverfolgung. So sagt er 1965: »Wir verkörpern
ein Volk, das stets unter Bedrohung und Belagerung steht«;[42] an
anderer Stelle betont er, dass »Israel einen belagerten Staat darstellt, dessen größte Gefahr seine schiere Existenz ist«.[43]
    Das Motiv von »Allein unter den Völkern« (*Am levadad Isch-
kun*) bezieht er auch auf die nahöstliche Situation. Ebenso spiegelt eine von ihm verwendete Metapher der »Riesenbanane« für
die unterschiedlichen Größenverhältnisse zwischen dem kleinen
Judenstaat und den ihn umringenden gefährlichen und böswilli-
gen Feinden – »in der nördlichen Ecke Syrien, im Süden Ägypten,
die es zu ersticken drohen«[44] – dieses israelische Bedrohungs- und
Isolationsgefühl in der Region wider. Ein Schlüsseltext für Peres'
Feindbild ist das Eröffnungskapitel in seinem 1970 erschienenen
Buch *David's Sling* mit dem Titel »Konflikt am Abgrund«. Von
Belang ist hier zweierlei: zum einen sein Entstehungszeitpunkt,
nämlich nach dem großen israelischen Sieg über drei arabische
Armeen im Sechstagekrieg. Zum anderen muss die Tatsache vor
Augen geführt werden, dass die im Buch dargelegten Überlegun-
gen – abgesehen von ihren unmittelbaren ideologisch-politischen
Absichten angesichts der neuen geopolitischen Lage – auch als ein
Resümee von Peres' Konflikt- bzw. Sicherheitsverständnisses nach
über einem Jahrzehnt im Verteidigungsministerium (1953-1965)
angesehen werden können.

Peres schrieb dieses Buch nach eigenen Angaben nach seinem Ausscheiden aus dem Verteidigungsministerium. Seine Ausführungen dürfen hier also als Reflexionen über die formativen Jahre der israelischen Souveränität verstanden werden:

> »Israels Sicherheitsproblem ist einmalig. Eine erste Besonderheit [dieses Problems] ist die *umfassende arabische Feindseligkeit* [Israel gegenüber], eine sowohl in Worten als auch [...] in Taten ausgedrückte Feindseligkeit. Sie erstreckt sich über den ganzen [arabischen] Raum, umfasst die meiste [arabische] Bevölkerung, betrifft alle Bereiche und ist immerwährend. [...] Israel ist [...] umgeben von arabischen Ländern. Libanon, Syrien und Irak im Norden; Jordanien im Osten und Ägypten, Jemen und Saudi-Arabien im Süden. Die Feindseligkeit [Israel gegenüber] ist die offizielle und inoffizielle Politik dieser Staaten. Diese drückt sich auf vielerlei Arten aus; durch Boykott und wirtschaftliche Belagerung; politischen Druck und politische Propaganda; Grenz- und Einfuhrblockaden und die Vorbereitung von deren Armeen für die Hauptaufgabe: Israel anzugreifen und es dem Erdboden gleichzumachen [...]. Die Ziele dieser Feindseligkeitspolitik beschränken sich nicht auf eine bestimmte Eigenart Israels: Die Araber verlangen nämlich weder einen bestimmten Landstrich noch eine Wasser- oder Ölquelle. Sie sind außerdem auch nicht auf einen wirtschaftlichen oder politischen Vorteil [im Kampf gegen Israel] aus. Sie haben vielmehr ein umfassendes Ziel – den Staat Israel zu vernichten und seine Bevölkerung zu vernichten oder vertreiben.
> Die zweite Besonderheit dieses Konflikts entspringt der *gegenwärtigen Mentalität* der arabischen Welt. Der Ursprung des israelisch-arabischen Konflikts stellt nicht unbedingt die Gründung und Existenz des Staats Israel dar. [...] Kurz nach dem Ersten Weltkrieg gab es nämlich eine vielversprechende Unterredung zwischen Führern des jüdischen und arabischen Volks. In der Weizmann-Faisal-Vereinbarung vom Herbst 1918 waren zwei wichtige Paragraphen, die zusicherten, dass zum einen ›alle notwendigen Maßnahmen für die Unterstützung der jüdischen Einwanderung nach *Eretz Israel* im großen Umfang ergriffen werden sollen‹ (Paragraph 4); und zum anderen, dass ›die zionistische Bewegung den Vorschlag machen soll, ein Expertenkomitee für die Erforschung der wirtschaftlichen Entwicklungsmöglichkeiten des Landes nach Israel zu entsenden.‹ [...] Ursache und Umfang des Konflikts lassen sich also nicht unbedingt im israelisch-arabischen Verhältnis finden, sondern [im System] der arabischen Staaten selbst. Die [feindseligen] israelisch-arabischen Verhältnisse sind weniger eine Folge eines gegenseitigen Missverständnisses, sie verkörpern vielmehr [...] eine in letzter Zeit die ara-

bische Welt heimsuchende *innere Spannung.* [...] Der Höhepunkt
dieser Spannung besteht in einer in der Region sehr verbreiteten
kämpferischen Haltung. [...] In diesen Staaten gibt es [...] kaum
geeignete Institutionen, welche die Politik mitgestalten und ›zügeln‹.
Sie haben dazu weder eine freie Presse, noch unabhängige Parteien.
Auch ein wirkliches Parlament und angemessene Gewerkschaften
sind nicht vorhanden. De facto fehlt ihnen [den arabischen Gesell-
schaften] die meist für ein gesellschaftliches Engagementbewusstsein
geeignete Mittelschicht. [...] Auch die Kommunikation mit und unter Arabern hat ihre Eigentümlichkeit. Der arabische Ausdruck [ge-
meint ist die arabische Sprache] neigt dazu, Wörter eher als ein Ornament, meist emotional konnotiert, zu gebrauchen, und nicht
unbedingt als verbindliche exakte Beschreibung. Ein arabisches Argument neigt indessen dazu, leicht zum Ausdruck der Propaganda
oder gar zur Hetze zu werden. Die Wahrheit bahnt sich ihren Weg
nur mit großer Bemühung.«[45] (alle kursiven Hervorhebungen im
Original)

Die zwei Merkmale des israelisch-arabischen Konflikts bzw. die
Charakteristika der verallgemeinert aufgefassten »arabischen
Welt« und der »arabischen Staaten« sind demnach zum einen die
»*umfassende arabische Feindseligkeit* Israel gegenüber« und zum
anderen die »*arabische gegenwärtige Mentalität*«. Im Gegensatz
zu Peres' Worten von 1996 über die Palästinenser lässt sich aus
den hier zitierten Passagen aus dem Jahr 1970 die klare Botschaft
einer von der arabischen Welt ausgehenden akuten Gefahr für den
Judenstaat herauslesen. Peres' eindeutige Sprache, allen voran im
Bezug auf die alles umfassende arabische Feindseligkeit, und die
zweifache Betonung des »arabischen Ziels« der Vernichtung Israels gleich auf der ersten Buchseite lassen kaum Zweifel an der
Bedeutung aufkommen, welche er dieser Gefahr beimisst.

Darüber hinaus soll die namentliche Aufzählung der arabischen
Staaten, auch derjenigen, welche mit Israel nicht direkt benach-
bart sind und insofern mit ihm nicht direkt in Konflikt stehen,
dazu auch die Nennung einer Reihe antiisraelischer Maßnahmen,
seine These von der Erzfeindschaft der gesamten arabischen Welt
gegenüber Israel bekräftigen. Dies ist die Hauptbotschaft dieses
Buches, dass es keinerlei Verhandlungsbasis zwischen Israel und
seinen Nachbarstaaten gebe. Vordergründig wird darauf hingewiesen, dass ein Frieden auf der Basis territorialer Zugeständnisse
seitens Israels in dieser historischen Phase nicht erzielbar sei.[46]

Ein interessanter innerer Widerspruch von Peres' Konfliktverständnis tut sich auf, wenn vor Augen geführt wird, dass das erste
Merkmal der »umfassenden Feindseligkeit« gerade auf einer starken Verknüpfung beider Geschichten – der israelisch-zionistischen, und der der anderen Seite – beruht. Die »arabische Welt«
ist auf der einen Seite als klare Einheit auf das Ziel der »Vernichtung des Staats Israel« und der »Vertreibung seiner Bevölkerung«
fixiert. Dies strebe sie durch eine konkrete Politik auch an: »[…]
durch Boykott und wirtschaftliche Belagerung; politischen Druck
und politische Propaganda; Grenz- und Einfuhrblockaden und
die Vorbereitung von deren Armeen.«
Auf der anderen Seite steht die Geschichte Israels, dargestellt
als Opfer der heimtückischen Absichten und Politik der arabischen Welt, weshalb Israel zum eigenen Weiterbestand sicherheitspolitische Maßnahmen ergreifen müsse. Die klare Botschaft
dieses Merkmals der umfassenden Feindseligkeit gründet also auf
einem deutlichen Zusammenhang der beiden Geschichten.
Im letzten Absatz entwickelt Peres jedoch eine umgekehrte Ar-
gumentationsstrategie, die auf die Trennung beider Erzählungen
setzt: Er enthistorisiert und entpolitisiert den Konflikt. So erklärt
er: »Die Ziele dieser Feindseligkeitspolitik beschränken sich nicht
auf eine bestimmte Eigenart Israels: Die Araber verlangen nämlich weder einen bestimmten Landstrich noch eine Wasser- oder
Ölquelle. Sie sind außerdem auch nicht auf einen wirtschaftlichen
oder politischen Vorteil [im Kampf gegen Israel] aus. Sie haben
vielmehr ein umfassendes Ziel – den Staat Israel zu vernichten
und seine Bevölkerung zu vernichten oder vertreiben.«
Dieses auf den Ausschluss der Verhandlungsoption gerichtete
Argument enthält beide Momente: einerseits das deutlich Verbin-
dende, die Vernichtungsabsicht der einen Seite gegenüber der anderen, als apodiktisches Axiom begriffen, das keiner Erklärung
bedarf; andererseits wird hier das, was die beiden Geschichten
verknüpft, nämlich der Konfliktgegenstand, allen voran das Territorium, nicht als Problem behandelt, für das es eine gemeinsame
Lösung geben kann. In gewisser Weise wird das Territorium also
aus dem Konflikt ausgeklammert.
Es wird hier nicht behauptet, Peres würde *per se* bestreiten,
dass das Territorium der zentrale Konfliktgegenstand sei. Ihm ist
sehr wohl klar, dass das Land im Mittelpunkt steht. Seinen Ak-

zent legt er jedoch darauf, dass es bei diesem Konfliktgegenstand um »Alles oder Nichts« gehe. Er sieht also die Nullsummenspiel-Logik als Grundlage des Konflikts, wobei der anderen Seite unterstellt wird, sie wolle eben nicht irgendwelche Kompromisse – territoriale oder andere –, sondern das ganze Territorium. Auch wenn die Palästinenserfrage dezidiert unerwähnt bleibt, schwingt sie stets mit in solchen Zusammenhängen, gerade weil Peres in diesen Jahren die »Araber« bzw. die »arabische Welt« in ihrer Feindseligkeit gegenüber Israel als eine Einheit versteht.

Es kann also insofern von einer Abkoppelung beider Geschichten gesprochen werden, als Peres den Konflikt in den grundsätzlichen Begriffen von »Sein oder Nichtsein« fasst, die konkrete Kompromisse um »einen bestimmten Landstrich« oder um »eine Wasser- oder Ölquelle« von vornherein eben nicht zulassen, vielmehr sie als sinnlos oder gar gefährlich erscheinen lassen. In diesem Diskurs ist die historische sowie räumliche Abkoppelung der eigenen Geschichte von derjenigen der anderen enthalten. Deshalb zieht Peres alleine aus dem Konfliktmerkmal der umfassenden Feindseligkeit der arabischen Welt folgende pessimistische Schlussfolgerung:

> »Israel hat infolgedessen [der umfassenden Feindseligkeit] keine wirkliche Alternative, sich der Diplomatie zuzuwenden, um eine wahrhafte Regelung zu erzielen. Seine militärischen Siege überschatten die Erkenntnis, dass der Kriegszustand durch diese Siege nicht zwangsläufig beendet ist. Jeder [militärische] Sieg [seitens Israels über die »Araber«] ertrinkt in der heißblütigen Überzeugung der Araber, sie überträfen Israel sowieso, und zwar maßgeblich in Bezug auf Bevölkerungsgröße, Territorium[-sumfang], Armeeumfang und in ihrer langen Historie.«[47]

Auch nach entscheidenden militärischen Siegen der israelischen Armee über die arabischen Armeen wie dem von 1967, kann Israel nicht aufatmen. Denn auf Grund der als bedrohlich empfundenen demographischen Überlegenheit der Araber in der Region sei die Gefahr nicht gebannt: »Kein Kompromiss ist geeignet für die Zufriedenstellung der arabischen Seite«. Die Reduzierung des Konflikts auf die umfassende arabische Feindseligkeit Israel gegenüber enthält in sich einen unlösbaren Gegensatz. Sie verknüpft einerseits die Erzählungen beider Kollektive, wobei das eine das andere jeweils ablehnt und deshalb auf das Verschwinden des an-

deren setzt; andererseits wird diese Verbindung jedoch nicht aufgegriffen, denn die gegenseitige Feindseligkeit wird verabsolutiert:
Sie bleibt unbegründet und wird dadurch entpolitisiert und enthistorisiert. Sie wird ungeachtet der politischen Ereignisse als gegeben, unveränderlich und unausweichlich verstanden; Peres bezeichnet sie sogar als »beinah säkulare Religion der Araber«.[48]

Diesen Enthistorisierungs- bzw. Entpolitisierungsdiskurs, dem
die Trennungsrhetorik zu Grunde liegt, verfolgt Peres, indem er
den israelisch-arabischen Konflikt auf einen Charakterzug der
Araber zurückführt: auf die »gegenwärtige Mentalität der arabischen Welt«. Dies wird als einzigartiges Konfliktmerkmal gesehen
und ist für das hier behandelte Feindbild von großem Belang. Der
Begriff »gegenwärtige Mentalität« enthält in sich zwei gegensätz-
liche Komponenten. Einerseits deutet der Begriff Mentalität auf
etwas Tiefsitzendes, Konstantes und daher kaum Veränderbares
hin. Andererseits deutet der Hinweis auf die Gegenwärtigkeit ihre
Vergänglichkeit an, somit ihre Relativierung. Auch hier verfolgt
Peres zusehends seine politische Argumentation, ein Frieden sei
gegenwärtig nicht verhandelbar. Denn er führt »die Ursache des
Konflikts« nicht auf das »israelisch-arabische Verhältnis« zurück,
sondern sieht ihn im *gegenwärtigen* System der arabischen Staaten selbst.

Bei der Charakterisierung der »arabischen Mentalität« werden
zwei Punkte verknüpft: Zum einen die »kämpferische Haltung«
der Araber, zum anderen die »Rückständigkeit der meisten arabischen Staaten«. Die israelische Historikerin Yael Krispin vermerkt
in ihrer 2002 erschienen Untersuchung zu Peres' Betrachtungs-
weise der arabischen Welt, dass es sich dabei um ein klares Feindbild handele. Peres betrachte die Araber bis Ende der 1960er Jahre als »böswillig, unterlegen, nicht kompromisswillig«; sie neigten
dazu, »[die Wahrheit] zu verdrehen und zu hetzen«. Sie seien auch
»primitiv und um ihre Würde bemüht, aggressiv, ungebildet und
sozial rückständig«.[49]

Diese beiden Aspekte der soziokulturellen Regression, gekoppelt mit kämpferischen Tendenzen, finden als Grundlage von Peres' arabischem Feindverständnis im Text von 1970 Bestätigung.
Zunächst ist dort die Rede von einer der arabischen Welt zugrunde liegenden »inneren Spannung« bzw. der in ihr verbreiteten
kämpferischen Tendenz. Peres geht hier deskriptiv vor und schil-

dert detailliert die zahlreichen Kriege und militärischen Staatsstreiche in der Region. Er spricht von einer damit verbundenen
»permanenten Instabilität« in diesen Staaten, die vom besonderen
Charakter ihrer diktatorischen Regime geprägt seien. Die arabischen Regierungen bezeichnet er als »Militärregime« bzw. »Semi-
militärregime«, in denen »kaum eine ausgewogene zivile Stimme
den Ton angibt, sondern alleine militärische Abwägungen« be-
stimmend seien.

Eine ausdrückliche Analyse dieser inneren Instabilität bleibt
hier aus. Diese wird kaum in Zusammenhang mit der Kolonialge-
schichte der Region und deren bis heute andauernden Auswirkungen gebracht. Sie wird vielmehr auf den *Wesenszug* der arabischen Gesellschaften zurückgeführt. So bringt Peres die
kämpferische Tendenz der arabischen Staaten, mit Ausnahme des
Libanon, in Zusammenhang mit den mangelnden zivilen Institutionen in diesen Staaten. Denn sie hätten »weder eine freie Presse,
noch unabhängige Parteien«, noch »ein wirkliches Parlament und
angemessene Gewerkschaften«. Ebenso fehlt ihnen »die meist für
ein gesellschaftliches Engagementbewusstsein geeignete Mittelschicht«. Die arabischen Staaten seien »eigentlich keine Staaten,
die Armeen haben, sondern Armeen, die Staaten haben«.[50]

Auch die arabische Sprache wird in dieses Gesamtbild einbezogen, um Peres' These der regressiven Kultur der arabischen Welt
zu bekräftigen. Peres, der kaum über arabische Sprachkenntnisse
verfügt, attestiert dem Feind mangelnde Kommunikationsfähig-
keit. Die arabische Sprache ist für ihn ein Spiegelbild der rückständigen und kämpferischen arabischen Kultur. Das Arabische
habe die Tendenz, »Wörter eher als ein Ornament, meist emotional assoziiert, zu gebrauchen«. Die Unverbindlichkeit des Aus-
drucks wird so angedeutet, ein niedriger Stellenwert des Wortes
im arabischen Raum behauptet. Schließlich unterstellt er der arabischen Sprache einen gewalttätigen Charakter: »Ein arabisches
Argument neigt indessen dazu, leicht zum Ausdruck der Propaganda oder gar zur Hetze zu werden.« Hier begründet Peres seine
Meinung, ein Friede sei nicht verhandelbar, mit der Unzulänglich-
keit der Kommunikationsmittel des Feindes.

Die arabische Sprache gelte für die Wahrheitsfindung als un-
tauglich, weshalb »die Wahrheit sich […] ihren Weg nur mit großer Bemühung« bahne. Die Kommunikation sei deshalb zum

Scheitern verurteilt. Von Belang ist Peres' Akzentuierung, diese Kommunikationsmerkmale bestimmten nicht nur die Außenpolitik, sondern auch die innerarabischen Beziehungen. Das bedeute, die Araber verständigten sich demnach auch untereinander »eigentümlich«. Diese Argumentation soll nicht nur Peres' Botschaft, ein Friede sei aktuell nicht zu erzielen, bekräftigen, sie verortet den Konflikt außerdem auch indirekt »bei der anderen Seite«.

Nach diesen groben, knappen Urteilen lenkt Peres allerdings ein: »Diese Ausführungen sollen hier nicht als ein Urteil über den Charakter der Araber als solchen verstanden werden; es handelt sich hierbei vielmehr um den Gebrauch, den diese [arabischen] Regime von diesem Charakter [gemeint sind die besprochenen Tendenzen] gemacht haben und davon, dass die Araber [die arabischen Gesellschaften] sich mit diesen [Regimen] in der Gegenwart abgefunden haben.« Dieser Einwand schwächt die These vom »eigentümlichen Charakter der Araber« kaum ab. Er bleibt nämlich die Grundlage für die Manipulation der arabischen Regime. Die Verantwortung sieht Peres jedoch bei diesen Regimen, die diesen Charakter ausnutzen.

Peres vertritt zwar die auf die Zukunft bezogene optimistische Haltung, dass die gegenwärtige Lage veränderbar sei, denn »die arabischen Völker hatten ja in ihrer Geschichte bereits aufgeklärte Regime. Und es ist zweifellos so, dass eine weitgehende gesellschaftliche Veränderung der arabischen Geschichte bevorsteht. Und sollte diese Veränderung tatsächlich eintreffen, so wird dies das Schicksal dieser Region grundlegend verwandeln.« Dennoch bleibt das Schicksal der Region nach Peres' Verständnis *alleine von der Veränderung der politischen Geschichte der Araber abhängig.*[51]

Die Geschichte des arabisch-israelischen Konflikts – Peres' hier behandelter Topos – wird alleine anhand der arabischen Geschichte erörtert und die Lösung von einer innerarabischen Veränderung abhängig gemacht: »Bis die besagte Veränderung eintritt, [bleibt Israel nichts anderes übrig] als dieses Gefühl der Verwundbarkeit [auf Grund der akuten Gefahr] weiter hinzunehmen, dass es sich als ein Staat an einer Weltperipherie befindet, die unaufhörlich Pogromen ausgesetzt ist und in welcher weder Gesetz noch Ordnung, weder Logik noch Frieden eine Rolle in der Lebensart dieser Staaten spielen.«[52]

Hier projiziert Peres seine osteuropäische Erfahrung, also seine persönliche Sicht, auf den nahöstlichen Kontext. Die Wahl der Bezeichnung »Pogrom«, einer Vokabel der jüdischen Diasporageschichte, für die arabischen Gewaltausbrüche unterstreicht Peres' Verständnis von der Parallelität der israelisch-arabischen Verhältnisse und der Lage der jüdischen Minderheit in einer feindselig gesinnten, osteuropäischen Außenwelt. Auch bei den beiden weiteren von Peres benannten Konfliktmerkmalen – der »zahlenmäßigen Unverhältnismäßigkeit« zwischen Juden und Arabern in der Region und der »Häufigkeit der Gewaltausbrüche« – beschränkt er sich auf quantitative Darlegungen: Er spricht von Daten, Bevölkerungszahlen, Territorium und militärischer Macht.[53] Die arabische Welt ist für ihn ein unbekanntes Terrain, er versteht sie nicht, daher bereitet sie ihm Angst.

Eine Integration Israels in den arabischen Raum ist in den Jahren vor 1970 geradezu unvorstellbar. Bereits Mitte der 1950er Jahre formuliert Shimon Peres in seiner Funktion als Generaldirektor im Verteidigungsministerium die sogenannte »Peripheriedoktrin«, bekannt auch als »Randstaaten-Doktrin«. Diese Doktrin zielt darauf ab, mittels einer israelischen Allianz mit nichtarabischen bzw. nichtmoslemischen Staaten und Minoritäten im Nahen Osten die regionale, deutlich spürbare und beunruhigende Isolation Israels aufzubrechen. Historisch gesehen bildet diese Denkrichtung die Grundlage für die hauptsächlich militärische Zusammenarbeit Israels mit Staaten wie Iran, Äthiopien und der Türkei und Minderheiten wie den Christen im Libanon und den Kurden. Als Mitbegründer dieser Doktorin nimmt Peres in seiner Position im Verteidigungsministerium eine Schlüsselrolle bei der Gestaltung der israelischen Beziehungen zu Staaten in Afrika und Asien ein, die meist wegen ihrer militärischen Grundlage, die Waffenhandel und militärisches Training einschließt, einer hohen Geheimhaltungsstufe unterliegen und über die wenig bekannt ist.

In der Logik der Peripheriedoktrin, entstanden aus einem tiefen Isolationsgefühl, steckt der »aktivistische« Ansatz, der empfundenen Ablehnung der nahen Umgebung mit einer »aktivistischen« Abgrenzung von ihr zu begegnen. Ein wichtiges Ziel dieser Doktrin, die nach dem Suezkrieg von 1956 als Reaktion auf Israels politische Niederlage entwickelt wurde, war es, dem vom ägyptischen Präsidenten Nasser angeführten arabischen Nationalismus entgegen zu treten. Durch den Suezkrieg hatte dieser bedeutenden Aufschwung erhalten, was Israel als äußerst bedrohlich auffasste. Die Angst vor einer vom arabischen Nationalismus provozierten Ausweitung der Feindseligkeiten (besondere Sorge weckte die syrisch-ägyptische militärische Vereinigung zur Vereinigten Arabischen Republik im Jahre 1958) bringt Peres auch in seinem Buch von 1970 zum Ausdruck: »Die arabischen [Nachbar-]Staaten streben nicht ohne Erfolg an, ihre Feindschaft gegenüber Israel zu einer Feindschaft der arabischen Nation oder gar der moslemischen Religionsgemeinschaft zu erweitern. Dieser müssen wir Einhalt gebieten, bevor sie sich in der ganzen Region ausweitet.«[54]

Die Peripheriedoktrin soll dem als Erzfeind begriffenen arabischen Nationalismus so begegnen, dass Israel die nichtarabischen und nichtmoslemischen Kräfte in der Region militärisch unterstützt. Dadurch soll der arabische Nationalismus, mithin dessen Mitgliedsstaaten geschwächt werden. Gewissermaßen etablierte dieses Konzept das Bewusstsein, dass man sich mit der gegebenen regionalen Belagerungssituation abfinden müsse. Letztendlich zementierte man sie aber, indem das Hauptaugenmerk von der näheren Umgebung, wenigstens politisch-diplomatisch, mitnichten jedoch militärisch und geheimmilitärisch, abgewendet wird. Die Realität wird nach den eigenen Bedürfnissen zurechtgelegt und verdrängt. Peres begründet 1958 diese Denkrichtung wie folgt: »Wir suchen die Nähe einer Umgebung, die mit uns kooperiert, und eben nicht jener, die uns auszurotten vermag.«[55] Und da die unmittelbaren Nachbarstaaten offensichtlich dieser Kooperation nicht gewachsen seien, gelte es, sie nach dieser Logik teilweise zu ignorieren und aus dem Bewusstsein zu entfernen.

Der arabische Nationalismus als Israels Erzfeind

Ägyptens Präsident Gamal Abdel Nasser stellte für Israel von 1952 bis zu seinem Tod 1970, verstärkt zwischen den beiden Waffengängen von 1956 bis zur ägyptischen Niederlage von 1967, das Feindbild schlechthin dar. Jenes Jahrzehnt gilt als Zeit der Ruhe nach den verheerenden Jahren seit der Gründung Israels bis zum Sinai-Suez-Krieg – einer aus Israels Sicht allerdings recht angespannten Ruhe. Denn in dieser Zeit erlebte der arabische Nationalismus seinen Höhepunkt.

Der arabische Nationalismus, geführt durch den charismatischen Präsidenten Ägyptens, gilt in diesen Jahren für den jungen Staat als höchst gefährlich. Nassers politischer Sieg nach der militärischen Niederlage im Suezkrieg, als Israel auf internationalen Druck hin seine militärischen Erfolge nicht feiern konnte und das eroberte Land – vor allem die Halbinsel Sinai und den Gazastreifen – räumen musste.

Der arabischen Nationalismus erhielt dann einen neuen Schwung; die breitere Unterstützung der arabischen Welt für eine säkulare Nationalbewegung für die allmählich vom Imperialismus befreiten arabischen Staaten bzw. Völkern gewann Zulauf; die syrisch-ägyptische Vereinigung erfolgte dann 1958; die Verstärkung der palästinensischen Kräfte in Jordanien, die Gründung der palästinensischen Organisation »Fatah« 1964 mit Hilfe von Nasser und überhaupt seine allgemeine Unterstützung für die palästinensische Sache – all dies trug zur Stilisierung der Person Nasser zum Erzfeind Israels bei.

1970 analysiert Shimon Peres Person und Politiker Nasser, gewissermaßen als Rückblick auf die Ära Nasser. Er beschreibt dessen Dilemma wie folgt: »Das nasseristische Regime ist zwischen zwei gegensätzlichen Richtungen hin und her gerissen. Einerseits strebt es die Förderung einer realistischen Reformbewegung für die ägyptischen Massen an, andererseits beschwört es die panarabische, messianische Flagge herauf, setzt sich mystische Ziele.«[56] Mit Nassers reformerischen Bestrebungen erklärt Peres die Bekämpfung moslemisch-religiöser Extremisten wie der »Muslimbrüder« und die Durchsetzung einer sozialistischen Politik, besteht diese auch nur aus eher symbolischen Reformen in Bildung, Wirtschaft und Lebensart.

Der messianische Aspekt, so Peres, bringt Nasser dazu, »unaufhörlich eine Armee« auszurüsten, welche die ägyptische Gesellschaft nicht mittragen könne. Schließlich benennt Peres den Zwiespalt konkret: »Nasser ist hin und her gerissen, zwischen dem Vorbild eines ägyptischen Atatürk[57], und dem Wunsch, in die arabische Geschichte als moderner Saladin[58] einzugehen.«[59]

Peres stellt die These auf, infolge der Ambivalenz der beiden Zielsetzungen – Staatsmann und Messias – verfiele Nasser letztlich der arabischen Erlösungsbewegung in Form des arabischen Nationalismus, und gerade auf Grund seines viel versprechenden Aufstiegs zum Führer des Nillandes in Zusammenhang mit dessen Befreiung vom britischen Imperialismus bereite Nasser aus der Sicht von 1969 nicht nur seinem Land, sondern auch »den Arabern, den Israelis und der ganzen Welt die allergrößte Enttäuschung«.[60]

Der arabische Nationalismus, begriffen vor allem als Druck zur Lösung der Palästina-Frage, bereitete Israel zwischen 1956 und 1967 große Sorge. In den Jahren von der Staatsgründung bis hin zum »befreienden« Sechstagkrieg setzte Israel auf die Sicherung und Konsolidierung der demografischen und geopolitischen Erfolge von 1948-1949; die lokalen Grenz- bzw. Vergeltungskriege von 1952-1956 und die regionalen Waffengänge von 1956 und 1967 waren gewissermaßen Ausdruck dieser Versuche, Israels Errungenschaften von 1948 unverrückbar zu machen. Zwischen den Zeilen von Peres' Rückblick auf diese Zeit lässt sich deutlich die Angst vor einem mächtigen arabischen Nationalismus herauslesen. Eine derartige Bewegung würde Israel zwingen, die Palästina-Frage im Sinne der »Araber von *Erez-Israel*« zu klären – für das zionistische Israel eine wirkliche Bedrohung.

Die Verknüpfung der beiden Konflikte, des israelisch-palästinensischen und des israelisch-gesamtarabischen, spricht Peres zwar nur knapp und sporadisch an, doch die Furcht vor ihren Folgen mündet in Sprachlosigkeit. Peres erwähnt kurz die »große Hoffnung im Herzen der Araber im allgemeinen und die der Araber von *Erez-Israel*«, die durch die Verstärkung des ägyptischen Präsidenten und dessen Wunsch, ein arabischer Saladin zu werden, beflügelt werde. Er fügt hinzu, welche große Katastrophe dieser durch seine Kriegspolitik letztlich über die Palästinenser gebracht habe, »eine größere Katastrophe als die von König Faruq und die von dem Jerusalemer Mufti zusammen über sie [die Palästinenser] gebracht haben«.[61] Auch in diesem Zusammenhang der Palästina-Frage lässt Peres Israel und seine Rolle außen vor, als wäre sie alleine eine »Angelegenheit der Araber«.

Um zu verstehen, wie das zionistische Israel das »arabische Umfeld«, »die arabische Welt« oder »die Araber« wahrnimmt, ist die Trennungsdiskurs-These heranzuziehen. Ihr zufolge prägt die politische Kultur Israels über die Jahre hinweg ein Diskurs des getrennten Verständnisses der beiden Geschichten, der jüdisch-zionistischen, israelischen einerseits und der »der Araber« andererseits. Die Implementierung des als alternativlos begriffenen Zionismus im Orient versetzte Israel in einen Kampf mit dem »arabischen Feind«. Wie bereits erwähnt, begreift und befasst sich das politische Israel mit dem sogenannten Nahostkonflikt auf zwei Konfliktebenen: zum einen als lokale Palästinenserfrage, zum anderen als regionaler Konflikt mit der »arabischen Welt«.

Der traumatische Einmarsch der fünf arabischen Armeen in Palästina im Mai 1948, um die Errichtung des jüdischen Staats zu bekämpfen, markiert für den *Jischuw* und den neuen Staat eine Zäsur der Konfliktgeschichte: die räumliche Ausweitung der arabischen Frage. Aus Sicht Israels ist nun die »arabische Welt« und nicht nur arabische Bevölkerung von *Eretz Israel* ein gefährlicher Feind, und wie Peres' Texte verraten, ein Erzfeind. In Israel verfestigt sich bald dieses Feindbild vom arabischen Umfeld, das das israelische Konfliktverständnis sowie politische Ordnung nachhaltig bestimmen wird.

Die zahlreichen Waffengänge mit diversen Nachbarstaaten an den verschiedenen Fronten – vom sog. Unabhängigkeitskrieg 1948 über den Suezkrieg 1956, den Sechstagekrieg 1967, den Abnutzungskrieg 1967-1969, den *Yom Kippur* Krieg 1973, den Libanonkrieg 1982-2000 bis hin zum Golf-Krieg 1991 und weiteren militärischen Operationen – zementierten dieses Bild. Bis zum ägyptisch-israelischen Friedensschluss 1978 stellte Ägypten den gefährlichsten Feind dar. Als Führerstaat des arabischen Nationalismus und als führender Kontrahent in den Kriegen 1948, 1956, 1967 und vor allem 1973 wurde es in Israel bis dahin am meisten gefürchtet. In den 1980er Jahren verlagerte sich der Kriegsschauplatz vom Süden in den Norden: Der Libanon wurde mit dem Bürgerkrieg 1975 zunehmend einladend für Interventionen der Nachbarstaaten wie Syrien, mit dem Israel seitdem ebenfalls einen territorialen Konflikt unterhält. Israel intervenierte im Libanon schon 1978 und dann wieder 1982-2000, um die geopolitischen Ordnung in seinem Sinne zu gestalten.

Angespannte Beziehungen mit weiteren arabischen Ländern über Syrien hinaus wie dem Irak, Jordanien (trotz Friedensvertrag

1994) und Iran sind nach wie vor Bestandteil der politischen Realität, so dass die regionale Konstellation der »umfassenden Feindseligkeit«, wie Peres sie 1970 beschrieb, historisch gesehen aufgegangen ist. Doch diese an den diversen Fronten existierenden Konflikte drehen sich letztlich um die Verschiebungen von 1948 und 1967, sprich um die Palästina-Frage; an sie knüpfen die weiteren Verstrickungen des regionalen Konflikts. Dies hat tiefgehende historische Gründe: Israels Umgang mit der Palästinenserfrage über die Jahre hinweg versetzte es in die gegenwärtige Sackgasse. Die Angst, sich mit dieser Frage politisch auseinanderzusetzen, liegt darin begründet, dass damit auch ein zionistischer Grundsatz in Frage gestellt wird: *Eretz Israel* als Land des jüdischen Volks. Da dieser Mythos Bestandteil der israelischen Staatsräson ist, existiert im politischen Diskurs Israels kein wirklicher Disput um Palästina. Nicht die Palästina-Frage, sondern die Palästinenserfrage steht auf der israelischen Tagesordnung. Doch diese Agenda wird über die Jahre in sicherheitspolitisch-militärischen Begriffen formuliert (Militärregierung vor 1967 bzw. militärische Besatzung danach) und so letztlich entpolitisiert. Konsequenz der Entpolitisierung der Palästina-Frage ist ein historisch gewachsenes israelisches Konfliktverständnis, demzufolge der Konflikt mit den Palästinensern bzw. mit den arabischen Nachbarstaaten nicht um Land (und weitere materielle Ressourcen) geht, sondern um die generelle Ablehnung des jüdischen Staats bzw. die »umfassende Feindseligkeit« der «neuen *Goyim*«.

Zieht man Josef Gornys Typologie der zionistischen Denkrichtungen zur arabischen Frage während der *Jischuw*-Zeit vor 1948 heran, so hat Israel historisch gesehen versucht, das Konzept eines politischen Zionismus im Sinne Herzls bzw. maximalistisch-separatistischen Zionismus im Sinne Berl Katznelsons durchzusetzen. Das Hauptaugenmerk richtete sich dabei auf Etablierung und Erhalt eines jüdischen Staats für das jüdische Volk in *Eretz Israel*. Die »Anderen«, die auf diesem Gebiet lebenden Palästinenser, galt es zu verdrängen, sowohl physisch (als sich die Gelegenheit ergab) als auch aus dem Bewusstsein. Die Palästinenser stellen dabei die »out-group« der zionistischen Utopie dar, da sie auf dem als »verheißenes Territorium« begriffenen »Land ohne Volk« *de facto* leben.

Israels Sicht auf die Palästinenser ist jedoch äußerst ambivalent.
Einerseits erscheinen sie angesichts ihrer vernichtenden Niederlage 1948 bzw. 1967 als besiegter Feind. Im Zuge des dramatischen
Siegs des Zionismus vor allem in geopolitischer und demografischer Hinsicht erscheint die alte arabische Frage nicht so prekär
wie zur *Jischuw*-Zeit. Nun glaubt man, sie sei entweder durch
beschränkte Zugeständnisse lösbar oder mit militärischen Mitteln
kontrollierbar. Die palästinensischen »Flüchtlinge« bzw. »Eindringlinge« und die palästinensischen »Staatsbürger« Israels hat
das israelische Militär seit 1948 im Griff, ebenso wie die ab 1967
unter israelischer Vorherrschaft lebenden Palästinenser. Zwar
wurde im Jahre 1966 die Militärregierung über die israelischen
Palästinenser offiziell aufgehoben, in Wirklichkeit blieben diese
jedoch unter Beobachtung des Inlandsgeheimdienstes; eine wirkliche Gleichberechtigung ist ihnen weiter verwehrt.

Andererseits entgleiten die Palästinenser einer völligen Kontrolle, denn sie leben nicht nur auf dem Territorium *Eretz Israel* und
stellen damit demographisch und (sicherheits)politisch eine permanente Herausforderung für das zionistische Israel dar. Sie betrachten sich auch als ein Volk und beanspruchen die Nationalstaatlichkeit auf Gebieten Palästinas. Das Selbstbestimmungsrecht
bekämpft Israel jedoch durchgehend und kompromisslos und ge-
rät indessen in eine äußerst schwierige Lage sowohl auf globalem
als auch auf regionalem Parkett. Denn die Verweigerung des palästinensischen Selbstbestimmungsrechts versetzt Israel in zunehmend eskaladierende Konflikte mit der arabischen Welt. Die Ausweitung des israelisch-palästinensischen Konflikts auf die ganze
Nahost-Region befürchtet Israel seit jeher. Das Beispiel von Mai
1948, als sich fünf arabische Armeen in die Palästina-Auseinan-
dersetzung einmischten und den neuen Staat bekämpften – ist im
israelischen Bewusstsein stark eingeprägt, ebenso der Krieg von
1973. Eine vereinte »arabische Nation« würde u.a. Israel dazu
zwingen, die Palästina-Frage auf den Verhandlungstisch zu bringen. Ihr Einsatz für die Palästinenser bedeutet eine direkte Bedrohung für Israels Staatsverständnis. Die Rede von der umfassenden
Feindseligkeit der arabischen Welt steht im engen Zusammenhang
mit dem israelischen Verständnis des Konflikts um Palästina.

Die Verdrängung des palästinensischen Feindes aus dem Bewusstsein und die Ausklammerung dieses Komplexes aus dem

politischen Diskurs über die Jahre hinweg stehen für dieses Zur-Seite-Schieben. Gerade weil man glaubt, die Palästinenser seien ein bereits besiegter Feind, entpolitisiert man die Palästinenserfrage und überlässt sie der Kontrolle des Militärs. Damit war sie für viele Jahre aus der israelischen Öffentlichkeit verschwunden, bis die Erste Intifada Ende 1987 ausbrach.

Erst Anfang der 1990er Jahre zeichnete sich im israelischen Linkszionismus eine gewisse Bereitschaft ab, die Palästinenserfrage politisch anzugehen und die verhasste PLO als politische Vertreterin der Palästinenser anzuerkennen. Verhandlungen mit der PLO waren bis zum Oslo-Friedensprozess im Jahre 1993 in Israel unvorstellbar, seit 1985 auch gesetzlich untersagt. Doch gerade weil die Palästinenser über die Jahre hinweg systematisch aus dem israelischen Bewusstsein verdrängt, zur besiegten und zugleich gefährlichen »out-group« gemacht wurden, konnte der Friedensprozess der 1990er Jahre eben nicht zu einem wirklichen Ausgleich führen. Denn auf die Maximen der »militärischen Dominanz« Israels, der »jüdischen Siedlungsfreiheit in *Eretz Israel*« sowie der »offenen Grenzen« innerhalb dieses Gebietes bestand Israel auch im Oslo-Friedensprozess. Trotz Anerkennung der PLO und Verhandlungen mit dieser – ohnehin schwer durchsetzbar und äußerst umstritten in Israel – blieb auch in diesen Jahren der Konfliktkern »*Eretz Israel*« unantastbar.

Israels Weigerung, das Land zu teilen, ist aufs Engste mit der Angst gekoppelt, die zionistische Staatsräson in Frage zu stellen. Israels Verständnis des zionistischen Projekts als Jüdischer Staat für das jüdische Volk im Land der Juden bedeutet angesichts der existierenden bi-nationalen Verhältnisse unweigerlich Errichtung einer systemimmanenten Gewaltordnung. Die historisch gewachsene politische Ordnung verkörpert die »konsequente« Praxis des politischen Zionismus, weil dieser die Trennung beider Völker im Heiligen Land letzten Endes notwendig macht. Damit eng gekoppelt ist Israels orientalistische Auffassung der »arabischen Welt« als das große »Andere«. Die Palästinenser ebenso wie die »arabische Welt« werden abwechselnd zum Erzfeind bzw. geduldigen Gegner, mit dem Verhandlungen nur bedingt, doch keineswegs auf ebenbürtiger Ebene möglich sind. Eine Annährung oder eine echte Integration in einer »rückständigen und gewalttätigen« Region wird erst gar nicht angestrebt, weshalb sich im Laufe der

Jahre Mechanismen der Abgrenzung und Ausgrenzung etablierten.

Diese regionale, ob selbstgewollte oder von außen aufgezwungene Isolation des jüdischen Staats führte schließlich zur Integration des Konflikts in die politische Ordnung, mithin zu einem Konfliktverständnis, das den Konflikt als gegeben, unveränderlich interpretiert, ihn letztlich entpolitisiert. Entpolitisierung des Konflikts meint hier, den Konfliktkern nicht etwa in der eigenen Politik, Kriegs-, Siedlungs- oder gar Bevölkerungspolitik zu verorten, sondern vielmehr in der »umfassenden Feindseligkeit«, in der »Mentalität der Anderen«. »Die Gewalt der Anderen« bzw. der »arabische Vernichtungswille« bilden im israelischen Bewusstsein die Grundlage für den arabisch-israelischen Konflikt. Ob Ägypten unter dem Nasser der 1950er und 1960er Jahre bzw. unter dem Sadat von 1973, ob der fundamentalistische Iran seit Ende der 1970er Jahre, der vor allem seit Mitte der 1990er Jahre die religiöse palästinensische Hamas-Bewegung und die Hisbollah im Libanon unterstützt – sie alle fallen unter die Kategorie des kompromisslosen Erzfeinds. Daraus erklärt sich das historisch gewachsene, entpolitisierte Konfliktverständnis, das die Grundlage für die politische Ordnung, für die politische Kultur und für das Selbstverständnis des zionistischen Israels bildet – alle drei sind Gegenstand des folgenden Kapitels.

3

Das zionistische Projekt und die israelische Demokratie

Seit der Gründung Israels stellt sich angesichts dessen zionistischen Selbstverständnisses als jüdischer Staat und in Hinblick auf die bi-nationale Realität in Palästina/*Eretz Israel* die Frage nach der Herrschaftsform des israelischen Staats. Israel definiert sich selbst als »jüdischer und demokratischer Staat«. Die immanente Spannung in der Definition eines jüdischen *und* demokratischen Staats zeigt sich bereits in seinem Gründungsdokument. So heißt es in der Unabhängigkeitserklärung vom 14.5.1948 zu Aufgaben und Grundsätzen des jüdischen Staats:

> »[...] Der Staat Israel wird der jüdischen Einwanderung und der Sammlung der Juden im Exil offenstehen. Er wird sich der Entwicklung des Landes zum Wohle aller seiner Bewohner widmen. Er wird auf Freiheit, Gerechtigkeit und Frieden im Sinne der Visionen der Propheten Israels gestützt sein. Er wird all seinen Bürgern ohne Unterschied von Religion, Rasse und Geschlecht, soziale und politische Gleichberechtigung verbürgen. Er wird Glaubens- und Gewissensfreiheit, Freiheit der Sprache, Erziehung und Kultur gewährleisten, die Heiligen Stätten unter seinen Schutz nehmen und den Grundsätzen der Charta der Vereinten Nationen treu bleiben.«[1]

Diese Zeilen skizzieren das Spannungsfeld zwischen der im zionistischen Projekt steckenden Aufgabe der »Judaisierung« von *Eretz Israel* und dem Anspruch des neuen Staats auf demokratische und liberale Werte. Universalistische Begriffe wie »Freiheit, Gerechtigkeit und Frieden« will die Unabhängigkeitserklärung kompatibel sehen mit der jüdisch-nationalen Staatsräson des demografischen Wandels des Landes. Das zionistische Projekt soll sich auf liberale Grundsätze stützen und sich gleichzeitig auf biblische Quellen der »Visionen der Propheten Israels« berufen.

Die Unabhängigkeitserklärung wird häufig als liberal-demokratische Grundlage für das Zusammenleben jüdischer und palästinensischer Staatsbürger gesehen. Doch der »Jewish-Code« –

den Begriff prägte Baruch Kimmerling (1939-2007) – bleibt nach wie vor die Grundsäule der jüdischen Gesellschaft und des jüdischen Staats. Die traditionelle israelische Gesellschafts- und Politikwissenschaft beruft sich auf die Unabhängigkeitserklärung, wenn sie das israelische Staatswesen als eine liberale Demokratie bezeichnet, obwohl sie gleichzeitig deren Defizite ihrer spezifischen Entstehungsgeschichte wegen betont. Die israelische Demokratie wird daher unterschiedlich definiert: Manche Autoren betonen das »demokratische« Element im Selbstverständnis des »jüdischen und demokratischen Staats« und bezeichnen dessen Verfasstheit als eine liberale[2] oder konstitutionelle Demokratie[3], aber auch als eine Konkordanz-Demokratie[4], wie in der Schweiz oder Belgien, die darauf abzielt, eine möglichst große Zahl von gesellschaftlichen Akteuren in den politischen Prozess einzubeziehen und Entscheidungen durch Herbeiführung eines Konsenses zu treffen. Andere Stimmen betonen eher den »jüdisch-ethnischen« Aspekt und verstehen Israel als eine »ethnische Demokratie«[5] oder gar als eine »jüdische Demokratie« bzw. »Theo-Demokratie«[6].

All diese Forschungsmeinungen gehen im Prinzip davon aus, dass das israelische Staatswesen grundsätzlich ein demokratisches sei. Diese Annahme teilen auch relativ kritische Forscher, die auf erhebliche Defizite dieser Demokratie hinweisen, obwohl sie nur das Kernland Israel, d. h. das Gebiet in den sogenannten Waffenstillstandsgrenzen von 1949-1967, zu ihrem Untersuchungsgegenstand machen.

Andere Forscher insistieren hingegen darauf, das ganze Gebiet Palästina/*Eretz Israel* sei für die Frage der politischen Verfasstheit relevant, da der Staat Israel in diesem Raum seit 1967 fast durchgängig die politisch-militärische und sozioökonomische Vorherrschaft ausübe. Diese Autoren kommen aus zwei Erwägungen zu dem Schluss, dass der israelische Staat kaum als Demokratie bezeichnet werden könne: zum einen, weil das Land seine Politik der »Judaisierung des Landes« zur Staatsräson erklärt habe, und zum anderen, weil diese Politik die Lebensbedingungen der Nichtjuden – in den besetzten palästinensischen Gebieten ist die Rede von einer »nicht eingebürgerten Bevölkerung« – beständig einschränke. Diese Forschungsrichtung verwendet in Bezug auf Israel Begriffe wie »Apartheid«[7], »Herrenvolk-Demokratie«[8], »eine

Mischform aus Demokratie und militärischer Besatzung«[9], oder auch »Ethnokratie«[10].

Versteht man eine »liberale Demokratie« im Sinne der Französischen Revolution, wonach alle Staatsbürger ungeachtet ihrer Personengruppenzughörigkeit die gleichen Bürgerrechte genießen, so lässt sich die israelische Demokratie kaum als eine solche bezeichnen, da infolge der israelischen Eigendefinition als »jüdischer« Staat Juden gegenüber nichtjüdischen Staatsbürgern als solche Privilegien genießen: Der Grundsatz des Bürgerrechts kollidiert mit der Staatsräson eines »Staats des jüdischen Volks«, welcher per Definition Juden bevorzugt, ob sie nun israelische Staatsbürger sind oder nicht.

Die israelische Demokratie: »Ethnische Demokratie« oder »Ethnokratie«?

Zwei in Israel aktuell diskutierte Demokratie-Konzepte verkörpern die in der israelischen Eigendefinition als »jüdischer und demokratischer Staat« enthaltene Spannung zwischen einer a- bzw. antidemokratischen Politik und einem demokratischen Selbstverständnis: zum einen die vom israelischen Politikwissenschaftler Sammy Smooha (geb. 1941) geprägte These von der »ethnischen Demokratie«, zum anderen das Modell der »Ethnokratie« des israelischen Geographen Oren Yiftachel (geb. 1956). Smooha entwickelt im Hinblick auf Israel das Modell der ethnischen Demokratie als alternatives Modell zur nationalstaatlich-liberalen Demokratie, welche auf der Gleichberechtigung aller Staatsbürger basiert. Sein Modell soll auch eine Alternative zum Konzept der Konkordanz-Demokratie darstellen, die auf dem gleichberechtigten Status der diversen ethnischnational-religiösen Bevölkerungsgruppen fußt.[11] Die ethnische Demokratie bezeichnet Staaten und Gesellschaften mit ausgeprägten ethnisch-nationalen Spaltungen, die dennoch demokratische Organisationsformen aufweisen. Die politische Macht in der ethnischen Demokratie ist dabei nicht auf die Vielzahl der im Staatsgebiet lebenden Ethnien verteilt. Vielmehr wird der Staat von einer einzigen der verfeindeten ethnisch-nationalen

Gruppierungen dominiert, deren Interessen somit vorrangig bedient werden.

Nach dieser Definition bezeichnet Smooha Israel als eine ethnische Demokratie, in der die jüdische Ethnie mittels Aneignung des Staatsapparates ihre gruppenbezogenen Interessen (national, demographisch, wirtschaftlich, sozial und kulturell) bewahren könne. Obwohl den nichtjüdischen, palästinensischen Staatsbürgern der ethnischen Demokratie individuelle Rechte eingeräumt würden, unterlägen sie den Mechanismen einer strukturellen Gruppenhierarchie:

> »Die Rechte der Nicht-Angehörigen der ethnischen Nation stehen in der einen oder anderen Weise hinter denen der der Nation Angehörenden zurück und unterliegen staatlicher Diskriminierung. Die Rechtsstaatlichkeit und der Grad der Demokratie werden gemindert durch staatliche Maßnahmen, die eine Bedrohung abwenden sollen, welche man seitens der Nicht-Angehörigen empfindet.«[12]

Das Modell der ethnischen Demokratie sieht Smooha als geeignete Bezeichnung für ethnisch gespaltene bzw. verfeindete Gesellschaften. In einer derartig verfassten Demokratie stünden den Staatsbürgern als Individuen zwar politische und zivile Rechte zu. Doch die Vorherrschaft der dominanten ethnischen Gruppe im Staat wird letztlich institutionalisiert. Die israelische Weigerung, die israelischen Palästinenser als eine nationale Minderheit anzuerkennen, wird mit der Verpflichtung auf die zionistische Meistererzählung erklärt.

Smooha nennt zunächst ein Motiv historisch-rechtlicher Natur: Die Anerkennung der nationalen Rechte der Palästinenser würde das ausschließliche Recht der Juden auf *Eretz Israel* unterminieren. Zweitens würde ein Minderheitenstatus den Palästinensern den Anspruch auf eine Autonomie einräumen, mithin bestünde die Gefahr einer territorialen Trennung. Drittens nennt Smooha ein sicherheitspolitisches Motiv: »Es könnte nach Meinung vieler Juden solch eine Anerkennung der Araber in Israel als eine palästinensische nationale Minderheit deren Definition als Feind nach sich ziehen, und so quasi das Verhältnis zwischen ihr und dem feindseligen palästinensischen Volk [in den von Israel besetzten Gebieten] verstärken, somit die Palästinenser ermutigen, den Staat zu sabotieren«.[13]

Im Hinblick auf die strukturbedingte Diskriminierung unterlegener Gruppen in der ethnischen Demokratie versteht sich dieses Modell als Kompromissmodell, das die zwei widersprüchlichen Elemente der israelischen Staatsdefinition, »jüdisch« und »demokratisch«, unter einen Hut zu bringen vermag. Doch unterschwellig verleugnen der Begriff »ethnische Demokratie« sowie die Eigendefinition »jüdisch« und »demokratisch« die *de facto* existierende bi-nationale politische Realität zweier ethnischer Gruppen und die damit verbunden Diskriminierung der einen durch die andere. Denn was bedeutet diese Kombination von »jüdisch« und »demokratisch«, wenn nicht die Ausblendung der Tatsache, dass der israelische Staat nicht nur die Vorherrschaft über eine andere Nationalität als die jüdische ausübt, sondern dass es dabei zugleich recht undemokratisch zugeht oder zugehen muss, wenn er einen jüdischen Staat in *Eretz Israel* anstrebt. Israel bekämpft traditionell das Modell eines »Staats aller seiner Bürger«, sprich die bi-nationale Lösungsoption des israelisch-palästinensischen Konflikts, da es den »Staat des jüdischen Volks« zur Staatsräson hat. Und gleichzeitig lehnt das ethnische Demokratiemodell die Gleichberechtigung im Sinne der Konkordanz-Demokratie ab.

Der palästinensischen Minderheit Israels bleibt das nationale Selbstbestimmungsrecht nach wie vor verwehrt, mithin fällt die Verteilung von staatlichen Machtressourcen deutlich zu ihrem Nachteil aus. Vor diesem Hintergrund besteht das Problem von Smoohas Argumentationsweise nicht zuletzt darin, dass er die ethnische Demokratie als ein stabiles, als nachhaltiges Modell verstanden wissen will. Den Widerspruch zwischen echter demokratischer Gleichberechtigung und der Bevorzugung der *einen* Ethnie im Begriff der ethnischen Demokratie will er mit dem gedanklichen Spagat überbrücken, dass der »Dominanz der Mehrheitsgruppe« schließlich »demokratische Bestimmungen« für alle Staatsbürger gegenüberstünden.[14]

Smoohas Kriterium für die Unterscheidung der verschiedenen Arten von Demokratie ist das *konstitutionelle* Verhältnis zwischen der dominanten ethnischen Gruppe, dem Staat und den ethnischen Minderheitengruppen. In einer ethnischen Demokratie »bestimmt die ethnische Nation, nicht die Gesamtheit der Bürger, die Symbole, die Gesetze und die Politik des Staates zum Wohle der Mehrheit. Diese Ideologie unterscheidet ganz wesentlich zwischen Angehörigen und Nicht-Angehörigen der ethnischen Nation«.[15]

Smooha setzt also auf verfahrensrechtliche bzw. konstitutionelle Elemente einer Demokratie, wobei das Mehrheitsprinzip und die Freiheitsrechte des Einzelnen respektiert werden sollen. Die Kernfrage bleibt dabei, wieviel rechtliche Ungleichheit eine ethnische Demokratie dulden darf. Es geht Smooha nämlich bei diesem besonderen Typus einer Demokratie in gespaltenen Gesellschaften darum, sie vom Modell einer »Herrenvolk-Demokratie« unbedingt zu unterscheiden. Denn letztere räume, im Gegensatz zur ethnischen Demokratie, »den beherrschten Gruppen überhaupt keine demokratischen Rechte ein«, agiere »gegen universelle Normen und die Weltöffentlichkeit«, und stelle mithin ein »nichtdemokratisches, extremes, rares und labiles Regime« dar.[16] Die ethnische Demokratie hingegen sei stabil und daher ein Erfolgsmodell. Diese Festigkeit wird indes mit der »demokratischen Tradition der zionistischen Bewegung bzw. des *Jischuw*«, mit der »ausgeprägten westlichen Orientierung der Juden in Israel« und mit den »äußerlichen Abhängigkeitsverhältnissen zur demokratisch-westlichen Welt« erklärt.

Smooha beteuert den demokratischen Aspekt im Begriff der ethnischen Demokratie: Die demokratische Pflicht Israels und die demokratische Orientierung des Zionismus gewähre die fortwährende Einbeziehung der palästinensischen Minderheit in die israelische Demokratie. Daher stelle »die ethnische Demokratie den realistischen Kompromiss zwischen ethnischem Nationalstaat und demokratischem Regime« dar.[17] Diese Bezeichnung der ethnischen Demokratie als »realistischer Kompromiss« bei Smooha lässt sich zum einen damit erklären, dass der »ethnische« Aspekt in der ethnischen Demokratie als tragende Säule des zionistischen Selbstverständnisses verstanden wird; zum anderen dienen hier die sicherheitspolitischen Überlegungen als rationale Methode, dieses Selbstverständnis umzusetzen und zu bewahren. Ein »realistisches Modell« im Sinne der Staatsdefinition »jüdisch« und »demokratisch« also.

Während Smooha sein Modell auf das souveräne Staatsgebiet Israels in den Grenzen vor 1967 anwendet, wobei er eine klare Trennungslinie zu den besetzten – im linkszionistischen Jargon »umstrittenen« – Gebieten zieht, legt der Geograph Oren Yiftachel seinem Modell der Ethnokratie einen anderen Untersuchungsraum zugrunde. In seiner Analyse der israelischen Staatsverfassung vor der Folie eines Demokratiebegriffs, der auch staatsbürgerliche Gleichstellung, Bürgerrechte und Minderheitenschutz umfasst, bezieht sich Yiftachel auf alle unter israelischer Kontrolle stehenden Gebiete, also das ganze Gebiet Palästina/ *Eretz Israel*. Für Yiftachel hat sich an dieser Machtverteilung auch während des 1993 in Gang gesetzten Oslo-Friedensprozesses noch nichts geändert, weil die beschränkten palästinensischen Selbstverwaltungsgebiete in Wirklichkeit auch israelisch-militärischer Vorherrschaft unterworfen seien.[18]

Im Modell der Ethnokratie ist die »Dominanz einer Ethnie« gegenüber den anderen ethnischen Staatsgruppen Grundlage des Staatswesens, wie im Modell der ethnischen Demokratie. Doch im Gegensatz zur ethnischen Demokratie gilt die Ethnokratie als undemokratisch. Die Ethnokratie setzt *per definitionem* die dominante Ethnie ins Zentrum ihrer Betrachtung; mit deren Hegemonie gehen für die anderen Ethnien im Staat unweigerlich Kontrolle und Aufsicht einher. Yiftachel:

> »Eine Ethnokratie ist ein nicht-demokratisches Regime, das darauf abzielt, eine disproportionale ethnische Kontrolle über ein umstrittenes multi-ethnisches Gebiet auszuweiten oder zu erhalten. Ethnokratie entwickelt sich hauptsächlich dann, wenn die Kontrolle über ein Territorium in Frage gestellt wird, und wenn eine dominante Gruppe mächtig genug ist, das Wesen des Staats einseitig zu bestimmen. Ethnokratie ist folglich ein instabiles System, mit gegensätzlichen Kräften von Expansionismus und Widerstand in dauerhaftem Konflikt.«[19]

Im Spannungsfeld eines »jüdischen und demokratischen Staats« rückt die Ethnokratie den Vorrang des jüdisch-ethnischen Elements ins Zentrum. So demonstriert Yiftachel dies anhand der *Knesset*-Gesetzgebung, die den jüdischen Charakter des Staats garantiert, wie das Rückkehrgesetz von 1950 und das Staatsbürgerschaftsgesetz von 1952, die beide Juden gegenüber Nichtjuden beim Anspruch auf Staatsangehörigkeit bevorzugen.

Eine Verstärkung des jüdisch-ethnischen Elements sieht Yiftachel auch in der Bestimmung des israelischen Obersten Gerichtshofes von 1964, in der das »Jüdische an dem Staat Israel konstitutionell« festgelegt wird, sowie in der 1985 vorgenommenen

Ergänzung des Grundgesetzes, der zufolge keine Partei in die *Knesset* aufgenommen werden darf, welche Israels Definition als Staat des jüdischen Volks verändern will.[20]

Doch das Hauptproblem bei der Definition der israelischen Demokratie liege nicht alleine auf dieser *gesetzlichen* Ebene. Vielmehr gelte es hier, die *Staatspraxis* hervorzuheben: Seit der Staatsgründung sei ein Doppelprozess im Gange, einerseits die »Judaisierung« Israels und andererseits seine »De-Arabisierung«, sprich die Enteignung und Verdrängung der Palästinenser. Diese Dynamik der politischen Geographie habe zu einem radikalen demographischen Wandel geführt, mithin zu einer Änderung der Strukturen ethnisch-territorialer Kontrolle, zum Aufbrechen von Staatsgrenzen, zum Einschluss der jüdischen und Ausschluss der palästinensischen Diaspora sowie zur engen Verknüpfung von Religion, Territorium und Ethnizität.[21]

Haupthindernis für eine echte israelische Demokratie ist nach Yiftachel das Fehlen eines klar definierbaren israelischen *Demos*; er deutet hier die abstrakte Definition des für eine Demokratie unerlässlichen »Staatsvolks« an, also »das jüdische Volk«: Gemäß dem »Rückkehrgesetz« genießen jüdische Staatsbürger anderer Staaten mehr Rechte im Staat Israel als im israelischen Staatsgebiet geborene nichtjüdische Staatsbürger. Darüber hinaus erkennt Yiftachel das Problem der exterritorialen, nichtstaatsbürgerlichen jüdischen Organisationen, die Einfluss auf politische Entscheidungen innerhalb Israels ausüben. Zum einen ist die Rede von exterritorialen jüdischen Organisationen und Gruppen wie dem »Jewish National Fund«, der »Jewish Agency« und der »Zionistischen Föderation«, die vom israelischen Volk nicht gewählt werden, die aber eine effektive politische Macht in Israel ausüben. Zum anderen erwähnt Yiftachel das ausgeprägte Spenden-System durch wohlhabende Juden im Ausland sowie die Lobbys der jüdischen Gemeinden auf dem internationalen Parkett. Diese seien ein integraler Bestandteil einer politischen Machtausübung exterritorialer Organisationen.

Aus Yiftachels Sicht stehen nicht nur das Fehlen einer klaren Definition von Regierenden und Regierten einer Bezeichnung Israels als Demokratie im Wege, sondern auch die unklaren Demarkationslinien des israelischen Staatsgebiets. Yiftachels Begriff der »geographischen Dynamik« ist hier zentral. Damit spielt er auf die israelische Grenzüberschreitung durch Ansiedlung israelisch-jüdischer Staatsbürger außerhalb des souveränen, international anerkannten Staatsgebiets an. In diesem geographischen Raum der besetzten Gebiete betreibe Israel mit militärischen Mitteln eine ethnische Segregation zwischen jüdischen Staatsbürgern und entrechteten Palästinensern, was demokratischen Grundsätzen widerspreche. Yiftachel folgert:

> »›Israel‹, als genau bestimmbare demokratisch-politische Einheit, *gibt es einfach nicht.* Die rechtliche und politische Macht extraterritorialer (jüdischer) Körperschaften und die Verletzung von Staatsgrenzen entleeren den Begriff Israel von der allgemein akzeptierten Definition eines Staats als territorial-rechtliche Institution. Folglich beruht die unproblematisierte Akzeptanz eines ›Israel an sich‹ in den meisten sozialwissenschaftlichen Publikationen [...] und in den Medien auf einer Fehlbezeichnung.«[22]

Yiftachel gewinnt daraus seine Grundthese, dass der jüdische *Ethnos* und nicht der israelische *Demos* den jüdischen Staat regiere, der daher nicht als *Demo*kratie, sondern als *Ethno*kratie zu definieren sei.

Der israelische Politologe Yoav Peled (geb. 1947) belegt 2007, dass Israel sich innerhalb seiner international anerkannten Grenzen von 1949-1967 seit Anfang 2000 kontinuierlich von einer ethnischen Demokratie zu einer Staatsform entwickle, die einer Ethnokratie sehr nahe komme. Er stützt sich dabei auf zwei wesentliche Prozesse im Verhältnis Israels zu seinen palästinensischen Bürgern: zum einen Israels »Verweigerung des Rechts auf Familienzusammenführung zwischen Palästinensern israelischer Staatsbürgerschaft mit Palästinensern aus den besetzten Gebieten«; zum anderen spricht Peled von »der Formulierung eines Plans, im sogenannten ›Arabischen Dreieck‹ in Galiläa die Grenze zwischen Israel und dem Westjordanland nach Westen zu verschieben, wodurch 150.000 bis 200.000 israelische Palästinenser ihrer israelischen Staatsbürgerschaft verlustig gehen würden«.[23] Er folgert:

> »Im derzeitigen Kontext ist die Einschränkung der Bürgerrechte der Palästinenser nicht wirklich ein Preis – sei er gerechtfertigt oder nicht –, den man zahlen muß, um andere Ziele zu erreichen – Sicherheit, Demokratie oder sonstiges. Die Beschneidung der Rechte selbst ist *das eigentliche Ziel* der vorstehend erörterten Maßnahmen. Den

palästinensischen Bürgern Israels das Recht auf Familienzusammenführung zu verwehren und einen Teil von ihnen der israelischen
Staatsbürgerschaft berauben zu wollen, sind Teilmaßnahmen auf
diesem Wege. [...] ein Kurs, der es von einer ethnischen Demokratie
in eine Ethnokratie verwandeln würde.«[24]

Der »Jewish Code« und die israelische Demokratie

In den beiden hier angeführten Staatsmodellen ist der Primat der
jüdischen Ethnie in der israelischen Staatsräson nicht umstritten.
Kernpunkt des Disputs um die Bezeichnung der israelischen Staatsform ist vielmehr die Frage, wie sich die beiden Komponenten der
Staatsdefinition, »jüdisch« und »demokratisch«, in einer bi-nationalen politischen Realität zueinander verhalten. Dem geht der
2007 verstorbene israelische Soziologe Baruch Kimmerling in seinem Aufsatz »Religion, Nationalismus und Demokratie in Israel«
nach.[25] Er entwickelt dort den Begriff eines spezifisch jüdischen
kulturellen Codes, des »Jewish Code«, als zentrale Säule der israelischen politischen und sozialen Ordnung, mithin der israelischen
Demokratie. Seine Analyse des Verhältnisses der drei Faktoren Religion, Nation und Demokratie verschafft einen Einblick in die Be-
sonderheiten des israelischen Demokratieverständnisses.

Kimmerlings zentrales Argument ist die der zionistischen Ideologie zugrunde liegende selbstverständliche Gleichstellung von
jüdischer Religions- und Nationszugehörigkeit. Somit definiere
sich das zionistische Israel im Gegensatz zu anderen westlichen
Demokratien nicht als »Staat seiner Bürger«, sondern als »Staat
des jüdischen Volks«. Staatliche Zugehörigkeit und die Einräu-
mung von Rechten werden dabei auf ethnisch-religiöser Basis bestimmt, so dass Israel zwar nach demokratischen Grundsätzen
funktioniere und freie Wahlen, Parteien, Gewaltenteilung und
eine freie Presse vorweisen könne. Doch diese demokratischen Institutionen und Vorgänge seien allein auf den von der zionistischen Hegemonie bestimmten Rahmen beschränkt, so dass der
jüdischen Ethnie Vorrechte gesichert seien. Kimmerling bezeichnet daher die israelische Demokratie als eine »Theo-Demokratie«
bzw. als »jüdische Demokratie«.

Um die Genese der israelischen Staatsform zu erklären, geht Kimmerling zunächst auf die *Jischuw*-Zeit vor der Staatsgründung ein. Undemokratische Entwicklungen hätten sich bereits in diesem frühen Stadium abgezeichnet, doch sei die Frage der politischen Verfasstheit zunächst noch nicht gestellt worden. Sie sei vor der Staatsgründung, als sich eine jüdisch-säkulare Gesellschaft im Prozess der Entstehung befunden habe, eben nur zweitrangig gewesen. Denn zum einen hätten viel gewichtigere und dringendere politische, militärische, soziale und ökonomische Fragen bestanden. Zum anderen hätten die unterschiedlichen zionistischen Orientierungen – die liberale, sozialistische, nationalistische und nationalreligiöse – jeweils viel zu unterschiedliche Regimevorstellungen gehabt; die Verschärfung der ohnehin bestehenden Spannungen innerhalb des jüdisch-zionistischen Kollektivs wollte man daher vermeiden.

Die »jüdische Basis« erschien als vielversprechende Grundlage einer künftigen Gesellschaft mit einem breiteren Konsens. Nichtjuden habe man dabei ohnehin als »out-group« verstanden. Das im *Jischuw* eingeführte Wahlsystem für die nationalen bzw. jüdisch-zionistischen Institutionen (wie Parteien, die *Jewish Agency*, das »Nationale Komitee« und der jüdische Gewerkschaftsapparat *Histadrut*) war ein Legitimationsfaktor für die Spielregeln *innerhalb* der jüdischen Gemeinde. Dabei wiesen diese Wahlen zumindest einige *äußere Zeichen einer Demokratie* auf, was Kimmerling als »Verfahrensdemokratie« bezeichnet. In ihr blieben sowohl eine gewisse soziale Unterstützung als auch eine gewisse Autonomie des Einzelnen innerhalb der unterschiedlichen soziopolitischen Gruppen und Parteien gewährleistet.[26] So funktionierte die *Jischuw*-Gemeinschaft auf einer jüdisch-zionistischen Basis, die nicht allein die kollektive Identität darstellte, sondern auch das Organisationsprinzip, u. a. für die Gewährleistung des Rechtsschutzes des einzelnen Gemeindemitglieds. Allerdings handelte es sich bei diesen Rechten nicht um universale Rechte im zivilen Sinne, sondern ihr Fundament war die jüdische Gemeindezugehörigkeit.[27]

Mit der Staatsgründung stellte sich jedoch unausweichlich die Frage der politischen Verfasstheit. Grundlage des neuen Staats war die starke, untrennbare Verknüpfung zwischen religiösen und nationalen Elementen. Bezeichnend für dieses Charakteristikum ist die am Vorabend der Staatsgründung zwischen der *Jewish Agency* (der exekutiven Institution im *Jischuw*) und der nichtzionistischen orthodoxen Partei *Agudat Israel* erzielte Übereinkunft, die den religiösen Status quo zum Fundament der künftigen israelischen Ordnung machte. Zwar wurde die jüdisch-religiöse Gesetzgebung, die *Halacha*, in ihrer Gesamtheit bzw. als Rechtsgrundlage des Staats abgelehnt, dafür aber wurden per Gesetz der *Schabbat* als Ruhetag und die Einhaltung koscherer Gebote in allen öffentlichen und staatlichen Einrichtungen gesichert. Ebenso sollte das Familienrecht (Heirat, Geburt und Tod) nach halachischer Gesetzgebung bestimmt werden.

De facto zog sich der Staat nach seiner Gründung aus dem Bereich des Familienrechts zurück und übertrug ihn per Gesetz den religiösen Behörden. Diese Rechtslage stellte eine Übernahme der Rechtssituation im *Jischuw* dar, der zufolge sich die Juden als ein »religiöses *millet*« (eine religiös definierte Glaubens-Nation im Osmanischen Reich) der religiösen Gerichtsbarkeit unterstellt haben (1922-1947). Dabei war im *Jischuw* dem Einzelnen überlassen, ob er sich zivilem Recht unterordnete, eine Wahlmöglichkeit, die mit der Gründung Israels wegfiel. Und schließlich gestand die Übereinkunft den diversen Strömungen innerhalb der jüdischen Religion seinerzeit volle Autonomie im Erziehungswesen zu.[28]

Die Entscheidung für das westliche Modell

Die Richtungsentscheidung des neuen Staats für die westliche Demokratie war zur Gründungszeit nicht selbstverständlich. Die dominanten politischen und sozialen Kräfte definierten sich nämlich als sozialistisch, einige sogar – wie *Mapam* und die Kommunistische Partei *Maki* – mit deutlich sowjetischer Orientierung. Zudem sprach sich die Sowjetunion 1948 für die Gründung des Staats Israel aus und stellte angesichts des amerikanischen Waffenboykotts über den Umweg der osteuropäischen Staaten wichtige Waffenlieferungen sicher.

Israel orientierte sich laut Kimmerling letztlich aus folgenden Gründen nach Westen: erstens, weil man das organisierte amerikanische Judentum als langfristigen politischen und ökonomischen Halt für Israel erachtete; zweitens aufgrund David Ben-Gurions zunehmender Bewunderung für die Stärke und Vielfalt der amerikanischen Gesellschaft; und drittens weil die israelischen politischen Staatseliten sich von der als »rückständig« geltenden nahöstlichen Region distanzieren wollten. Gerade vor dem Hintergrund der Aufnahme von mehreren Hunderttausend Juden aus den arabischen Ländern des Nahen Ostens und Nordafrika sah sich die politische Führung veranlasst, die westeuropäische Orientierung zu demonstrieren und festzuschreiben.

In einem atheistisch-kommunistisch ausgerichteten Israel hätte zudem ein genuin religiöses jüdisches Selbstverständnis keinen Platz gehabt. Doch das Judentum im religiösen Sinne erwies sich sehr bald als unentbehrlich für die endgültige Legitimation des Zionismus, weshalb die Religiösen in das nationale Projekt mit einbezogen werden mussten. Gerade mit den ausdrücklich religiösen Symbolen und Werten gelang es der zionistischen Bewegung, die Unterstützung der Juden sowie Nichtjuden zu gewinnen.

Die israelische Unabhängigkeitserklärung von 1948 verweist auf die problematischen Wurzeln und die umstrittene Legitimation des neuen Staats. In der Erklärung spiegelt sich die Verknüpfung und Vermischung von religiösen und säkularen Elementen, von Religion und Nation wider. Sowohl die detailliert geschilderte jüdische Geschichte, welche bis auf die biblische Epoche zurückverfolgt wird, als auch die Erwähnung der UN-Resolution 181 vom 29.11.1947 soll das »historisch-natürliche Recht« des jüdischen Volks auf seine politische Souveränität in *Eretz Israel* rechtfertigen.

Der neue Staat soll »auf Freiheit, Gerechtigkeit und Frieden«, also auf universelle Werte, gestützt sein, zugleich aber »im Sinne der Visionen der Propheten Israels« aufgebaut werden; außerdem wird an das jüdische Volk der Diaspora direkt appelliert, »auf dem Gebiete der Einwanderung und des Aufbaues zu helfen«. Gleichwohl ist die Rede von dem religiös konnotierten Ziel »der Erlösung Israels«; der Staat soll gemäß der Erklärung »all seinen Bürgern ohne Unterschied von Religion, Rasse und Geschlecht, soziale und politische Gleichberechtigung verbürgen«. All dies wird mit dem religiös eingefärbten Zusatz von »der Zuversicht auf den Fels Israels« unterstrichen.

David Ben-Gurion bevorzugte 1949 als Koalitionspartner die religiös orientierten Parteien (*Hamisrachi* oder *Hapoel Hamisrachi*) gegenüber der säkular-sozialistischen *Mapam* oder den liberalen »Allgemeinen Zionisten«. Ihm ging es darum, der neuen Gesellschaft aus Immigranten und Siedlern durch die religiös ausgerichteten Parteien, Gruppen und Menschen eine Art Legitimation zu verleihen.[29]

Auch der israelische Philosoph Adi Ophir (geb. 1951) erkennt in der israelischen Unabhängigkeitserklärung die Spannung zwischen religiösen und nationalen kollektiven Identitätsmerkmalen. Das Dokument hat zwar keinen rechtlich bindenden Charakter, es erfüllt aber eine nicht zu unterschätzende symbolische bzw. legitimationsähnliche Funktion für die israelische Demokratie. Ophir weist auf die der Unabhängigkeitserklärung zugrunde liegenden, teilweise widersprüchlichen Legitimationsmuster hin: Sie spricht einerseits von einem metaphysischen, sprich ahistorischen Verhältnis des jüdischen Volks zu *Eretz Israel*; andererseits verweist sie auf die bittere Erfahrung der Juden in Europa, also auf die jüdische Leidensgeschichte, und gleichzeitig verficht das Dokument das jüdische Selbstbestimmungsrecht auf einer universellen Basis und den Anspruch auf eine jüdische nationalstaatliche Normalität. Die politische Entscheidung zwischen dem jüdisch-partikularistischen und dem universalistischen Weg sei noch nicht gefallen, also zwischen dem Festhalten am Leitspruch der Einzigartigkeit des jüdischen Volks und dem zionistischen Anspruch auf die »Normalisierung« der Lebensverhältnisse der Juden, mithin deren Versöhnung mit den *Gojim*.[30]

Es stellt sich jedoch die Frage, inwiefern sich die zionistische Rechte und die zionistische Linke bezüglich dieser »offenen« Frage des »israelischen Wegs« wirklich voneinander absetzen. Denn es war der »Vater der Nation« und Vorsitzende der Arbeiterpartei, der sich kurz nach der Staatsgründung mit seiner Meinung gegen eine geschriebene Verfassung für Israel durchsetzte. Der »linkszionistische« David Ben-Gurion mobilisierte seine *Mapai*-Partei gegen eine geschriebene Verfassung für Israel, und zwar gegen die oppositionellen Parteien *Mapam*, die Allgemeinen Zionisten, *Herut* und die kommunistische Partei *Maki*. Diese sprachen sich aus Gründen des Minderheitenschutzes und der Einschränkung der Macht der regierenden *Mapai*-Partei zugunsten einer Verfassung und für Bürgerrechte aus.[31]

Die Gründe für Ben-Gurions Kampf gegen die Verfassung liegen darin begründet, dass erstens eine Koalitionsbildung mit dem von Ben-Gurion bevorzugten religiösen Parteienblock (*Agudat Israel, Poalei Agudat Israel, Hamisrachi* und *Hapoel Hamisrachi*) politisch nicht durchsetzbar gewesen wäre, weil diese Allianz eine weltliche Staatsverfassung als solche ablehnte. Zweitens hätte eine solche Verfassung die Dominanz der *Mapai*-Partei eingeschränkt, mithin den Spielraum der Regierung bzw. der regierenden Partei, die gemeinsam mit ihren Koalitionspartnern über eine Mehrheit in der *Knesset* verfügte. Ben-Gurion verstand das Mehrheitsprinzip und das Prinzip der Rechtsstaatlichkeit als ausreichend für die westliche Legitimation des jüdischen Staats. Und drittens sah Ben-Gurion in einer Verfassung ein erhebliches Hindernis für die noch im Entstehen begriffene Nationsbildung durch Einwanderung, Besiedlung und Genese eines Volks. Die demographischen und geopolitischen Vorhaben des politischen und sicherheitspolitischen Establishments jener ersten Jahre des Staats Israel waren alles in allem kaum mit einer geschriebenen Verfassung vereinbar. Sowohl die Grenzen Israels als auch der Status der palästinensischen Staatsbürger, mithin die Frage der Rechtmäßigkeit einer Militärregierung im Staatsgebiet (1949-1966), hätten in einer geschriebenen Verfassung geklärt bzw. festgelegt werden müssen. Im Januar 1949 argumentierte Ben-Gurion in der *Knesset* gegen die Verfassung:

> »Unser Staat ist der dynamischste der Welt und wird sich jeden Tag erneut bilden. Jeden Tag kommen neue Juden ins Land und jeden Tag wird verlassenes Land befreit. Diese Dynamik kann sich einem vorgegebenen Rahmen und künstlichen Fesseln nicht unterwerfen.«[32]

Partei-Genosse David Bar-Rav-Hei (1894-1977) brachte es im Zuge dieser *Knesset*-Diskussion über eine Verfassung kurz nach Staatsgründung und im Sinne von Yiftachels These der geographischen Dynamik auf den Punkt:

> »Eine Verfassung [...] wird nicht am Beginn einer Revolution erlassen, sondern an ihrem Ende. Jede Konstitution zielt auf die Einfrierung und Verewigung von bestimmten Prinzipien. Alle im Laufe ei-

ner Revolution festgelegten Verfassungen wurden meist verwandelt
oder gar geändert. Man muss also zunächst eine gewisse Stabilität
erreichen.«[33]

»Stabilität« sollte kurz nach der Staatsgründung vor allem durch
die Fortsetzung der jüdischen Einwanderung und Besiedlung gewährleistet werden. Die für Israel lebenswichtige Immigration hob
das religiöse Koalitionsmitglied Mordechai Nurok (1884-1962)
hervor: In Israel lebten 1949 nur zehn Prozent des jüdischen Volks.
Die Festschreibung einer Verfassung zu diesem Zeitpunkt sei undemokratisch, da die jüdische Mehrheit noch in der Diaspora lebe
und nicht mitentscheiden könne.[34] Eine Verfassung liefe demnach
den zionistischen Aufgaben und nationalen Werten wie Staatsauf-
bau, jüdische Immigration und Landgewinn zuwider.

Die *Knesset* beschloss am 13.6.1950, das *Knesset*-Komitee für
Verfassung und Recht zu beauftragen, eine Verfassung auf der
Grundlage von Grundgesetzen vorzubereiten, allerdings ohne dabei einen Zeitpunkt für die Beendigung des Verfahrens zu bestimmen. Erst 1992 gelang es der *Knesset*, ein die Menschenrechte
würdigendes Grundgesetz zu erlassen. Die Grundgesetzartikel zur
Würde und Freiheit des Menschen sowie zur Beschäftigungsfrei-
heit wurden also erst 45 Jahre nach Staatsgründung erlassen.
Noch wichtiger: Diese und die meisten Grundgesetzartikel haben
keinen Verfassungsstatus, sodass sie von der *Knesset* mit einer
einfachen Mehrheit geändert oder gar abgeschafft werden könnten.[35]

Eine geschriebene Verfassung für Israel ist erfolgreich verhindert worden und steht dem zionistischen Projekt nicht im Wege.
Der neue Staat übernahm das dynamische Konzept der »Judasie-
rung« des Landes: Einwanderung, Ansiedlung und Sicherheit
werden zu Leitmotiven der israelischen Politik. Israel nimmt jüdische Einwanderer aus Europa und den arabischen Ländern auf
und sorgte für deren Ansiedlung auf dem 1949 international anerkannten israelischen Staatsgebiet. Das Militär und der Sicher-
heitsapparat spielten dabei eine zentrale Rolle: Die Eroberung des
Landes, die Sicherung von dessen Ressourcen für die Juden, der
Schutz der Grenzen, und die Kontrolle über die im Staat lebenden
Palästinenser, fielen in ihren Zuständigkeitsbereich. Militär und
Sicherheitskräfte wurden zunehmend als Wächter des zionistischen Projekts verstanden.

Das Verteidigungsministerium avancierte bereits zwischen 1948 und 1958 zum mächtigsten und politisch bedeutsamsten Kabinettsressort. Es hat bis heute einen besonderen Stellenwert mithin eine ausgesprochen starke Machtposition. Dies liegt u.a. daran, dass der Konflikt mit den Palästinensern bzw. mit den Nachbarstaaten im Laufe der Jahre immer wieder zuspitzt. Die Frage nach Entstehung und Etablierung einer spezifisch sicherheitspolitisch, orientierten, israelischen Demokratie steht im Zentrum der Überlegungen im folgenden Kapitel. Anhand zweier historisch bedeutsamer sicherheitspolitischer Affären soll beispielhaft gezeigt werden, wie es um die politische Kultur des Landes bestellt ist.

Militär und Politik in Israel

In seinem 1970 erschienenen Buch *David's Sling* stellte Shimon Peres, der von 1953 bis 1965 das Verteidigungsministerium prägte, folgende Überlegung zum Verhältnis von Militär und Politik in Israel an:

> »Gelegentlich wundern sich Beobachter, dass in Israel das Militär nie den Versuch unternahm, die zivilen bzw. demokratischen Prozesse [...] zu unterminieren. Es hat den Anschein, als gäbe es keine stabilere Demokratie auf der ganzen Welt als die israelische. [...] Sollte der israelischen Demokratie jedoch Gefahr widerfahren, so würde diese eben nicht auf das Militär, sondern auf die Politik zurückgehen. [...] Die Waffe ordnet sich in Israel nicht nur den zivilen Befugnissen unter, sie liegt buchstäblich in zivilen [gemeint: politischen] Händen. Die Notwendigkeit der Verteidigung nach außen korrespondiert mit dem [israelischen] Willen, nach innen frei und pluralistisch zu bleiben, als hätten wir keine Sicherheitsprobleme. Das Militär in Israel ist nämlich eine Folge der Situation und nicht der [israelischen] Orientierung.«[36]

Mit dieser Aussage eines Establishment-Manns wird in aller Deutlichkeit die Vereinbarkeit von Militarismus und Demokratie propagiert, die Möglichkeit eines militärischen Staatsstreichs mithin entschieden abgelehnt. Getreu der Maxime des »Volks in Waffen« bzw. der Unverzichtbarkeit des Militärs und in Anlehnung an ein Verständnis der israelischen Gesellschaft als pluralistisch und demokratisch erscheint Peres' Zuversicht in die Stabili-

tät der israelischen Demokratie unerschütterlich. Einen Konflikt
zwischen der notstandsähnlichen Situation in Israel und dem Anspruch einer pluralistisch orientierten, freien Gesellschaft schließt
er daher aus. Doch ist Israel wirklich so vor einem militärischen
Staatsstreich gefeit?

Die Forschung versucht, das Problem der Beziehung zwischen
Militär und Politik auf zweierlei Weise zu erklären. Ein erster Ansatz, das Paradigma der Verschränkung der zivilen und militärischen Ebene, geht von einer grundsätzlichen Dichotomie der beiden Bereiche aus. Militärische Staatsstreiche werden demgemäß
als Folge einer Art »Störung« im politisch-zivilen System bzw. in
den diversen Mechanismen der zivilen Kontrolle über das Militär
interpretiert.[37] Die traditionelle israelische Soziologie zieht dieses
Paradigma im Allgemeinen heran, um die spezifische israelische
Situation zu beschreiben. Dabei folgt sie dem amerikanischen Soziologen Morris Janowitz (1919-1988), der in der »Zivilisierung
des Militärs« bzw. in der Aufhebung der strikten Separation zwischen den Bereichen eine Garantie gegen Putschversuche sieht.[38]

Die israelischen Soziologen Dan Horowitz (1928-1991) und
Moshe Lissak (geb. 1928) argumentieren, Israel ähnele eher dem
antiken Athen als Sparta, weil es ein Gleichgewicht zwischen par-
tiell militarisierter Gesellschaft und zivilisierter Armee aufweise.
Dabei sei es zu einem »Rollentausch« der israelischen Armee mit
zivilen Instanzen gekommen, da die Armee stark in ursprünglich
nichtmilitärische Angelegenheiten wie Nationsbildung und Mo-
dernisierungsprozesse involviert sei.[39] Dieses weitgehend verinnerlichte Paradigma der Dichotomie von Politik und Militär und
eine grundsätzlich apolitische Auffassung des Militärs bedingt,
dass die israelische politikwissenschaftliche bzw. historische Forschung einen Militärputsch für unwahrscheinlich hält. Die israelische Armee (IDF: Israel Defense Forces) sei politischen und zivilen Aufgaben vielmehr abgeneigt.[40]

Eine zweite Forschungsrichtung beschreibt das Verhältnis von
Militär und Politik anhand des Modells eines »Volks in Waffen«[41]. Im Gegensatz zum Paradigma der Dichotomie von Militär
und Politik betont dieser Ansatz die engen Verbindungen und Gemeinsamkeiten der beiden Bereiche. Erst der Nationalstaat als
Organisationsprinzip und dominante Grundstruktur, die eine
hohe politische Partizipation voraussetze, befähige die Massen

zum Krieg und mobilisiere sie für weitere nationale Ziele. Die Staatsarmeen stellen in diesem Sinne Massenorganisationen dar.[42] Das Modell »Volk in Waffen« stellt einen zentralistisch gelenkten Staat in den Mittelpunkt und ist einem Verständnis von Nationalstaatlichkeit verpflichtet, das aus dem späten 19. und frühen 20. Jahrhundert stammt. In diesem Sinne benennt der israelische Soziologe Uri Ben-Eliezer (geb. 1951) vier Charakteristiken des »Volks in Waffen«: erstens die Existenz einer Staatsarmee; zweitens eine enge Zusammenarbeit zwischen der militärischen und politischen Elite, basierend auf einer gemeinsamen Gesinnung; drittens unklare Grenzen zwischen den zwei Bereichen; und viertens versteht sich die Nationsarmee als apolitisch und überparteiisch, die Werte der Nation vertretend. Israel stellt nach Ben-Eliezer eine Nation in Waffen dar. Ben-Gurion prägte die Maxime der *Mamlachtijut*, (hebr. der »Staatlichkeit«), die eine professionelle Massenarmee zur Folge hatte, rechtlich fixiert durch das 1949 erlassene Militärdienst-Gesetz.[43]

Welches Modell entspricht nun dem israelischen Verhältnis von Politik und Militär? Das Konzept eines Staats mit »zivilisiertem Militär« oder das vom »Volk in Waffen«? Wie verhält sich die Politik zum Militär und wie steht die Sicherheitspolitik zu Fragen der Rechtstaatlichkeit angesichts eines andauernden Kriegszustandes? Welche Bedeutung hat der Nahostkonflikt für die israelische Demokratie? Und welche [sicherheits]politische Kultur entsteht letztlich im zionistischen Israel?

Schauen wir zunächst auf die sogenannte Lavon-Affäre. Ursprünglich eine rein sicherheitspolitische bzw. militärische Angelegenheit, weitete sie sich schließlich zu einer allumfassenden innen- und parteipolitischen Krise aus. Ihren Anfang nahm die Lavon-Affäre 1954. Den Endpunkt markierte die Spaltung der regierenden *Mapai*-Partei 1965, herbeigeführt von ihrem langjährigen Vorsitzenden, dem Staatsgründer David Ben-Gurion.

Ähnlich wie die Lavon-Affäre beginnt auch der zweite zu behandelnde Konflikt, die Shin-Bet-Affäre, als sicherheitspolitisches, militärisches Problem, um sich später zu einer regelrechten Regierungs- bzw. Rechtsstaatlichkeitskrise zu entwickeln. Hauptstreitpunkt war das demokratische Prinzip der Gewaltenteilung: Inwiefern untersteht die Exekutive – also Regierung und die Sicherheitsapparate des Staats – dem Gesetz? Die Shin-Bet-Affäre zog sich über zwei Jahre von 1984-1986 hin, als Shimon Peres Ministerpräsident war.

Die Lavon-Affäre 1954-1964

Den Hintergrund der Lavon-Affäre bildet der im Juli 1954 unternommene militärische Einsatz der Einheit 131 der Informationsabteilung der IDF *Aman* in Ägypten, welcher die Beziehungen zwischen den USA, Großbritannien und Ägypten unterminieren soll. Der Einsatz wurde ohne Genehmigung der politischen Führung Israels vom Militär durchgeführt. Premierminister und Außenminister Moshe Sharett (1894-1965), Verteidigungsminister Pinchas Lavon (1904-1976) und die weiteren Mitglieder der israelischen Regierung erfuhren erst nach Festnahme der beteiligten Mitglieder der Einheit 131 durch die ägyptische Polizei vom Ausmaß der bald in Israel mit dem Decknamen *Esek Bisch*, hebr. für »Schlamperei«, bezeichneten Aktion.

Anfang 1953 übte die in den USA neu gewählte republikanische Regierung unter Präsident Dwight D. Eisenhower Druck auf Großbritannien aus, seine militärischen Stützpunkte in der Suez-Zone zu räumen. Israel verfolgte mit Sorge die britisch-ägyptischen Verhandlungen, weil damit auch die Übergabe von britischen Waffenlagern und militärischen Einrichtungen an Ägypten verbunden war. In einigen militärischen und politischen Kreisen wurde spekuliert, dass eine gegen die Briten in Ägypten gerichtete Gewalttat die Verhandlungen suspendieren oder die Räumungspläne gar vereiteln würde.[44]

Die Einheit 131 wurde aktiviert: *Aman*-Chef Benjamin Gibli (1919-2008) sandte im Mai 1954 den Einheit-Kommandanten nach Paris, um dort den Verbindungsmann Avri Elad (1925-1993) zu treffen und ihm Instruktionen zur Aktivierung der Sabotageeinheit in Ägypten zu erteilen. Die Aktion begann am 2.7.1954 mit kleinen Brandbomben, die in verschiedenen Briefkästen in Alexandria deponiert wurden. Weiter explodierten am 14.7.1954 harmlose Sprengsätze in US-amerikanischen Kulturzentren in Kairo und Alexandria. Am ägyptischen Revolutionstag, dem 23.7.1954, zogen Mitarbeiter der Einheit los, um Sprengkörper in

Kairoer und Alexandriner Kinos sowie in einem Rangierbahnhof
in Alexandria zu platzieren, doch ein Sprengsatz explodierte vorzeitig in der Tasche eines Mitglieds der Einheit, Philip Netansohn
(1933-2004). Daraufhin wurde dieser festgenommen. Noch in
derselben Nacht verhaftet die ägyptische Sicherheitspolizei die
übrigen Mitglieder der Einheit, meist Ägypter jüdischen Glaubens. Das Verfahren gegen sie begann am 11.12.1954 in Kairo.
Ein Mitglied brachte sich im Gefängnis um, zwei wurden zum
Tode verurteilt und Ende Januar 1955 hingerichtet. Die übrigen
Agenten erhielten Haftstrafen.[45]

Die »Schlamperei« von 1954-1955 wird in dem Moment zu
einer Staatsaffäre, als hochrangige Offiziere der Armee einschließlich des Generalstabschefs den Vorfall vorsätzlich (und eine Zeit-
lang auch erfolgreich) vertuschen. Bei der Anfang 1955 von
Sharett in Absprache mit Lavon ernannten geheimen Untersuchungskommission handelte es sich nicht um ein juristisches oder
parlamentarisches Gremium, weil Israel sich offiziell nicht zu den
Aktionen in Ägypten bekannte.

Eine vom Richter des Obersten Gerichts Itzhak Olshen (1895-
1983) und vom ersten Generalstabschef Jacob Dori (1899-1973)
gebildete Zweier-Kommission sollte die Frage nach dem Verantwortlichen für den Einsatz ermitteln. Die Militärs schienen sich
ihrer Verantwortung zunächst insofern entledigen zu können, als
die Zweier-Kommission anhand des Beweismaterials zum Schluss
kam, dass sie die Frage nach dem für den Befehl Verantwortlichen
nicht beantworten könne. Hinzu kam, dass deren Widersacher
der Verteidigungsminister Lavon in der Folge dieses Ergebnisses
gehen musste, obwohl seine Verantwortung für die »Schlamperei« nicht festgestellt werden konnte; die Zustände im Sicherheitsestablishment ließen seine Rolle fragwürdig erscheinen.

Nicht von ungefähr bezeichnet man die Ereignisse rund um den
Mitte 1954 fehlgeschlagenen militärischen Einsatz in Ägypten
und sein Nachspiel bis ins Jahr 1965 als »Die Affäre«. Die lang-
wierigen und verzweigten Folgewirkungen verleihen der Lavon-
Affäre ihre Bedeutung. Da sich all dies in den formativen Jahren
Israels ereignete, übte die Affäre erheblichen Einfluss auf die politische Kultur des neuen Staats aus. Sie ist ein nicht zu unterschät-
zendes Exempel für das Verhältnis zwischen Politik und Militär in
einem Staat, in dem die Armee zunehmend an Stellenwert ge-

wann. Diese vielschichtige und facettenreiche Geschichte verfügt über alle Zutaten einer ausgewachsenen Staatsaffäre: Täuschung eines Ministerpräsidenten und Verteidigungsministers durch das Militär bei der Durchführung eines militärischen Anschlags im Nachbarland ohne politische Befugnis, Intrigen an den höchsten Stellen der Sicherheitsorgane; Dokumentenfälschung, Fehlervertuschung und Falschaussagen vor dem Untersuchungsausschuss, Verschwörung gegen einen Minister und Verrat an den eigenen Leuten.

In ihrer zweiten Phase entwickelte sich die Affäre zu einer parteipolitischen Angelegenheit: Als Details über die erste Phase bei den Betroffenen bekannt wurden, führte das Ringen um die Aufdeckung der Verwicklungen 1954 zu einem heftigen persönlichen Streit innerhalb der *Mapai*-Partei zwischen David Ben-Gurion und Pinchas Lavon, der 1955 infolge der Ereignisse von 1954 als Verteidigungsminister abgesetzt wurde. Diese Auseinandersetzung knüpfte an den ohnehin bereits brodelnden politischen Machtkampf zwischen den beiden Lagern der regierenden *Mapai*-Partei an, der »Alten Garde« und den »Ben-Gurion-Jungs«, zu denen vor allem Ben-Gurions Ziehsöhne Shimon Peres und Moshe Dayan (1915-1981) gehörten. Vom Zeitpunkt der gescheiterten militärischen Aktion im Juli 1954 bis hin zur Spaltung der *Mapai*-Partei 1965 kochte die Affäre immer wieder hoch. Mit ihr befassen sich zahlreiche Publikationen.[46]

Das Sicherheitsestablishment der ersten Jahre

Unter Vorbehalten des neuen Regierungschefs Moshe Sharett ernannte Ben-Gurion bei seinem Rücktritt als Premier- und Verteidigungsminister Ende 1953 Pinchas Lavon zum Verteidigungsminister und Moshe Dayan zum Generalstabschef. Shimon Peres erhielt zeitgleich den Posten des Generaldirektors im Verteidigungsministerium. Diese drei Personalwechsel im Bereich der Verteidigungsorgane erschwerten deutlich Sharetts Versuch, im Hinblick auf die Sicherheitspolitik einen gemäßigten Kurs durchzusetzen. Mit Ägypten wurden im Laufe des Jahres 1954 sogar geheime Sondierungsgespräche geführt. Nicht nur Dayan und Peres, sondern auch

Verteidigungsminister Lavon sahen den neuen Premier auf Grund seiner vermeintlich »schwachen Haltung« mit kritischen Augen. Zudem zweifelten sie Sharetts politische Autorität an, da dieser hinsichtlich der Vergeltungspolitik zwischen unterschiedlichen Positionen lavierte.

Trotz der vermeintlich gleichen Gesinnung der drei neuen Köpfe im Verteidigungsministerium kam es in sicherheitspolitischen Fragen bald zum Machtkampf. Zwischen Peres und Dayan entwickelten sich im Laufe der Zeit zwar Spannungen um die jeweiligen Zuständigkeitsbereiche von Ministerium und Armee, bald erkannten sie jedoch einen gemeinsamen Gegner. Die Zeiten, als Peres und Dayan unter der Ägide Ben-Gurions nicht zuletzt wegen dessen Doppelverantwortung als Regierungschef und Verteidigungsminister großzügige Handlungsfreiheit in Ministerium und Armee genießen konnten, waren vorbei.

Lavon befasste sich intensiv mit den Ministeriumsbelangen; an seine Arbeitsmethode, die gegenüber der politischen Elite Verantwortlichkeit und Transparenz beweisen sollte, wollten sich seine beiden Untergebenen kaum gewöhnen, auch konnten sie seine Autorität nur schwer akzeptieren. Für Peres bedeutete es eine Einschränkung der Handlungsfreiheit, die er als Vize-Generaldirektor (1952-1953) unter Ben-Gurion genoss.

Meinungsverschiedenheiten in Ministeriumsbelangen wie beim Waffenerwerb und hinsichtlich der Struktur der Armee nahmen zwischen Lavon und Peres zu, sodass Peres häufig mit Dayan zusammen in ministeriellen Angelegenheiten Verteidigungsminister a. D. Ben-Gurion zu Rate zog. Lavons Biographin Eyal Kafkafi (1941-2002) zufolge regierte Ben-Gurion *de facto* während seiner »Amtspause« im südisraelischen Kibbuz Sde-Boker durch seine zwei Ziehsöhne weiter, wodurch er auch Sharett umging. Man pflegt diese Konstellation die »Sde-Boker-Regierung« zu nennen.[47] Inwiefern war diese Regierung in die Entscheidung für die Sabotageaktionen in Ägypten involviert?

Dayans Agieren infolge der Undercover-Aktion einschließlich der Vertuschungsstrategie vor der Zweier-Kommission zielte darauf ab, jegliche Verantwortung für den Fehlschlag als Generalstabschef weit von sich zu weisen. Dayan überließ Gibli die Wahl, selbst die Verantwortung für die Militäraktion zu übernehmen oder sie dem Verteidigungsminister zu »übertragen«. Insgeheim verfolgte er die zweite Option, ohne sie ernsthaft zu überprüfen. Daher verpflichtete sich Dayan gewissermaßen, sich auch später auf Giblis Seite zu stellen, als sich die Zeichen mehrten, dass Giblis Version auf wackligen Füßen stand.[48]

Peres stellte sich bald auf Dayans Seite. Die besagten Konflikte um Zuständigkeitsbereiche im Verteidigungsministerium waren an sich bereits ein naheliegendes und ausreichendes Motiv, um in der Zweier-Kommission gegen Lavon auszusagen. Doch an den persönlichen Machtkampf waren auch grundsätzliche Meinungsverschiedenheiten über die Rolle des Militärs in einer demokratischen Gesellschaft gekoppelt. Lavons Reorganisationsvorschläge im Verteidigungsministerium sah der Generaldirektor des Verteidigungsministeriums mit Skepsis. Sie beinhalteten folgende Punkte: klare Abgrenzungen der Aufsichtsbereiche von Minister, Stabschef und Generaldirektor, um die Zuständigkeiten der drei Positionen klar zu definieren; die Bildung eines aus zivilen sowie militärischen Personen bestehenden Verteidigungsrats; die Einführung eines Vize-Verteidigungsministers (unter Ben-Gurion gab es dieses Amt nicht – die Voraussetzung für Peres' Machtposition); die Unterordnung des Armeesprechers unter den Verteidigungsminister und nicht unter den Generalstabschef; und die Regelung aller militärischen Erwerbsangelegenheiten unter einem Dach.[49]

All diese Maßnahmen hatten die politische Kontrolle des Militärs zum Ziel. Im Grunde sollte Peres als höherer Zivilbeamter im Verteidigungsministerium wenig gegen dieses Konzept auszusetzen gehabt haben. Doch in den Vorhaben verbarg sich die Beschneidung seines politischen Spielraums, da er nun nicht nur einen unabhängigen Minister, sondern auch einen Vize-Minister als Vorgesetzten akzeptieren musste.

Lavons Konzept, das Militär der Politik unterzuordnen, bedeutete dazu auch eine Alternative zu Peres' Konzept eines Ministeriums als »geschlossene Struktur eines getrennten Sicherheitsimperiums«.[50] Peres' Konzept war passgenau auf Ben-Gurions Verständnis der Aufgaben und Arbeitsmethoden des Verteidigungsministers zugeschnitten; demnach bestimmt die politische Ebene allgemeine Richtlinien, überlässt deren Umsetzung jedoch den Militärs bzw. »Sicherheitsexperten«. Somit entwickelte sich das Sicherheitsestablishment zu einem geschlossenen Reich, das ein hohes Maß an Autorität und Autonomie genießt, so dass die politischen Institutionen – *Knesset*, Regierung und Judikative – wenig Möglichkeiten haben, es zu beaufsichtigen; dies stellten die israelischen Journalisten Eliyahu Hasin (1927-2008) und Dan Horowitz (1928-1991) bereits 1961 fest.[51]

Der weitere Verlauf der Affäre legt nahe, dass Peres' Rivalität zu Lavon persönlich-machtpolitischer Natur war. Sein Kalkül, Ben-Gurion 1955 erneut zur Macht zu verhelfen, um die Aussichten für seine eigene politische Karriere zu verbessern, wurde zunehmend deutlich. Peres und Dayan, so der israelische Historiker Jehushua Arieli (1916-2002), sahen ihre politische Zukunft bereits zu diesem Zeitpunkt an die politische Macht Ben-Gurions gekoppelt. Lavons Entmachtung sowie eine labile Regierung Sharett hätten sie ihrem Ziel näher gebracht.[52] Ben-Gurion und seine »Jungs« innerhalb der *Mapai*-Partei bekämpften Lavon auch in der weiteren Entwicklung der Affäre Ende 1960 und Anfang 1961, bis sie dessen erneute Absetzung von seinem Posten als Generalsekretär im Gewerkschaftsbund *Histadrut* erreichten. Hasin und Horowitz erklären diesen Feldzug damit, dass Lavon für seine Rehabilitierung in einer Sache kämpfte, deren Klärung die noch nicht gesicherte politische Machtposition der »Jungs« innerhalb *Mapai* gefährden konnte.[53] Die Lavon-Affäre wurde nämlich 1960 auf Grund einer Reihe von Ereignissen neu entfacht, durch die die Wahrheit Stück für Stück ans Licht gelangte. Lavon erfuhr nach und nach von der 1955er Verschwörung gegen ihn, hatte aber kaum handfeste Beweise. Mit der Festnahme des in die Undercover-Aktion involvierten *Aman*-Offiziers Avri Elad wurden Lavon 1957 weitere Indizien bekannt. Um das geheim gehaltene Verfahren gegen Elad, der sich als Doppelspion entpuppte, ranken sich Gerüchte über seinen Beitrag zu Falschaussagen der Offiziere vor der Zweier-Kommission, auch in Bezug auf Lavons Rolle in der Affäre. Lavon wandte sich an den Regierungschef und Parteivorsitzenden und verlangte Aufklärung, mithin seine Rehabilitierung. Ben-Gurion beauftragte seinen militärischen Sekretär Chaim Ben-David (1919-1967) anhand des vorhandenen, einschließlich des von Lavon im Laufe der Jahre gesammelten Beweismaterials, die Sache zu untersuchen. Mitte Juni 1960 beendete Ben-David seine Untersuchung und schöpfte Verdacht, Dokumente seien gefälscht worden bzw. verschwunden.[54]

Ende August 1960 ernannte Ben-Gurion eine weitere Untersuchungskommission, geleitet vom Richter des Obersten Gerichts Chaim Cohn (1911-2002). Die Kommission bestätigte die Ergebnisse der vorangegangenen Untersuchung. Zudem bestätigte sie den Verdacht auf Dokumentenvernichtung, Falschaussagen und Nötigung zu Falschaussagen vor der Zweier-Kommission. Auf Grund der Ergebnisse der Cohn-Untersuchungskommission verlangte Lavon seine politische Rehabilitierung von Ben-Gurion, doch dieser weigerte sich. Die Lage geriet außer Kontrolle, bis Einzelheiten an die Öffentlichkeit drangen.[55]

Ab diesem Zeitpunkt entwickelte sich die Affäre zunehmend zu einem Duell zwischen Lavon und Ben-Gurion bzw. der »Alten Garde« und den »Jungs« der *Mapai*-Partei. Lavon wandte sich zum Missfallen Ben-Gurions an den *Knesset*-Ausschuss für Sicherheits- und Auswärtige Angelegenheiten. Lavons Aussage vor diesem Gremium am 17.10.1960 wurde ihm zum Verhängnis: Lavon berichtete von den bis dahin nur in engen Kreisen bekannten unhaltbaren Zuständen im Sicherheitsestablishment des Jahres 1954, beispielsweise erwähnte er eine von Ben-Gurion in Lavons Amtszeit bei dessen Abwesenheit abgehaltene Haushaltssitzung des Verteidigungsministeriums, die das Budgetrecht des Parlaments unterlief.[56] Ben-Gurion reagierte empört und betrachtete Lavons Aussage als »ein Eindringen in sein Imperium«, als eine direkte Attacke auf das Militär: »Man darf [...] die Offiziere nicht verurteilen, solange ihre Schuld noch nicht bewiesen ist. Nur der Gerichtshof ist dafür zuständig.«[57]

Angesichts der drohenden Eskalation der Affäre zu einer umfassenden Krise strebte man in der *Mapai*-Führung an, dem *Knesset*-Ausschuss für Sicherheits- und Auswärtige Angelegenheiten die Verantwortung für die Aufdeckung der Ereignisse zu entziehen. Eine Minister-Kommission, bestehend aus sieben Ministern verschiedener Parteien, wurde zum Untersuchungsausschuss ernannt.[58] Im Auftrag der Kommission entdeckte der Staatsanwalt Gideon Hausner (1915-1990) ein weiteres Beweisstück: Die damalige *Aman*-Sekretärin Dalia Carmel-Goldstein sagte aus, dass es sich bei dem Brief vom 19.7.1954, welcher den Befehl für den Einsatz in Ägypten erteilte, um eine Fälschung handele.[59] Auf der Basis unterschiedlicher Ergebnisse kam die »Siebener-Kommission« am 25.12.1960 zu dem Schluss, dass Lavon den Befehl für die Aktion nicht erteilt habe und dass er von dem Einsatz keine Kenntnis gehabt habe.[60]

Aber auch dieses Urteil weigerte sich Ben-Gurion zu akzeptieren. Im Gegenteil: Er hielt in der besagten Regierungssitzung vom 25.12.1960 eine Rede, die von Hasin und Horowitz bildhaft als »erhobenes Beil« bezeichnet wird.[61] Er beschuldigte Lavon »gefährlich-falkenartiger« Neigungen, was nicht mit der »Ehre des Militärs« in Einklang zu bringen sei: Hochrangige Offiziere der israelischen Armee wären allein kaum auf einen Plan wie den der Sabotageaktionen in Ägypten gekommen. Ben-Gurion weigerte sich, Schlussfolgerungen der von ihm selbst ernannten Untersuchungsgremien zu akzeptieren. Deswegen blieb die Büchse der Pandora geöffnet. Denn entgegen dem Urteil der Ministerkommission und entgegen der öffentlichen Meinung, die Lavon entlasteten, wurde seine Rehabilitierung von den »Jungs« weiterhin angefochten.

Namhafte Fürsprecher für seine Rehabilitierung fand Lavon hingegen unter Jerusalemer Intellektuellen, die am 11.1.1961 zusammentrafen und ihre Sorge um die demokratischen Werte in Israel angesichts Ben-Gurions Verhaltens in einer Petition zum Ausdruck brachten. Folgende Aspekte bezeichneten sie als besonders besorgniserregend: erstens Ben-Gurions Forderung, den Beschluss einer Regierungskommission zurückzunehmen; zweitens den Ruf nach Lavons Absetzung, und zwar trotz seiner Entlastung – sollte dies erfüllt werden, so leide die Glaubwürdigkeit der Rechtsstaatlichkeit großen Schaden; drittens das von Ben-Gurions »Jungs« vorgebrachte Argument, das Land hänge von der Führung einer Person allein ab, was kaum mit demokratischen Grundsätzen vereinbar sei; und viertens die Gefährdung der Demokratie nicht nur durch die Worte, sondern auch durch die Methoden der »Jungs«. Die Jerusalemer Intellektuellen verurteilten weiter die Auffassung der »Jungs«, die Glaubwürdigkeit des Militärs stütze sich auf seine Unantastbarkeit, sprich »die Ehre des Militärs«. Ein solcher Gedanke sei einer Demokratie fremd.[62]

All diesem öffentlichen sowie innerparteilichen Druck zum Trotz gelang es Ben-Gurion und seinen »Jungs«, die *Mapai*-Partei dazu zu zwingen, nicht nur Lavon von seinem *Histadrut*-Posten abzusetzen, sondern auch seinen Namen von der Parteiliste zur *Knesset*-Wahl zu streichen – das waren Ben-Gurions Bedingungen, seine Ämter nicht abzulegen.[63] Der so sehr erhoffte Schlussstrich unter die Affäre war Anfang 1961 jedoch immer noch nicht gesetzt, ebenso wenig wie eine Versöhnung der innerhalb der in sich gespaltenen Regierungspartei erreicht wurde.[64]

Im Verteidigungsministerium wurde unterdessen an der offiziellen Version der Affäre gearbeitet. Im Oktober 1962 erhielt der Journalist der Gewerkschaftszeitung *Davar* Chagei Eshed (1928-1988) den Auftrag zur Untersuchung der Affäre.[65] Ben-Gurions Lager wollte nicht nur sich durchsetzen, sondern auch Recht haben. Anfang 1964 befand der mittlerweile aus seinen Ämtern geschiedene Ben-Gurion auf Grund von Esheds Untersuchungsergebnissen, dass *Lavon die alleinige Schuld für die Affäre trage*. Er forderte, die Ereignisse erneut im Rahmen einer »juristischen Untersuchung« aufzurollen, denn eine Ministerkommission sei rechtswidrig. Die Regierung Levi Eshkol lehnte Ben-Gurions Anliegen jedoch ab. Auf einem Parteitag am 11.11.1964 brachte Ben-Gurion seine Ansicht über Lavon wiederholt zum Ausdruck. Seine Worte richteten sich jedoch hauptsächlich gegen seinen Nachfolger Levi Eshkol (1895-1969) und dessen Regierung. Nachdem Lavon nun endgültig aus der Politik verbannt war, unternahm Ben-Gurion den Versuch, Premier- und Verteidigungsminister Eshkol abzusetzen – Dayan und Peres, die Ministerämter in der Regierung Eshkol bekleideten, unterstützten ihn dabei. Doch dieses Mal erreichte Ben-Gurion sein Ziel nicht. Eshkol reichte am 14.12.1964 beim Staatspräsidenten seinen Rücktritt ein. Am folgenden Tag wurde er vom Zentralkomitee der *Mapai*-Partei zu ihrem Kandidaten für das Amt des Ministerpräsidenten gewählt. Eshkol gelang es auch, sich in der Frage der von Ben-Gurion wiederholt verlangten »juristischen Untersuchungskommission« innerhalb der Partei durchzusetzen, womit der Premier die Lavon-Affäre mit dem Ergebnis der »Siebener-Kommission«, sprich mit Lavons Entlastung abgeschlossen hat. Ben-Gurions Niederlage veranlasste diesen nun, seiner eigenen Partei abtrünnig zu werden. Auf einem Treffen seiner Parteianhänger im Juni 1965 erklärte er die Notwendigkeit von »Säuberungen« innerhalb der Partei auf Grund von »Unsicherheit und Täuschung« sowie »Urteilsverdrehung«. Ende Juni 1965 gründete er eine neue Partei namens *Rafi*, Israels Arbeiterliste, und zwang seine Ziehsöhne Peres und Dayan, mit ihm in die Opposition zu gehen.

Die Lavon-Affäre als Kampf zwischen den Generationen

Der Soziologe Baruch Kimmerling sieht in der Lavon-Affäre einen machtpolitischen Kampf zwischen zwei Generationen, die ihre Machtbasis auf unterschiedliche staatliche Institutionen gründeten: Die sogenannte »Alte Garde«, bestehend aus der zweiten Generation der *Mapai*-Partei, übte Einfluss über die Partei und die starke Gewerkschaftsorganisation *Histadrut* aus. Zu dieser Gruppe gehörten u. a. Lavon, Eshkol, Sharett und Golda Meir (1898-1978) – allesamt in den Sechzigern stehend. Die junge Generation – unterstützt von David Ben-Gurion – befand sich hingegen in ihrem vierten Lebensjahrzehnt. Sie sah im Sicherheitsressort ihre Stütze für die Führung des Staats und wollte ihn dementsprechend als Machtbasis aufbauen.[66] Ihre Abspaltung von der *Mapai*-Mutterpartei 1965 und der damit einhergehende Machtverlust markieren aber nur eine vorübergehende machtpolitische Niederlage. Die »Notwendigkeit des Kriegs« und der damit verbundene hohe Stellenwert der Sicherheit verhalfen den »Jungs« bald in die Staatsführung. Dayan und Peres kehrten wieder ins Verteidigungsministerium zurück. Im Zuge der Mai/Juni-Krise 1967 am Vorabend des Sechstagekriegs nahm Ben-Gurions neue Partei *Rafi* an der Regierung der Großen Koalition teil. Dayan wurde Verteidigungsminister anstatt Eshkol; dieser Wechsel begünstigte die Entscheidung für die militärische Auseinandersetzung des Juni-Kriegs.

1974, im Gefolge des Jom-Kippur-Kriegs von 1973 und der anschließenden innenpolitischen Krise – u.a. der sehr hohen Zahl an israelischen Gefallenen und Verletzten wegen – übernahm Peres das Verteidigungsressort von Dayan bis zur Wahlniederlage der Arbeitspartei und dem Machtwechsel von 1977. Die *Mapai*-Partei wurde schon 1968 aufgelöst und zusammen mit den Arbeiter-Parteien *Ahdut Haavoda* und *Rafi*, später auch *der* linksmarxistischen *Mapam*-Partei zur israelischen Arbeitspartei vereinigt. Die »Alte Garde« war schon 1974 stark geschwächt, als sich die Regierung Golda Meir wegen des Debakels des Jom-Kippur-Kriegs stürzte. 1977 verlor die Arbeitspartei erstmals die Staatsführung; die Likud-Partei mit Menachem Begin an der Spitze kam an die Macht. Nach sieben Jahren in der Opposition kehrte die Arbeitspartei 1984 wieder in die Regierungsverantwortung zurück, diesmal mit

Peres als Parteichef und Premierminister in einer Großen Koalition mit dem *Likud*. Kurz nach Amtsübernahme musste sich der Staatschef mit zahlreichen schwerwiegenden sicherheitspolitischen Angelegenheiten befassen, welche die politische Tagesordnung dominierten und die israelische Demokratie samt dem Konzept einer offenen Gesellschaft zunehmend in Bedrängnis brachten.

Die Shin-Bet-Affäre 1984-1986

Zwei Jahrzehnte nach Ende der Lavon-Affäre war der besondere Stellenwert der militärisch-territorialen Sicherheit in der politischen Kultur des Landes längst zementiert. Das noch immer im Kriegszustand befindliche Israel musste sich mit dem Spannungsfeld zwischen der als nationalstaatliche Existenz begriffenen »Sicherheit« und der in einer Demokratie gebotenen Rechtstaatlichkeit auseinandersetzen. Mehrere Affären dominierten die politische Tagesordnung.

Im Mittelpunkt standen dieses Mal die illegalen Methoden sowohl des Inlandsgeheimdienstes Shin-Bet als auch des Auslandsnachrichtendienstes Mossad. Im April 1987 wurden zunächst Details der Nafsu-Affäre bekannt: Der Shin-Bet hatte Izzat Nafsu (geb. 1955), Leutnant der israelischen Armee, gefoltert und des Verrats und der Spionage beschuldigt. Als die Öffentlichkeit davon erfuhr, hatte Nafsu bereits sieben von 18 Jahren Haftstrafe verbüßt. Als Reaktion darauf nahm die sogenannte Landau-Kommission ihre Arbeit auf, um die Ermittlungsmethoden des Shin-Bet in Fällen »feindlicher terroristischer Aktivitäten« zu überprüfen und Empfehlungen für die Zukunft auszusprechen.[67]

Im Zentrum eines zweiten Skandals, der Pollard-Affäre vom November 1985, stand John Pollard (geb. 1954), Amerikaner jüdischen Glaubens und überzeugter Zionist, der für die US-Marine bzw. das »Anti-Terrorist Alert Center« (ATAC) gearbeitet, Israel seine Spionagedienste angeboten und den Mossad seit Anfang 1985 bis zum Zeitpunkt seiner Festnahme mit Unmengen wertvoller geheimer Unterlagen beliefert hatte.[68]

Auch bei der Ende 1986 bekannt gewordenen Iran-Gate-Affäre, deren Aufdeckung die heimlichen Waffengeschäfte zwischen den USA und dem Iran Ayatollah Khomeinis ans Licht brachte, hatte der Mossad seine Hand im Spiel. Durch die Vanunu-Affäre im Jahre 1986 geriet die israelische »Politik der Zweideutigkeit« in Bezug auf die Nuklearkapazität ins Wanken (siehe S. 150-157).

Die Skandale der 1980er Jahre geben einen tiefen Einblick in die politische Kultur Israels, weil sie charakteristische Strukturen der »israelischen Ordnung« freilegen. Die Shin-Bet-Affäre illustriert dies besonders eindrücklich, denn sie macht deutlich, was geschieht, wenn sich nicht alle an die Regeln der spezifisch israelischen Ordnung halten.

Der Begriff »israelische Ordnung« bezeichnet die durch die israelische Staatsräson geprägten Verhältnisse zwischen den jeweiligen staatlichen Institutionen und die damit verbundene, historisch gewachsene politische Kultur. Der Begriff umfasst auch den *Habitus* der politischen und militärischen Eliten im Hinblick auf das nationalstaatliche Projekt der »Judaisierung« des Landes und die eng daran gekoppelte Aufgabe der Staatssicherheit. Zur israelischen Ordnung gehört auch das demokratische und rechtstaatliche Staatsverständnis, mithin die entsprechenden Institutionen und Gesetze. Die Shin-Bet-Affäre bietet einen Einblick in das Spannungsfeld von Gesetz und Sicherheit in einer von Krieg, Angst und Kontrollverlust dominierten sicherheitspolitischen Ordnung; denn der 1982 begonnene Krieg an der Nordfront ist 1984-1986 zum »Libanon-Sumpf« geworden.

Ähnlich wie bei der Lavon-Affäre ging es bei der Shin-Bet-Affäre um das gesetzwidrige Verhalten des Chefs einer Sicherheitsbehörde – in diesem Fall Avraham Shalom (geb. 1928) –, der, um die eigene Verantwortung zu vertuschen, die Ermittlungen staatlicher Untersuchungskommissionen unterminierte. Unschuldige wurden zur Verantwortung gezogen, die Schuldigen schienen davonzukommen. Die Angelegenheit löst trotz der Versuche, sie unter den Teppich zu kehren, politische Diskussionen und schließlich Nachforschungen von Seiten der Staatsanwaltschaft aus.

Der Konflikt zwischen Politik und Gesetz zog bei der Shin-Bet-Affäre weite Kreise. Der Brennpunkt des Skandals war nicht wie bei der Lavon-Affäre in der regierenden Partei bzw. der Regierung zu suchen, sondern in den Auseinandersetzungen zwischen der Exekutive, vertreten durch die Protagonisten der Sicherheitspolitik und den Geheimdienst Shin-Bet, und der Judikative, allen voran der Staatsanwaltschaft. In dieser Affäre bekämpfte das Gesetz die Politik, verbuchte dabei einen für israelische Verhältnisse nicht zu unterschätzenden Erfolg.

Zur Shin-Bet-Affäre erschienen zahlreiche Veröffentlichungen.[69] Besonders nennenswert ist hier der »*Maariv*-Spezialbericht – Shin-Bet-Affäre« in der Tageszeitung *Maariv* vom 18.7.1986, in dem die unterschiedlichen Aspekte der Ereignisse behandelt werden: die operationelle, politische, rechtliche, mediale Ebene und die der politischen Kultur. Auch der Journalist Nahum Barnea (geb. 1944) lieferte in seinen Beiträgen für die Zeitung *Koteret Rashit*, »Der Shin-Bet-Weg« (04.06.1986), und später für *Yedioth Ahronoth*, »Wir befanden uns im Krieg« (25.06.2004), brisante Informationen zur Affäre.[70]

Die Shin-Bet-Affäre, die am 24.5.1986 an die Öffentlichkeit drang, nahm ihren Anfang zwei Jahre zuvor mit einem Attentat auf eine Gruppe Israelis. Am Abend des 12.4.1984 entführten vier palästinensische Jugendliche aus dem Gazastreifen einen Bus der Linie 300, der sich auf dem Weg von Tel Aviv nach Ashkelon befand. Sie zwangen den Busfahrer, in Richtung Gaza zu fahren, mit der Absicht – wie sie die Fahrgäste wissen ließen –, Kameraden aus den israelischen Gefängnissen freizupressen.

Eine schwangere Passagierin durfte in der Nähe von Ashdod aussteigen, woraufhin sie die Polizei alarmierte. Den israelischen Sicherheitskräften gelang es, den Bus am Stadtrand des südlich von Gaza-Stadt gelegenen Deir al-Balah zum Stehen zu bringen. Bei der Blitzaktion des Sturmkommandos starben eine Insassin und einige Angehörige der Sicherheitskräfte; sieben Fahrgäste wurden verletzt. Zwei der Entführer wurden während der Befreiungsaktion erschossen, die beiden anderen überwältigt. Nach einer kurzen Befragung durch den Brigadegeneral Itzhak Mordechai (geb. 1944) wurden sie an den Shin-Bet übergeben und auf gesetzwidrigen Befehl des ebenfalls vor Ort anwesenden Shin-Bet-Chefs Avraham Shalom getötet, und zwar im Beisein der Presse.[71] Die photographischen Beweise, auf denen die noch lebenden Entführer zu sehen sind, ließen sowohl in der Armee als auch in der Presse Fragen zum Hergang der Ereignisse aufkommen. Verteidigungsminister Moshe Arens (geb. 1925) leitete schließlich die Aufklärung des Falls in die Wege und ernannte eine geheime Kommission unter der Leitung des Reservegenerals Meir Zorea

(1923-1995), welche den Vorfall untersuchen soll. Arens erkannte, dass er selbst in Verdacht geraten konnte, den Befehl gegeben zu haben, da er als ranghöchste Person am Abend der Erschießung vor Ort gewesen war.

Shalom, der vergebens die Ermittlungen zu verhindern suchte, gelang es letztlich, bei Regierungschef Itzhak Shamir und Arens ein eigenes Kommissionsmitglied als Vertreter des Shin-Bet, Yossi Genossar (1946-2004), durchzusetzen. Shalom hielt dies auf Grund der Spannungen zwischen Armee und Shin-Bet für angemessen – Staatsanwalt Itzhak Zamir (geb. 1931) jedoch war das neue Mitglied des Untersuchungsgremiums höchst suspekt. Shalom benutzte Genossar in diesem Aufklärungsverfahren als trojanisches Pferd, um die Wahrheit nicht ans Licht kommen zu lassen.[72] Der Shin-Bet-Chef wollte letztlich seine eigene Verantwortung für die Tötungsanordnung vertuschen, was ihm auch gelang.

Die Zorea-Kommission ermittelte, dass die beiden palästinensischen Entführer infolge von Schädelfrakturen gestorben seien, und dass nicht genauer bezeichnete Angehörige der Sicherheitskräfte sich in diesem Zusammenhang strafbar gemacht hätten. Die Kommission empfahl dem Staatsanwalt, den Fall weiterzuverfolgen, woraufhin Shalom erheblichen Druck auf Zamir ausübte, die Nachforschungen einzustellen. Doch Zamir ernannte am 4.6.1984 ein Untersuchungsteam unter Leitung des staatlichen Anklagevertreters Yonah Blatman (1929-2012).[73] Diesmal gelang es dem Shin-Bet, den Tötungsverdacht auf den Brigadegeneral Itzhak Mordechai zu lenken, weil er als einziger vor der Zorea-Kommission zugegeben hatte, die Bus-Entführer nach ihrer Festnahme geschlagen zu haben. Letztendlich stellte der Shin-Bet Mordechai durch seine Angaben als Hauptverdächtigen hin. Die Blatman-Kommission kam am 12.8.1985 zu dem Ergebnis, dass nicht ausreichend Beweise vorlägen, um Mordechai des Mordes an den Entführern anzuklagen, empfahl aber, ihn und weitere Mitarbeiter des Shin-Bet und drei Polizeibeamte wegen Körperverletzung vor Gericht zu stellen. Mordechai musste sich auf Zamirs Beschluss hin einem Disziplinarverfahren der Armee unterziehen, in dem er am 18.8.1985 nach einer siebenminütigen Anhörung freigesprochen wurde; kurz darauf wurde er zum Generalmajor befördert.[74] Auch die fünf weiteren in den Fall ver-

wickelten Angehörigen des Shin-Bet wurden in einem Sonderdis-
ziplinarverfahren vom Vorwurf der Körperverletzung an den Entführern freigesprochen.[75]

Es wäre an diesem Punkt bei der »Buslinie-300-Affäre« geblieben, hätten hochrangige Shin-Bet-Mitarbeiter sie nicht zur Shin-
Bet-Affäre gemacht. Shaloms Stellvertreter Reuven Hazak (geb.
1938) war in die Verschleierungsvorhaben des Shin-Bet zwar eingeweiht und bekam von Shalom zu verstehen, dies sei mit dem
damaligen Premierminister Itzhak Shamir abgesprochen. Hazak
fand jedoch bald heraus, dass Shalom auf eigene Faust gehandelt
hatte, und forderte ihn deshalb am 14.10.1985 auf, zurückzutre-
ten. Zwei hochrangige Shin-Bet-Vertreter, Rafi Malka (geb.
1943), der Leiter der Einsatzabteilung, und Peleg Radai (geb.
1938), der Chef der Schutz- und Sicherheitsabteilung, schlossen
sich Hazak an. Sie waren der Meinung, »daß die innerhalb des
Dienstes hochgehaltene Tradition korrekter Berichterstattung für
die Gewährleistung der Effizienz des Shin-Bet sowohl intern als
auch extern – d.h. in seiner Beziehung zum Justizministerium und
zu den Gerichten – unabdingbar sei«.[76] Da sich Shalom weigerte,
der Forderung von Hazak nachzukommen, wandte sich Hazak an
den neuen Premierminister Peres.

Peres berichtete über sein Treffen mit Hazak, den Shalom ihm
gegenüber bereits als »allzu ehrgeizigen Stellvertreter« bezeichnet
hatte,[77] am 29.10.1985: »Er [Shalom] sagte, dass man innerhalb
des Dienstes gegen ihn agiere. Naturgemäß muss man den Kopf
unterstützen. [...] Es gibt immer wieder Verschwörungen gegen
den Kopf. [...] Es gab einen Versuch, von den dreien innerhalb der
Organisation gegen das Haupt vorzugehen. Ich kann in einer solchen Organisation solches Verhalten nicht zulassen.«[78]

Peres interpretierte Hazaks Vorwürfe gegen Shalom als »Putsch-
versuch« innerhalb des Shin-Bet, obwohl er zugleich von Shalom
erfuhr, dass Hazak bereit sei, seinen eigenen Rücktritt in Kauf zu
nehmen.[79] Peres' Putsch-These ist deshalb haltlos, weil Hazak
Shaloms Posten ein paar Monate später angetreten hätte, hätte er
die Sache nicht nach außen getragen.

Der *Maariv*-Journalist Avi Betelheim erklärt, Peres habe sich
angesichts des Treffens mit Hazak große Sorgen um den Geheimdienst gemacht, den er über Jahrzehnte politisch begleitet habe,
und so habe er es aus patriotischen Abwägungen vorgezogen,

statt der Sache auf den Grund zu gehen, »das Feuer möglichst
schnell zu löschen«.[80] Peres teilte Hazak einige Tage nach dem
ersten Gespräch mit:

> »Ich habe mir die Sache überlegt, ich habe keine gerichtliche Auto-
> rität [...]. Nach den verschiedenen, bereits vollzogenen Justizverfah-
> ren komme ich zum Schluss, dass ich dem Haupt Glauben schenke.
> Da Ihr Euch [Shalom und Hazak] im Streit befindet, und dies in ei-
> ner solchen Organisation nicht gehen kann, müssen Sie gehen. [...]
> Ich verurteile Sie natürlich nicht; ich erkenne Ihre Rechte an. Doch
> auf Grund des Streits zwischen dem Haupt und seinem Stellvertreter,
> und da ich keinen Grund habe, das Haupt zu entlassen, schlage ich
> vor, Sie gehen auf Bildungsurlaub. Damit ist die Sache erledigt.«[81]

Die Ereignisse mündeten bald in eine heftige Kontroverse zwischen dem Premierminister und dem Staatsanwalt, die sich zu einer ernsten Staatsaffäre ausweitete. Im Kern des Streits stand die
Frage, ob die bestehenden Gesetze ausreichen, um den speziellen
Sicherheitsbedürfnissen Israels zu dienen, oder ob es Fälle gebe,
die in einem stillschweigenden Arrangement zwischen den jeweiligen Staatsinstitutionen jenseits des Gesetzes geregelt werden
müssten. Während Staatsanwalt und Juraprofessor Itzhak Zamir
das Gesetz hochhielt und es als ausreichend für die Sicherheitsbe-
dürfnisse des Staats ansah, nahm Premierminister Peres eine äußerst unkritische Haltung zum Shin-Bet ein.

Für den Premier hatte der Geheimdienst, wie alle anderen staatlichen Sicherheitsapparate auch, nahezu sakralen Charakter und
durfte unter keinen Umständen angetastet werden. Während Zamir den Shin-Bet für die mutmaßlichen Straftaten zur Rechenschaft ziehen wollte, tat Peres alles in seiner Macht stehende, um
den Shin-Bet vor dem Gesetz zu schützen. Dass der Geheimdienst
möglicherweise unrecht gehandelt hatte, blendete er dabei völlig
aus. In Zamirs Augen war die Affäre viel mehr als eine rein sicherheitspolitische Angelegenheit. Nicht allein die Tötung der paläsi-
nensischen Gefangenen (die »Buslinie-300-Affäre«) bereitete ihm
Sorgen, sondern auch das Verhalten der Shin-Bet-Mitarbeiter vor
den Untersuchungskommissionen. Für Peres aber blieb das oberste Gebot, jegliche Ermittlungen in der Shin-Bet-Affäre zu verhindern. Sein Anliegen ließ ihn immer wieder aufs Neue in Konflikt
mit dem Gesetz geraten.

Peres setzte zunächst darauf, die Affäre intern durch Personal-
entscheidungen zu regeln. Doch damit löste der Regierungchef
eine Lawine von Ereignissen aus, derer er kaum mehr Herr wurde. Nach Hazak wurde auch Malka entlassen. Dieser wandte sich
an den Obersten Gerichtshof, um mit einer Klage die eigene Wie-
dereinstellung sowie Shaloms Entlassung durchzusetzen. Radai
reichte wenig später aus freien Stücken seinen Rücktritt ein, weil
er die Politik des Shin-Bet nicht mehr mittragen wollte. Diese Be-
gebenheiten drangen noch nicht an die Öffentlichkeit, sorgten
aber im Shin-Bet selbst und bei der Staatsanwaltschaft für Unru-
he.[82]

Schließlich kontaktierte Hazak selbst Staatsanwalt Zamir und
dessen Mitarbeiter, um aus erster Hand über die Vertuschungsmanöver zu informieren. Nachdem die drei Shin-Bet-Dissidenten ta-
gelang heimlich verhört worden waren, war Zamir von der Aufrichtigkeit ihrer Aussagen überzeugt, dass Shalom die zwei
Untersuchungsgremien vorsätzlich in die Irre geführt habe, um
seine Verantwortung für die Anordnung der Tötung der zwei palästinensischen Gefangenen zu leugnen.

Zamir forderte Peres auf, die vier direkt in die Vertuschungs-
versuche Involvierten – Shalom, Ginossar und die beiden Rechts-
berater des Geheimdienstes – zu entlassen. Peres weigerte sich jedoch. Er beharrte auf einer internen Beilegung des Konflikts und
schlug dem Staatsanwalt vor, einen ehemaligen Shin-Bet-Mitarbeiter – Josef Harmelin (1922-1994, Shin-Bet-Chef 1963-1974,
und schließlich Shaloms Nachfolger von Juni 1986 bis März
1988) – zum Ermittler zu ernennen. Zamir lehnte ab, weil Harmelin als Parteigänger des Shin-Bet wenig zur Wahrheitsfindung bei-
tragen könne.[83] Kurz bevor Zamir, wie im Februar 1986 angekündigt, aus dem Amt schied, fasste er den Beschluss, in der
Affäre weitere Ermittlungen anzustellen.

Diese Entscheidung brachte ihn erneut in Konflikt mit dem Pre-
mier, der jegliche Nachforschungen strikt ablehnte: Peres war der
Überzeugung, durch Ermittlungen werde die Staatssicherheit ge-
fährdet, weil mit dem Shin-Bet eine der Säulen des israelischen
Sicherheitssystems ins Visier geraten würde. Peres begegnete Za-
mirs Forderung mit einer Hinhaltetaktik: Als oberster Chef des
Shin-Bet zögerte Peres einige Wochen, darauf einzugehen und ein
Treffen mit den Dissidenten des Shin-Bet zu genehmigen. Seinen

Entschluss, eine Untersuchung um jeden Preis zu verhindern, begründete er mit der »Staatssicherheit« und dem »Wohle des Staats«.[84]

Peres war regelrecht entsetzt von der Vorstellung, den Geheimdienst in eine polizeiliche Untersuchung verwickelt zu sehen; dies sei für ihn Ketzerei:

> »Es ist meine Pflicht als Regierungschef, diese Organisation [den Shin-Bet] in Schutz zu nehmen, welche sich mit geheimen, komplexen Angelegenheiten befasst und daher diesen Schutz nötig hat. Denn seine Leute – anders als andere Uniformträger – agieren in der rechtlichen Grauzone, weshalb ich ihm [dem Dienst] die nötige Verteidigung gewährleisten muss. [...] Das ist eine ausgezeichnete Organisation. Ich glaube dem Chef und musste ihn verteidigen, weil er nicht vor der Öffentlichkeit auftreten darf. [...] Sollte es zum Gerichtsverfahren kommen, so müssten ihm Rechtanwälte zur Verfügung gestellt werden. Außerdem müsste dann auch über frühere Fälle gesprochen werden. Daher ist es mein sicherheitspolitisches Anliegen, die Sache nicht anzutasten. [...] Das könnte dem Dienst erheblichen Schaden zufügen.«[85]

Zentrales Motiv dieser Argumentation ist die Sicherheit des Staats, in diesem Fall verkörpert durch den israelischen Inlandsgeheimdienst, welcher trotz der gegen ihn erhobenen Anschuldigungen unantastbar bleiben soll. Ähnlich wie in Peres' 1995 erschienener Stellungnahme zur Lavon-Affäre rücken hier die eigentlichen Ereignisse in den Hintergrund.[86] Stattdessen wendet Peres die Formen eines Opferdiskurses auf den Shin-Bet an: Gerade dessen Stärken – sein geheimes Vorgehen und die Arbeit in der Grauzone – stellt Peres als Schwächen dar, um den besonderen Schutz des Shin-Bet vor dem Gesetz zu rechtfertigen. Er fürchtet, ein Verfahren könnte fragwürdige Methoden des Geheimdienstes enthüllen. Sein Fazit ist daher, »die Sache nicht anzutasten«. Gegenüber Zamir führt Peres außerdem ins Feld, dass ein gerichtliches Verfahren gegen Shalom die Terrorismusbekämpfung erheblich beinträchtigen würde: »Ich habe hier die Aufgabe, die Terroristen zu bekämpfen, und dafür brauche ich den besten Mann. Das ist Abrum [Avraham Shalom], lassen Sie ihn doch.« Mit dem Hinweis, eine gerichtliche Untersuchung gefährde »die eigenen Leute« und lege wichtige sicherheitspolitische Strukturen lahm, wurden Zamir und sein Team unter enormen Druck gesetzt.[87]

Im April und Mai 1986, bis hin zur Absetzung des Staatsanwaltes am 1.6.1986, entbrannte zwischen Zamir einerseits und Peres, seinem engsten »Ministerkabinett« (Außenminister Itzhak Shamir und Verteidigungsminister Itzhak Rabin, 1922-1995) und der israelischen Regierung andererseits eine beispiellose Auseinandersetzung um den Status der israelischen Geheimdienste und deren Verhältnis zum Gesetz. Sollen die Todesumstände der palästinensischen Entführer weiter untersucht werden? Oder genießen die Mitglieder des Shin-Bet auf Grund von dessen nationaler Aufgabe der Terrorismusbekämpfung eine stillschweigende Immunität vor dem Gesetz und sollten daher auch von Ermittlungen verschont bleiben, die zivile Delikte wie die vorliegenden mutmaßlichen Tötungsfälle betreffen?

Der Staatsanwalt bestand zunächst auf einer Fortführung der Untersuchung, lenkte aber im Laufe des Streits ein und war bereit, auf eine Untersuchung zu verzichten, vorausgesetzt, die vier Shin-Bet-Verdächtigen würden ihrer Ämter enthoben. Letztere beharrten jedoch mit Unterstützung ihrer politischen Anhänger auf ihrer Immunität, sowohl angesichts der Ermittlung als auch jeglicher weiterer Konsequenzen. Zamir erklärte: »Es wurden Taten begangen, für die jemand belangt werden müsste, damit sie sich nicht wiederholen. Derartige Vertuschungsmanöver gegenüber der Judikative dürfen keinesfalls wieder vorkommen.«[88] Peres blieb unnachgiebig. Er erklärt am 30.6.1986 anlässlich des durch die Shin-Bet-Affäre ausgelösten Misstrauensvotums gegen seine Regierung in der *Knesset*:

> »Rechtsstaatlichkeit bedeutet Rechte nicht nur für die Ankläger, sondern auch für den Angeklagten. Jeder darf sich so verteidigen, wie das Gesetz es erlaubt. […] Ich kam zu dem Schluss, dass es schwerwiegende sicherheitspolitische Gründe [gegen die Untersuchung] gibt. Bei einer Untersuchung hätte ich dem Dienst erlauben müssen, Präzedenzfälle vorzubringen, die der ganze Staat [gemeint ist die israelische Gesellschaft] als geheime Angelegenheit betrachten will. […] Da die Regierung dem Angeklagten [dem Shin-Bet] nicht die gleiche Stellung einräumen kann wie dem Ankläger [Staatsanwalt], entsteht eine Situation der Ungleichheit [vor dem Gesetz] zuungunsten des Angeklagten. Daher glaube ich allen Ernstes, dass Terrorismusbekämpfung ohne Geheimhaltung kaum durchführbar ist. Hierbei handelt es sich keineswegs darum, das Sicherheitsargument lediglich vorzuschieben.«[89]

Peres behauptet, der Rechtsstaatlichkeit könne in Fällen wie diesem nicht Genüge getan werden, weil die Angeklagten sich auf Grund ihrer besonderen Aufgabe nicht verteidigen lassen könnten: Die Regierung dürfe einen solchen Prozess nicht zulassen, weil dadurch Staatsgeheimnisse preisgegeben würden. Geheimdienstarbeit hat für Peres vor dem Gesetz einen Sonderstatus, auch wenn er dies nicht explizit ausspricht. Er beschreibt diesen Sonderstatus zudem nicht näher.

Strikte Geheimhaltung ist für ihn jedoch das einzige Mittel, um die nationale Sicherheit zu gewährleisten, die in seinem politischen Denken oberste Priorität hat. Die Sicherheitsbehörden samt ihren Arbeitsmethoden ließen sich demzufolge weder dem Grundsatz der Rechtsstaatlichkeit noch dem allgemeingültigen Gesetz unterordnen. Der Geheimdienst mit seiner »Sonderaufgabe der Terrorismusbekämpfung« gilt für Peres als eine Angelegenheit eines sehr engen Kreises der Exekutive, der »Sicherheitsexperten«.

Zamir, der geheimdienstliche Methoden am eigenen Leib zu spüren bekam,[90] vertrat gegen Peres die Auffassung, hier werde das Sicherheitsargument lediglich vorgeschoben und dazu missbraucht, zweifelhafte geheimdienstliche Vorgehensweisen zu vertuschen. Er sah sich verpflichtet, die Sache vor Gericht zu bringen und reichte bei der Polizei eine Anklage samt Beweismaterial gegen Shalom und weitere Shin-Bet-Mitarbeiter ein. Am 30.5.1986, einen Tag vor seiner Absetzung und kurz nach dem Bekanntwerden der Affäre, präsentierte Zamir seine Positionen in der Presse, die zum Großteil bald auf seiner Seite stand:

> »[...] Peres sagte, keinerlei Druck würde auf mich ausgeübt, [die Untersuchung zu unterlassen]. Man muss ihn fragen, was er genau unter ›Druck auf den Staatsanwalt‹ meint? [...]. Ich sehe nicht ein, warum die [militärische] Zensur die Veröffentlichung dieser Affäre verboten hat. [...] Ich glaube nicht, dass eine Veröffentlichung, die das ganze Bild der Affäre wiedergibt, die Staatssicherheit gefährden würde. Sie kann vielleicht einige Leute in Verlegenheit bringen. Ich denke, es wäre angebracht, die Öffentlichkeit zunächst über die Fakten zu informieren, um eine intelligente Diskussion führen zu können. Ich bin fest davon überzeugt, dass auch dann einige behaupten würden, dass gegen diese Leute nichts unternommen werden dürfte, gegen die solche schwerwiegenden Anschuldigungen vorliegen. Doch es steht außer Frage, dass durch das Vorenthalten von Fakten

gegenüber der Öffentlichkeit ein wesentlicher Teil der demokratischen Spielregeln verletzt wird.«[91]

Für Zamir sind also demokratische Werte wie Informationsfluss
und Gewaltenteilung mit dem israelischen Primat der Sicherheit
vereinbar. Peres hingegen begreift Sicherheitspolitik und geheimdienstliche Aktivitäten als etwas, das alleine hinter verschlossen
Türen erledigt werden soll. Die nationale Sicherheit sieht er bereits dadurch gefährdet, dass der Shin-Bet durch die Affäre überhaupt in den Mittelpunkt des öffentlichen Interesses rückt. Er
darf also nicht entzaubert werden.

Ein Charakteristikum der israelischen Ordnung ist für den
langjährigen Politiker der stillschweigende Ausschluss der Gesellschaft, der Judikative und der *Knesset* aus dem Bereich der Sicherheit. Wie sehr diese politische Kultur in Israel zu diesem Zeitpunkt etabliert ist, zeigt die bereits zitierte Bemerkung Peres': »Bei
einer Untersuchung hätte ich dem Dienst [Shin-Bet] erlauben
müssen, Präzedenzfälle vorzubringen, die der ganze Staat [ge-
meint ist die israelische Gesellschaft] als geheime Angelegenheit
betrachten will.«

Die Annahme eines Establishments-Manns und Hoffnungsträ-
gers des Linkszionismus, es gebe einen gesellschaftlichen Konsens,
über bestimmte Themen zu schweigen, und die gleichzeitige Iden-
tifikation von Gesellschaft und Staat belegen, in welchem Maße
Peres die Sicherheit als umfassende nationalstaatliche Aufgabe
verinnerlicht. Diese Aufgabe können in seinem Verständnis letztlich nur die Sicherheitsorganisationen mit eigenen Arbeitsmethoden erfüllen; die Gesellschaft bleibt dabei außen vor. Die Sicherheit sei Angelegenheit der Sicherheitsexperten, kein Gegenstand
der öffentlichen Debatte. Aus diesem Verständnis heraus erklärt
sich auch Peres' Ausschluss der *Knesset*, der eigenen Partei und
sogar der eigenen Regierung bis zu dem Zeitpunkt, als die Affäre
unverhofft ans Licht kam. Ab da drohten die Ereignisse außer
Kontrolle zu geraten. Staatsanwalt Zamir wurde kurz darauf am
1.6.1986 abgesetzt. Da er aber die Anklageschrift gegen die vier
Shin-Bet-Verdächtigen persönlich beim Polizeichef bereits einge-
reicht und ihn angewiesen hatte, die Ermittlungen aufzunehmen,
musste sich Zamirs Nachfolger Josef Harisch (geb. 1923) bald
mit dem heiklen Erbe seines Vorgängers auseinandersetzen.[92]

Ein neuer Vorschlag rückte nun in den Mittelpunkt der Diskussion: die Begnadigung der Angeklagten durch den Staatspräsidenten unter Verzicht auf einen vorhergehenden Prozess bzw. Schuldspruch. Die befugte Person für so ein Verfahren war der Staatspräsident. Chaim Herzog (1918-1997), Jurist, ehemaliger *Aman*-Chef und Mitbegründer von *Rafi*, war bereit, auf Grund der persönlichen und politischen Beziehungen zu Peres und seiner sicherheitspolitischen Gesinnung seinen Beitrag zur »Rettung des Sicherheitsdienstes sowie der Staatssicherheit« zu leisten. Schließlich vollzog der Premier die Begnadigung und brachte sie am 25.6.1986 in einer Kabinettssitzung zur Abstimmung.[93]

Wie zu erwarten, löste die Amnestie der Shin-Bet-Verdächtigen in der israelischen Presse eine Woge der Kritik aus, die besonders die politische Führung ins Visier nahm, da sie das Recht mit »billigen Tricks« gebeugt habe. Der israelische Jurist und Journalist Moshe Negbi (geb. 1949) interpretiert die Rolle der israelischen Regierung in der Shin-Bet-Affäre als »eine Rebellion gegen den Rechtsstaat und die Rechtsstaatlichkeit«.[94] Die Empörung im Land erreichte einen Höhepunkt.

Aber auch die Begnadigung konnte letzten Endes die polizeilichen Ermittlungen nicht aufhalten. Schließlich traten alle vier Begnadigten bis Ende des Jahres 1986 zurück. Im August bestätigte der Oberste Gerichtshof die Gültigkeit der Begnadigungen, sodass eine Regierungskrise verhindert wurde. Das Ergebnis der polizeilichen Ermittlungen wurde Mitte September Harish vorgelegt und von drei hohen Beamten des Justizministeriums ausgewertet. Es bestand kein Zweifel mehr daran, dass die beiden palästinensischen Entführer auf Befehl Shaloms getötet wurden.

Shalom behauptete, seinen Befehl auf eine Unterredung mit Shamir vom November 1983 hin gegeben zu haben, in welcher es um die Behandlung gefangener Terroristen ging. Shamir gab gegenüber der Polizei an, er erinnere sich zwar an das Gespräch, fügte aber hinzu, dass er in der Unterhaltung keinerlei Handlungserlaubnis erteilt habe. Shamir wurde vom Justizausschuss weder für die Tötung der Entführer noch für deren Vertuschung verantwortlich gemacht. Ende Dezember 1986 schloss Harish den Fall ab.[95]

Sicherheit, Rechtstaatlichkeit und die »israelische Ordnung«

Das Verhalten des Staatschefs in der Affäre ist in höchstem Maße der »israelischen Ordnung« verpflichtet. Bei dieser Ordnung handelt es sich um eine etablierte politische Kultur der »Sicherheit«, welche sich im Laufe der Jahre auf Grund der Spannung zwischen der zionistischen Aufgabe der Nationsbildung und dem immer wieder eskalierenden israelisch-arabischen Konflikt herausgebildet hat. Die starke Fixierung auf die Sicherheit wird zum Kennzeichen der israelischen Gesellschaftsordnung und zu einem ihrer unantastbaren Glaubenssätze. Diese Entwicklung erklärt sich daraus, dass die israelische Nationalstaatlichkeit in den Augen vieler Israelis erst im Entstehen begriffen und noch nicht voll ausgebildet ist – sie muss durch Siedlungen konsolidiert und schließlich überhaupt erst gesichert werden. Sicherheit ist also die absolute Grundvoraussetzung für die nationalstaatliche Existenz und dadurch aufs Engste mit ihr verbunden. Doch weil u.a. die Fixierung auf die Sicherheit den arabisch-israelischen bzw. palästinensisch-israelischen Konflikt aufrechterhält, behält die Sicherheit wiederum ihren hohen gesellschaftlichen Stellenwert.

Die Shin-Bet-Affäre spiegelt die bestehenden Verhältnisse deutlich wider: Der im Namen der Sicherheit agierende und argumentierende Premierminister konnte sich auf Grund der fest etablierten politischen Kultur des Ausschlusses der Öffentlichkeit aus sicherheitspolitischen Belangen gegen den Widerstand der Presse und des Gesetzes durchsetzen. Zu dieser für die israelische Ordnung entscheidenden Entpolitisierung der Sicherheit trug Peres selbst in seinen unterschiedlichen Ämtern und Funktionen seit Anfang der 1950er Jahre maßgeblich bei.

Am Beispiel der Shin-Bet-Affäre zeigt sich, dass Sicherheit als elementare Grundlage der israelischen Einwanderer/Siedler-Gesellschaft verstanden wird. Rechtstaatlichkeit, Integrität, Moral oder die »Wahrheit« haben angesichts dieses Ziels untergeordnete Bedeutung. Um den Terrorismus zu bekämpfen und dadurch das zionistische Israel zu sichern, sind auch fragwürdige geheimdienstliche Arbeitsmethoden – da als unerlässlich erachtet – zulässig, vorausgesetzt, sie bleiben kein Gegenstand der öffentlichen Debatte.

Peres' aussagekräftige Bemerkung aus dem Jahr 2000 – »Israel hat in den ersten fünfzig Jahren um seine physische Existenz gekämpft, die kommenden fünfzig Jahre wird es um seine moralische Identität kämpfen.«[96] – spiegelt sein Verständnis wider, dass demokratische, rechtsstaatliche und moralische Werte nur bedingt im Prozess der Bildung der jüdischen Nationalstaatlichkeit gewährt bleiben können. Dies gilt auch im innenpolitischen Kontext: In dieser Ordnung haben sich letztlich nicht nur die Öffentlichkeit und ihre Vertreter, sondern auch das Gesetz dem obersten Gebot der nationalen Sicherheit unterzuordnen.

Auch wenn Peres die Rechtsstaatlichkeit nicht ablehnen wollte – ihm lag daran, die Autorität des Staatsanwalts nicht offen in Frage zu stellen –, löste er in dieser Affäre »das Dilemma« zwischen Sicherheit und Gesetz auf seine Weise. Der israelische Politikwissenschaftler Ehud Sprinzak sieht das Verhalten der politischen Führung in der Shin-Bet-Affäre als beispielhaft für die fest etablierte politische Kultur des »elite illegalism«:

> »Der Shin-Bet Skandal […] zeigt, dass Israels politische Kultur einen hohen Grad an Elitenillegalismus aufweist, eine instrumentelle Auffassung von der Führung der Nation, vom Gesetz und von der Idee der Rechtsstaatlichkeit. Israelische Führer scheinen nicht prinzipiell anti-demokratisch zu sein, sie haben auch kein alternatives Regierungsmodell für die demokratische Ordnung. Aber ihr Demokratieverständnis ist beschränkt, und ihre Bindung an universelle Rechtsgrundsätze, die heute als integraler Bestandteil einer modernen Demokratie anerkannt werden, ist sehr gering. […] Israelische Demokratie war immer sehr schwach bei der Frage des Legalismus, und […] jüngere Regierungen bildeten dabei keine Ausnahme. Legalismus im westlichen Sinne war niemals integraler Teil des politischen Systems, wie es in Israel von den zionistischen Parteien und ihren Führern etabliert worden ist.«[97]

In seiner ausführlichen Darlegung der Entwicklung der Tradition des »elite illegalism« seit der *Jischuw*-Zeit merkt Sprinzak an:

> »Die politische Psychologie von Itzhak Shamir, Shimon Peres und Itzhak Rabin, den in die Shin-Bet-Affäre verstrickten Ministern, wurde in Zeiten geprägt, als beinahe alles erlaubt war. Sie wuchsen alle im Palästina der 1940er Jahre auf, als es prestigeträchtig war, die Briten zu betrügen und sich an ›illegaler‹ Besiedlung, ›illegaler‹ Verteidigung und ›illegaler‹ Einwanderung zu beteiligen. […] Die zionistischen Gründungsväter waren nicht bösartig oder korrupt.

Sie waren große Idealisten und wagemutige Träumer. Sie wollten eine bessere Gesellschaft gründen und ein Beispiel für den Rest der Welt geben. Darauf aus, dies so schnell wie möglich zu tun, ignorierten sie legalistische Details und Prozeduren. Alles was sie wollten, war unbeschränkte politische Macht, um ihre Träume wahr werden zu lassen.«[98]

Peres' Darstellung der Shin-Bet-Affäre in seinen politischen Memoiren von 1995 belegt die Auffassung, die bestehende israelische Ordnung sei unabdingbar für die Existenz des Staats und daher unbedingt aufrechtzuerhalten. Peres hält auch ein Jahrzehnt später an seiner Wahrheit von 1986 fest, und zwar nicht allein aus Gründen der Selbstgerechtigkeit. Er weiß zwar, dass die Shin-Bet-Affäre nicht unbedingt ein Ruhmesblatt in seiner politischen Laufbahn ist. Doch er unterstützt den Shin-Bet in seiner sorgfältig konstruierten Geschichtserzählung und erweckt den Eindruck, als sei die Schuld des Geheimdienstes nie eindeutig festgestellt worden.

Als der mit den Details der Affäre vertraute Journalist Nahum Barnea ihn auf seine »selektive Erzählweise« ansprach, antwortete Peres: »Fakten sind eben eine subjektive Sache«, woraufhin Barnea bemerkt, dies sei »Peres' Weg, seine beschämende Rolle und die seiner Kollegen in der Shin-Bet-Affäre zu erklären. Für Peres sind eben das politische Überleben und eigene Interessen von größter Priorität. [...] der Rest sei für ihn zweitrangig«.[99]

Gerade in diesem Fall greift Barneas These, Peres habe lediglich aus Gründen des Machterhalts gehandelt, zu kurz. Für ihn stand mehr auf dem Spiel. Zwar ist die Annahme, Peres' habe darauf verzichtet, aus der Affäre politischen Gewinn zu ziehen, um sein Image als unglaubwürdiger Politiker nicht noch mehr zu belasten, nicht ganz von der Hand zu weisen;[100] es hätte ihm in der Tat geschadet, wenn er den Koalitionsvertrag mit Shamir auf Grund der Affäre nicht eingehalten und Neuwahlen angesetzt hätte. Zudem ist ihm bekannt: »Niemand hätte jemals in Israel Stimmen gewonnen, indem er aus zwei toten arabischen Terroristen eine Staatsaffäre gemacht hätte«.[101]

Aber für Peres waren die »zwei toten Terroristen« eben auch keine ausreichende Grundlage für eine Staatsaffäre, und er unternahm deshalb alles, damit sie nicht zu einer wurden. Zwar sah er sich 1986 massivem Druck ausgesetzt, sich nach Bekanntwerden der Affäre »den Guten« anzuschließen, also für eine Untersuchung in der Angelegenheit einzutreten, um womöglich politisch davon zu profitieren. Doch letztlich handelte er nach seiner eigentlichen innersten Überzeugung, um den Shin-Bet im Sinne der israelischen Ordnung zu schützen. Damit nahm er in Kauf, dass er einen Teil seiner Autorität einbüßte und sein moralisches Ansehen in der Öffentlichkeit Schaden nahm.

Auch Peres' Aufarbeitung der Ereignisse in seinen Memoiren von 1995 bezeugt das entpolitisierte Verständnis der Affäre. Dem 72jährigen, noch amtierenden Politiker geht es darum, dieser sehr wohl politischen Affäre ihre politische Brisanz zu nehmen. Er besteht auf der Richtigkeit seines Handelns in den Jahren 1985/86, gerade weil er die existierende politische Ordnung als selbstverständlich und apodiktisch richtig begreift, sodass es sie um jeden Preis zu erhalten gelte. Darin sieht Peres seine Pflicht in der Affäre, auch wenn er dies mehr instinktiv als reflektiert zum Ausdruck bringt.[102]

Zivilmilitarisierung der israelischen Demokratie

Der Beitrag eines etablierten Politikers wie Peres zu dem, was der Soziologe Ben-Eliezer als staatlich geförderte Machtkonzentration in den Händen der Armee bezeichnet[103], kann nicht genug betont werden: Die hier behandelten sicherheitspolitischen Affären sind exemplarisch für eine vom Staat bzw. von der Politik ausgehende Verstärkung und letztlich Zementierung der Sonderstellung des Militärs bzw. der Sicherheitsapparate in Israel. Gerade aus seiner zivilen politischen Position heraus – zunächst als Beamter im Verteidigungsministerium und später in einer beispiellosen langen politischen Laufbahn in zentralen Machtpositionen – trug Peres effektiv zur Zivilmilitarisierung der israelischen Demokratie bei. Dies war ein historisch und sozialpolitisch bedeutsamer Beitrag: Die Sicherheitsbehörden, das Militär allen voran, wurden dabei zu »Wächtern der Nation« stilisiert. Sie werden somit bis heute als unerlässlich für den Schutz des als alternativlos begriffenen zionistischen Projekts gesehen. Eine Machtübernahme des

Militärs, also die Erhebung des »Volks in Waffen« gegen die eigene Regierung oder gegen die Zivilgesellschaft, erscheint in Israel unvorstellbar. Denn das Militär gilt noch immer als identitätsstiftende Institution im nationalstaatlichen Sinne; ihr vor allem verdanke man die Existenz des Nationalstaats Israel. Die Sicherheitsapparate genießen daher ein hohes Ansehen und bestimmen noch immer den sicherheitspolitischen Diskurs in Politik und Öffentlichkeit.

Damit verbindet sich ein in Israel sehr ausgeprägter Zivilmilitarismus: In der politischen Kultur des Landes arbeiten Politik und Militär eng zusammen. Die Sicherheitspolitik ist meist ein Produkt der Absprache zwischen beiden Instanzen, wobei die Köpfe der Sicherheitsapparate als »Experten für Sicherheit« den Ton angeben und *de facto* die Sicherheitspolitik gestalten. Damit erklärt sich die Entpolitisierung des Themas »Sicherheit« – ein zentrales Merkmal der politischen Kultur Israels. Entpolitisierung der Sicherheit meint die effektive Übertragung der Entscheidungsgewalt in Sicherheitsfragen aus den Händen der Zivilgesellschaft und ihrer politischen Vertreter in die der Sicherheitskräfte. Die Entpolitisierung der Sicherheit bedeutet deshalb die Entmachtung der Zivilgesellschaft, weil der ganze Bereich der inneren und äußeren Sicherheit kein wirklicher Gegenstand der öffentlichen Debatte sein kann. Er gilt vielmehr als unantastbar, weil existentiell, und damit auch als unpolitisch.

Peres' Aussage aus dem Jahr 1970 – »Sollte der israelischen Demokratie Gefahr widerfahren, so würde diese nicht aus dem Militär, sondern aus der Politik entstehen.«[104] – ist verblüffend, nicht zuletzt weil Peres Berufspolitiker ist. Doch wie hier gezeigt wurde, entspricht dies durchaus seiner Weltsicht und Politik. In der Lavon-Affäre waren es die »Alte Garde« der *Mapai*-Partei bzw. einige politische Entscheidungsträger des ersten Jahrzehnts nach der Staatsgründung, später, in der Shin-Bet-Affäre, waren es die Judikative, die Presse und die Öffentlichkeit, die Peres als Gegner der als sakrosankt geltenden Sicherheitsbehörde bekämpfte.

Peres' Diktum, »die Waffe in Israel ordnet sich nicht nur zivilem Befugnis unter, sie liegt buchstäblich in zivilen [gemeint: politischen] Händen« illustriert das im Lande weitverbreitete Verständnis der israelischen Ordnung ebenso wie seine Auffassung:

»Die Notwendigkeit der Verteidigung nach außen stimmt mit dem [israelischen] Willen überein, nach innen frei und pluralistisch zu bleiben, als hätten wir keine Sicherheitsprobleme. Das Militär in Israel ist nämlich eine Folge der Situation und nicht der [israelischen] Orientierung«.[105]

Hier äußert sich die Vorstellung, die israelische Demokratie könne beide Elemente vereinen: die Sonderstellung des Militärs als Wächter der neuen und zu schützenden kleinen Nation und gleichzeitig das Selbstverständnis als eine demokratische, offene und pluralistische, allerdings jüdische Gesellschaft. Die in Israel historisch gewachsene »jüdische Demokratie« ist in der Tat das Produkt einer dem Modell vom »jüdisch-israelischen Volk in Waffen« entsprechenden israelischen politischen Ordnung. Denn Kriege sind ein integraler Bestandteil dieser Ordnung.

4

Das zionistische Projekt und Israels Kriegspolitik

Von Beginn an war die Haltung der zionistischen Bewegung zur Frage, ob ihre Anhänger Gewalt anwenden dürfen, um ihre Ziele durchzusetzen, ausgesprochen ambivalent. Die israelisch-zionistische Historikerin Anita Shapira vertritt in ihrem Buch *Das Schwert der Taube* die These, dass der Politik im *Jischuw* vor der Gründung des Staats Israel zunächst ein »defensives Ethos« zu Grunde gelegen habe, das sich notwendigerweise, wenn auch zögerlich, mit der Zeit zu einem »offensiven Ethos« entwickelte. Den entscheidenden Wendepunkt sieht Shapira in der »arabischen Revolte« von 1936-1939, als die organisierte arabisch-palästinensische Gemeinde gegen die zunehmende jüdische Besiedlung des Landes protestierte. Ab dann habe sich im Zionismus die offensivere Haltung herausgebildet, die im Krieg von 1948 ihren Höhepunkt erreichte.[1]

Shapira identifiziert im jüdischen Nationalismus zwei unterschiedliche Auffassungen zur Frage der Gewalt im zionistischen Kontext: Für eine erste Gruppe ist die von Juden ausgeübte Gewalt unverzichtbar, sie spielte sogar eine positive Rolle. Jüdische Autoren wie Micha Josef Berdichevsky (1865-1921) und Max Nordau predigten ein »Muskeljudentum« als Voraussetzung zur Schaffung des »neuen Juden«, der die Nationalisierung ermöglichen, mithin dem »Judentum zurück in die Geschichte« verhelfen solle. Kritisiert wurde dabei vielmehr der körperlich schwache, jeglicher Gewaltanwendung abgeneigte Exiljude. Dieser sei ein Hindernis für die Nationalisierung, folglich für die »Normalisierung« des jüdischen Lebens.

Der deutsch-jüdische Philosoph Emil L. Fackenheim (1916-2003) und der zionistisch-israelische Philosoph Eliezer Schweid (geb. 1929) interpretieren die von Juden ausgeübte Gewalt sogar als eine Form der Gegengewalt, weil die Juden machtlos seien bzw. ultimative Opfer einer gegen sie gerichteten Gewalt. Mit diesem Verständnis wird ein Bewusstsein geprägt, das jegliche Gewalt gegen die *Gojim*, wie ungezügelt auch immer, als legitim ansieht.[2]

Der Kulturzionist Achad Haam plädiert hingegen für die Aufrechterhaltung der »moralischen Überlegenheit« des jüdischen Volks und lehnt jegliche Gewalt ab. Der »echte Jude« kenne keine Scham auf Grund physischer Schwäche; er achte diese vielmehr als Quelle seiner Einzigartigkeit und moralischen Überlegenheit gegenüber dem *Goj*. Achad Haam versteht den Zionismus eben nicht als Projekt der politischen und nationalstaatlichen Anpassung der Juden an die nichtjüdische Welt, sondern vielmehr als ein Projekt zur Bewahrung der geistigen und kulturellen jüdischen Singularität. Sein Kulturzionismus wendet sich gegen die Maxime, ein jüdischer Staat müsse bestimmten Vorbildern folgen und sich über physische Stärke und Macht definieren.[3]

Militarismus in Israel?

Bei der Realisierung des zionistischen Projekts in *Eretz Israel* ab 1948 fiel dem Militär eine herausragende Rolle zu. Der jüdische Staat wurde im Krieg geboren und befindet sich seither in einem permanenten Kriegszustand – politisch, rechtlich und mental. In Israel herrscht seit seiner Ausrufung im Mai 1948 juristisch gesehen der Ausnahmezustand, Notstandsverordnungen sind von da an in Kraft. Dennoch weigert sich die traditionelle israelische Politik- und Sozialwissenschaft, von einem israelischen Militarismus zu sprechen.[4] Man stellt zwar die Frage, weshalb sich in einem Land, in dem das Militär so hohes Prestige genießt, einen zentralen Stellenwert hat und über einen umfangreichen Etat verfügt, kein Militarismus herausbildet. Auch auf den einflussreichen, vom Verteidigungsministerium kontrollierten militärisch-industriellen Komplex Israels wird hingewiesen.[5] Abgelehnt werden jedoch Überlegungen, dass von diesen Faktoren eine Gefahr für die demokratische Gesellschaftsordnung ausgehen könnte oder dass Israel auf dem Wege sei, sich zu einem »modernen Sparta« zu entwickeln. Die demokratische Kultur im Land sei dafür zu ausgeprägt, das politische System zu stabil. Außerdem sei die israelische Armee eine »Volksarmee« aus Reservisten und Zivilisten, so dass sich keinesfalls eine abgeschlossene militärische Klasse bilden könne.[6]

Auch die institutionelle und mentale Trennung zwischen der Armee und dem »zivilen«, also politischen Bereich, soll belegen, dass sich das Militär allein den Sicherheitsproblemen des Staats widmet. Militärs und Offiziere seien in nationale Entscheidungsprozesse stark eingebunden und würden daher nicht gegen demokratische Regeln verstoßen, von denen sie selbst profitierten. Die Gefahr eines Militarismus scheint aus dieser Sicht gebannt zu sein.[7]

Andere Sozialwissenschaftler thematisieren ausdrücklich einen ausgeprägten »israelischen Militarismus«. Der israelische Soziologe Uri Ben-Eliezer vertritt die These, dass sich in Israel allmählich eine politische Kultur des Militärischen herauskristallisiert und schließlich verselbstständigt habe, die nahezu alle politischen Entscheidungen grundlegend beeinflusse. Den gesellschaftlich-kulturellen Kontext bilde das Modell vom »Volk in Waffen«.[8]

Der israelische Militarismus – so der israelische Soziologe Baruch Kimmerling – habe sich seit der Staatsgründung Schritt für Schritt zu einem gestaltenden Grundprinzip der israelischen Gesellschaftsordnung entwickelt. Dieser Militarismus sei zwar hauptsächlich als Reaktion auf den israelisch-arabischen Konflikt entstanden, stelle mittlerweile jedoch selbst einen Grund für die Aufrechterhaltung des Konflikts dar – eines Konflikts, der integraler Bestandteil der israelischen Realität und fest im gesellschaftlichen Bewusstsein verankert sei.[9] Kimmerling spricht allgemein von drei zentralen Dimensionen des Militarismus: Die erste Dimension sei die *politisch-gewalttätige*, die erst dann entstehe, wenn eine direkte oder indirekte Militärregierung über einen längeren Zeitraum hinweg Macht ausübe; das sei bei den militärischen Regimes in Afrika oder Südamerika während der 1970er Jahre der Fall gewesen.[10] Die zweite Dimension des Militarismus – der *kulturelle* Militarismus – entwickelt sich Kimmerling zufolge in Gesellschaften, in denen das Militär im öffentlichen Leben und kollektiven Selbstverständnis eine zentrale Rolle spielt; hier sei das Militär ein wichtiges Symbol des Kollektiven, es verkörpere den Patriotismus. Kimmerling stützt sich dabei auf Alfred Vagts' Begriff des Militarismus der Zivilisten im Gegensatz zum soldatischen Militarismus: Im zivilen Militarismus würden die meisten kollektiven Ziele im Zusammenhang mit Krieg definiert. Die Kriege gälten als zentraler Bestandteil des kollektiven Lebens und würden von zivilen Führungspersönlichkeiten eingeleitet. [11] Die dritte Dimension des Militarismus sieht Kimmerling im Bereich des *Kognitiven*. Der strukturelle und kulturelle Militarismus würden dermaßen verinnerlicht, bis daraus ein kollektiver Geisteszustand werde. Auf dieser Ebene wirke der Militarismus besonders stark, weil man sich dessen nicht bewusst sei. Er werde von Regierenden und Regierten als selbstverständlich begriffen und nicht mehr in Frage gestellt. Vor diesem Hintergrund sei das Kollektiv sowohl institutionell (Politik, Militär, Gesellschaft, Wirtschaft, Industrie und Rechtssystem) als auch auf der mentalen Ebene auf Krieg fixiert: Kriegsvorbereitungen würden zum gesellschaftlichen Dauerzustand, der nächste Waffengang erscheine als unvermeidlich. Kriege und militärische Einsätze würden zur Routine.[12] Diese letzte Dimension des Militarismus definiert Kimmerling als »zivilen Militarismus« und bezieht ihn auf Israel. Israel sei davon zutiefst geprägt, denn die Stützen des israelischen Militarismus seien eben die zivile Regierung, die akademischen, juristischen und wirtschaftlichen Eliten und nicht zuletzt die israelische Gesellschaft selbst. Das Militär müsse nicht im Zentrum der politischen Macht stehen, um einflussreich zu sein. Es sei ausreichend, dass militärische Herangehensweisen bzw. Weltanschauung oder militärisches Bewusstsein von den meisten Entscheidungsträgern sowie der breiten Öffentlichkeit über die Partei- und Klassenzugehörigkeit hinaus systematisch verinnerlicht seien. Im »zivilen Militarismus« werde das Militär als Garant der »nationalen Sicherheit«, also der staatlichen Existenz, begriffen. Als Existenzgarant habe es fast immer Vorrang vor allen anderen Lebensbereichen. Dies sei das Organisationsprinzip des israelischen Gemeinwesens.[13]

Dies geht beispielhaft aus der Trauerrede hervor, die Generalstabschef Moshe Dayan am 30.4.1956 am offenen Grab des Soldaten Ro'i Rotberg hielt. Seine Worte haben sich in den formativen Jahren der jüdischen Nationalstaatlichkeit tief ins kollektive Gedächtnis der neuen Gesellschaft eingeprägt. Die israelische Historikerin Idith Zertal (geb. 1945) weist auf die große Verbreitung dieses Textes in den israelischen Medien hin: »Sein Einfluss war atemberaubend. Das israelische Kollektiv, die Angehörigen der jungen Eliten sahen sich in diesem Text, der zur Stimme einer ganzen Generation wurde, repräsentiert und definiert.[14] Es lohnt daher, die Rede vollständig wiederzugeben:

»Gestern im Morgengrauen ist Ro'i gemordet worden. Die Ruhe dieses Frühlingsmorgens hat[te] ihn [geblendet], und er sah jene nicht, die ihm in der Furche auflauerten. Lasst uns heute die Schuld nicht den Mördern geben. Was steht es uns zu, ihren unbändigen Hass gegen uns zu verurteilen? Acht Jahre hocken sie in ihren Flüchtlingslagern in Gaza, und vor ihren Augen machen wir uns den Boden und die Dörfer zu eigen, in denen sie und ihre Vorväter heimisch waren. Nicht von den Arabern in Gaza, sondern von uns selbst haben wir Ro'is Blut zu fordern. Wie haben wir die Augen vor unserem Schicksal verschließen können, um nicht die Bestimmung unserer Generation in ihrer vollen Grausamkeit zu sehen? Haben wir etwa vergessen können, dass diese Gruppe von Jünglingen, die hier in Nachal-Oz siedelt, auf ihren Schultern die schweren Tore von Gaza trägt, Tore, hinter denen sich Hunderttausende von Augen und Händen drängen, die beten, unsere Schwäche möge kommen, damit sie uns in Stücke reißen können – haben wir das etwa vergessen? Wir wissen doch, dass, damit die Hoffnung, uns zu vernichten, erstirbt, wir gezwungen sind, von morgens bis abends bewaffnet und bereit zu sein. Wir sind die Generation der Siedler, ohne Stahlhelm und Geschützmündung werden wir keinen Baum setzen und kein Haus bauen können. Unsere Kinder werden nicht leben können, wenn wir nicht Schutzräume ausheben, und ohne Stacheldraht und Maschinengewehr werden wir keine Straße pflastern und nicht nach Wasser bohren können. Die Millionen von Juden, die vernichtet wurden, weil sie kein Land hatten, sehen uns aus der Asche der israelischen Geschichte zu und befehlen uns, zu siedeln und ein Land für unser Volk zu errichten. Doch jenseits der Grenzlinie schäumt ein Meer aus Hass und Rachegelüsten, das den Tag erwartet, an dem die Sorglosigkeit unsere Gespanntheit wird abstumpfen lassen, den Tag, an dem wir den Botschaftern der hinterhältigen Verlogenheit Gehör schenken, die uns aufrufen, unsere Waffen niederzulegen. Doch zu uns schreit Ro'is Blut aus seinem geschundenen Körper. Denn obgleich wir tausend Schwüre taten, dass unser Blut nicht umsonst vergossen wird, haben wir uns gestern erneut verführen lassen, haben zugehört und geglaubt. Die Rechnung mit uns selbst werden wir heute aufmachen. Wir werden nicht davor zurückschrecken, den entfachten Hass zu sehen, der das Leben Hunderttausender Araber erfüllt, die uns umgeben und des Moments harren, in dem sie uns zur Ader lassen können. Wir werden unsere Augen nicht abwenden, auf dass unsere Hand nicht schwach wird. Dies ist die Bestimmung unserer Generation. Dies ist die Wahl unseres Lebens – gefasst und bewaffnet zu sein, stark und unnachgiebig. Denn sollte das Schwert aus unserer Faust gleiten – wird unser Leben ausgelöscht werden. Ro'i Rotberg, der schmächtige blonde Jüngling, der aus Tel Aviv auszog, um sein Haus vor den Toren Gazas zu erbauen und uns eine Mauer zu sein; Ro'i – das Licht in seinem Herzen hat seine Augen geblendet, so dass er den verzehrenden Blitz nicht sah. Die Sehnsucht nach Frieden hat seine Ohren taub werden lassen, so dass er nicht den Klang des lauernden Mordes hörte. Die Tore Gazas waren zu schwer für seine Schultern und haben ihn in die Knie gezwungen.«[15]

Diesem Text lassen sich mit Kimmerling sieben Codes der israelischen Gesellschaft entnehmen: Erstens ist der israelische Staat ein Siedler- und Einwanderer-Staat, dessen Existenz in der Region weder gesichert noch selbstverständlich ist. Der zweite Code lautet, die »Araber« – eine undifferenzierte und allgemeine Kategorie – hassen »uns«. Drittens entnimmt Kimmerling dem Text den Code der Unveränderlichkeit dieser Lage; alles ist Schicksal. Der israelischen Gesellschaft allein obliegt es daher, ihre Existenz zu sichern. Diese Existenz lässt sich viertens lediglich »mit der Faust und dem Schwert« sichern, somit wird die Notwendigkeit des Kriegs suggeriert. Der fünfte Code entsteht aus dieser Notwendigkeit – die Dominanz der Sicherheit. Damit ist sechstens die Dauermobilisierung der israelischen Gesellschaft verbunden. Und siebtens spricht Dayan auch von den unvermeidlichen »Menschenopfern«.[16]

Immer wieder haben kritische Stimmen in Israel die konstitutive Kraft dieser Codes in Frage gestellt. Doch deren prägender Einfluss bei der Gestaltung der neuen Gesellschaft bleibt im Großen und Ganzen bis heute unbestritten. Vor diesem Hintergrund erscheint der Konflikt mit den arabischen Nachbarn und den Palästinensern als eine gegebene, unveränderliche Tatsache, weil die ablehnende Haltung der »neuen *Gojim*« gegenüber den »Juden« als jenseits historischer Entwicklungen aufgefasst wird. Die arabische Ablehnung der Existenz Israels wird in eine Reihe mit den jüdischen Gewalterfahrungen in Europa gestellt. Denn auch wenn zugegeben wird, dass die arabische Haltung aus der neuen historischen Entwicklung nachvollziehbar wäre, erscheint der arabisch-israelische Konflikt im jüdisch-israelischen Bewusstsein doch nur als eine neue Version des Antisemitismus. Damit wird der Konflikt aber auch enthistorisiert und entpolitisiert, dessen konkreter Gegenstand wird irrelevant. Bald verfestigt sich die Auffassung eines »ewigen« Konflikts; die gesellschaftlichen Institutionen werden auf eine langfristige Konfrontation eingestellt.

Kimmerling spricht daher von einer Routinisierung des Kriegs, so dass die israelische Gesellschaft von Krieg zu Krieg ihre Fähigkeit zur Mobilmachung verbessert habe, bis der Krieg schließlich den gesamten Alltag durchdringe und dennoch in »Friedenszeiten« gut verdrängt werden könne. Der Konflikt sei damit zu einem konstanten und konstitutiven Faktor der israelischen Ordnung und somit des israelischen Bewusstseins geworden; die Grenzen zwischen Politik und Militär seien verflossen. Die Politik unterwerfe sich in der Regel dem Militär und dem ultimativen Argument der nationalen Sicherheit. Diese Unterordnung diene wiederum einer bestimmten Sicherheitspolitik, die durch die Verwischung der Grenzen zwischen Krieg und Frieden, Zivilgesellschaft und Militär ihr Monopol aufrechterhalte.[17]

Die Genese der israelischen Sicherheitspolitik erläutert der israelische Politikwissenschaftler Reuven Pedezur (geb. 1948): Führende politische Persönlichkeiten hätten in den Gründungsjahren des Staats zwischen 1949 und 1956 eine Sicherheitsdoktrin formuliert und eine ausgeprägte Sicherheitskultur entwickelt. Besonderes Gewicht sei dabei Staatschef und Verteidigungsminister David Ben-Gurion zugekommen. Dieser habe auf Grund seiner politisch-parteilichen Sonderstellung als Vater der Nation das Fundament der nationalen Sicherheitspolitik gelegt. Seine Parteimitglieder habe er aus diesem Entscheidungsprozess ausgeschlossen und sich und dem Sicherheitsestablishment *de facto* unbeschränkte Freiheit bei der Gestaltung der Sicherheitspolitik verschafft. Ben-Gurion sei es gelungen, sich innerhalb der regierenden *Mapai*-Partei durchzusetzen, indem er den Komplex »Sicherheit« von anderen »politischen« Belangen getrennt habe. Damit stellte er die Weichen für eine politische Kultur, in der Sicherheit keine Angelegenheit von Partei und Regierung sei, sondern des Verteidigungsministeriums und Militärs.[18] Infolge dieser Trennung von Sicherheit und Politik setzte eine kleine Gruppe aus Politik und Militär unter der schützenden Hand Ben-Gurions erfolgreich ein »offensives Ethos« durch. Vertreter des »defensiven

Ethos« Moshe Sharett (Außenminister 1949-1956 und Premierminister 1953-1955) wehrt sich erfolglos gegen die Hardliner im Sicherheitsestablishment.[19]

Die 1950er Jahre sind auch für den israelischen Historiker Motti Golani (geb. 1954) entscheidend für die Geschichte des israelischen Militarismus: Jene »offensive Haltung«, die sich in den 1930er Jahren herausgebildet und im folgenden Jahrzehnt eine aggressive Dimension angenommen habe, werde in den 1950er und 1960er Jahren endgültig zementiert.[20]

Fragen wir also nach dem Zusammenhang zwischen der Errichtung des jüdischen Staats und Israels Kriegspolitik: Welche Rolle spielt der Einsatz nationalstaatlicher Gewalt bei der Umsetzung und beim Schutz des zionistischen Projekts? Wie lautet die israelische Sicherheitsdoktrin? Weshalb erscheint der Krieg als permanenter Begleiter der Politik und Historie? Welche gesellschaftliche Konstellation ermöglicht den immer neuen Einsatz militärischer Gewalt? Muss das zionistische Israel ein modernes Sparta sein, um existieren zu können?

Der Sinai-Suez-Feldzug 1956

Der Sinai-Suez-Feldzug gilt als ein Höhepunkt der sogenannten »kleinen Grenzkriege«, die nach dem Krieg von 1948 zwischen Israel und den arabischen Nachbarstaaten bzw. den palästinensischen Flüchtlingen ausgefochten werden.[21] Die israelische Führung und Armee bekämpften erbittert die Versuche der palästinensischen Flüchtlinge, in ihre Häuser und auf ihre Besitzungen im israelischen Kernland zurückzukehren.

Im Laufe der ersten Jahre entwickelte Israel als Reaktion auf die als »Infiltration« bezeichneten Rückkehrversuche der Palästinenser hin Verteidigungsstrategien wie die Gründung jüdischer Siedlungen an den Grenzen, die Aufstellung einer Grenzwehrpolizei und die Vertreibung bzw. Tötung der »Eindringlinge«.[22] Daneben wurde auch eine offensive militärische Reaktionsform etabliert: die Politik der Vergeltung.

Diese Praxis reicht bis in die 1930er Jahre zurück: Bereits die *Hagana* (hebr. »Verteidigung«), eine paramilitärische jüdische

Organisation, die der *Jewish Agency* unterstand, reagierte auf arabische Überfälle mit Gewalt. Dabei nahm sie neben den Tätern auch deren Familie und Stamm ins Visier zwecks Abschreckung. Nach der Gründung des Staats setzte die politische Führung die Vergeltungspolitik fort, dementierte dies aber offiziell bis 1953. Der militärische Einsatz in Qibiya vom Oktober 1953, in dem 69 palästinensische Zivilisten in einem jordanischen Dorf im Westjordanland von der israelischen Armee getötet wurden, ist ein bekanntes Beispiel für die öffentliche Dementierung solcher Maßnahmen durch den Staatschef und Verteidigungsminister David Ben-Gurion.[23]
Rache war ein wichtiges Motiv dieser Vergeltungspolitik, aber auch die Demonstration militärischer Stärke als Verteidigungsstrategie: Die unverhältnismäßigen Vergeltungsschläge hatten zum Zweck, die arabischen Nachbarstaaten und die Palästinenser davon abzuschrecken, Israel anzugreifen. Außerdem hatten Staatschef und Verteidigungsminister Ben-Gurion und Generalstabschef Dayan im Sinn, die arabische Welt zu veranlassen, Israels Stärke anzuerkennen und seine Existenz in den Grenzen von 1949 zu akzeptieren.
Hier wurde Nationalstaatlichkeit mit (militärischer) Stärke assoziiert und letztlich davon abhängig gemacht. Das neue Staatsgebiet (78% von Palästina) musste noch gesichert werden. Die sogenannte »aktivistische Haltung« – sprich der harte militärische Kurs – setzte sich schon Mitte der 1950er Jahre nicht zuletzt deshalb durch, weil sie als unerlässlich für besagte Sicherheit erachtet wird. Sehr bald bildete die aktivistische Haltung einen zentralen Grundsatz der israelischen Sicherheitsdoktrin. Die Vergeltungspolitik hatte auch einen innenpolitischen Aspekt: Dem israelischen Historiker Benny Morris (geb. 1948) zufolge zog sie einen permanenten Ausnahmezustand nach sich, der die regierende *Mapai*-Partei stärkte. Der aktive Kampf sei zudem geeignet gewesen, die junge Immigrationsgesellschaft zusammenzuschweißen.[24]
Die Vergeltungspolitik der 1950er Jahre erschütterte die arabischen Nachbarstaaten, verletzte ihre territoriale Souveränität und stellte sie als machtlos hin. Die immer neuen palästinensisch-arabischen Gewalttaten gegen Israelis und die israelischen militärischen Überfälle überschritten ab einem bestimmten Punkt die Grenze zum konventionellen Krieg. Die Vergeltungspraxis, die sich ur-

sprünglich gegen die Rückkehrversuche der Palästinenser gerichtet hatte, führte zu einer Ausweitung des Konflikts, denn die israelischen Einsätze wandten sich immer weniger gegen die palästinensischen Verantwortlichen und immer mehr gegen die arabischen Nachbarstaaten. Der israelisch-palästinensische und der israelisch-arabische Konflikt gingen ineinander über, auch weil Israel die Verantwortung für die palästinensischen Flüchtlinge von sich wies und den sie aufnehmenden Staaten (Ägypten, Syrien, Jordanien und Libanon) anlastete. Die Verquickung der beiden Auseinandersetzungen hatte weitere Auswirkungen. Die verheerende Eskalation der Gewalt an der südlichen Grenze Israels rief 1955 palästinensische Kampfeinheiten gegen Israel auf den Plan. Die »Fedayeen« (arab. »Befreiungseinheiten«), die 1952-1953 am Suezkanal gegen die Briten vorgingen, wurden nun von Ägyptens Präsident Nasser gegen Israel eingesetzt, vor allem nach den schweren Angriffen der israelischen Armee im Gazastreifen im Februar und August 1955. Sie fügen den Israelis trotz militärischer Unterlegenheit schwere Verluste zu und verängstigen die Siedler an der südlichen Grenze Israels. Die Bekämpfung der Fedayeen wurde Ende 1956 als ein Kriegsziel im Konflikt mit Ägypten angeführt.[25]

Die historische Forschung bewertet die Rolle der Vergeltungspolitik bei den Gewaltausbrüchen der Jahre 1955-1956, insbesondere beim Suez-Krieg im Oktober 1956, unterschiedlich. Benny Morris betrachtet die zahlreichen Grenzscharmützel und Konflikte dieser Jahre zwischen Israel und seinen Nachbarstaaten, Ägypten und Jordanien allen voran, als wichtigen Eskalationsfaktor, der letztlich zum Krieg geführt habe. Die israelische Führung selbst begründete ihren ersten Präventivkrieg u.a. damit, dass sie die Fedayeen-Stützpunkte auf der Halbinsel Sinai beseitigen wolle. Es gelang der israelischen Armee schließlich im Sinai-Suez-Krieg, den Gazastreifen sowie die Halbinsel Sinai einzunehmen und die Stützpunkte zu zerstören.[26]

Der israelische Historiker David Tal argumentiert hingegen, dass die französisch-britisch-israelische Zusammenarbeit gegen Ägypten im Oktober 1956 auf der israelisch-französischen Allianz beruhte: Israel müsste für die im Entstehen begriffene, als existentiell gehaltene militärisch-strategische Allianz mit Frankreich eine Gegenleistung erbringen; dies hat es auch getan, indem es sich auf einen riskanten Waffengang gegen Ägypten eingelassen hat. Dabei hoffte man, gegen Ägypten einen Kurs zu optimalen Konditionen zu gewinnen.[27] Tal wendet sich gegen die geläufige Forschungsmeinung, die einen engen Zusammenhang zwischen den Grenzkriegen und dem Sinai-Suez-Krieg sieht,[28] wodurch auch Letzterer als »Selbstverteidigungsgang« erscheint. Die Situation an den Grenzen sei vielmehr eine lokale Angelegenheit, Israel und Ägypten hätten einen konventionellen Krieg eher als ungünstig erachtet. Ein direktes Verhältnis zwischen den Grenzkriegen und dem Sinai-Suez-Krieg schließt Tal aus.[29]

Motti Golani vertritt die Meinung, es gebe eine lose Verbindung zwischen den Grenzkriegen und dem Sinai-Feldzug. Israel sei in den Jahren 1955 und 1956 auf der Suche nach einem Krieg – »in search of a war« – gewesen. Dabei bezieht sich Golani vor allem auf Moshe Dayan, den politischen Generalstabschef der israelischen Armee, der einen Krieg ausdrücklich angestrebt und die Vergeltungs- bzw. Eskalationspolitik der 1950er Jahre dazu auch instrumentalisiert habe.[30]

Dayans damaliger Sekretär Mordechai Bar-On (geb. 1928) schildert in seinem 1992 erschienenen Buch zur israelischen Außenpolitik der Jahre 1955-1957 als Beweggründe für den Krieg: Maßgeblich sei u.a. der Wunsch gewesen, die ägyptische Armee zu besiegen. Mit diesem Argument habe Ben-Gurion die Zustimmung der Regierung für den Krieg gewinnen können. Bar-On umreißt das sicherheitspolitische Konzept der Hardliner: Allein die Demonstration der eigenen militärischen Macht über einen arabischen Führungsstaat könne hinreichend wirksame Abschreckung erzielen, so dass auch andere potenzielle Feinde davon abgebracht würden, die Waffen gegen Israel zu erheben.

Die Abschreckung bildet seither einen wesentlichen Grundstein im Sicherheitsverständnis Israels. Militärische Passivität wird langfristig als gefährlich für die Existenz des Staats bewertet, Schwäche mache angreifbar. Die »aktivistische« Politik sieht im Krieg einen »Bestandteil der Verteidigungsstrategie«. Militärische Stärke soll nicht zuletzt deshalb demonstriert werden, um »dem Feind klar zu machen, dass er sich in Gefahr begibt, sollte er Israel angreifen«. Bar-On ist davon überzeugt, dass der Waffengang von 1956 die israelische Abschreckungsmacht entscheidend gestärkt und somit die Ruhejahre an der südlichen israelischen Grenze 1957-1967 überhaupt erst ermöglicht habe.[31]

Doch die Doktrin der Abschreckung birgt zwei Probleme. In einer »Demonstration der Stärke« steckt immer auch die Gefahr einer Eskalation, die es eigentlich zu verhindern gilt. Denn auch im Falle der militärischen Überlegenheit Israels ist eine militärische Reaktion des betroffenen Staats nicht auszuschließen. Die Geschichte der Grenzkriege zeigt dies deutlich, und auch Ben-Gurions Bedenken im Vorfeld der Kriegsentscheidung gründen sich auf die Furcht vor einem Gegenschlag. Der Begriff »Präventivkrieg« verdeutlicht diese Problematik: Er folgt der Logik, dass man, um einen Angriff von außen zu verhindern, selbst einen Krieg beginnen muss. Nur – und das ist das zweite Problem – war Israel 1956 noch nicht eindeutig militärisch überlegen, weshalb Ben-Gurion den Krieg nur mit Unterstützung zweier europäischer Mächte wagte. Israel erzielte den militärischen Sieg von 1956 nicht aus eigener Kraft.[32]

Krieg im Tausch gegen ein Bündnis?

Weshalb also zog Israel in den Sinai-Suez-Krieg? Israel musste sich in diesen Jahren bei den westlichen Mächten um Waffen bemühen. Aufrüstung und Waffenerwerb waren ein wichtiger Faktor bei der Kooperation mit den westlichen Mächten bis hin zum Sinai-Suez-Feldzug. Die USA, Großbritannien und Frankreich standen Anfang der 1950er Jahre offiziell den israelischen Bemühungen jedoch kritisch gegenüber, da sie die Region nicht freizügig mit Waffen beliefern wollten. Insgeheim gründeten sie das »Near East Arms Coordinating Committee« (NEACC), um den Waffenverkauf zu regulieren.[33]

Die USA gingen nur zögerlich auf die israelischen Versuche ein, Waffen zu erwerben. Der amerikanische Außenminister John Foster Dulles (1888-1959) wollte Israel lediglich Waffen für Verteidigungszwecke zukommen lassen, direkt oder über eine dritte Seite (Kanada, Frankreich und Großbritannien).[34] Außerdem war er entschlossen, die Lieferungen von der Grenzpolitik Israels abhängig zu machen und dessen Zusammenarbeit mit UNTSO (»UN Truce Supervision Organization«), die u.a. für die Einhaltung des Waffenstillstandsabkommens zuständig war.

Das am 27.9.1955 bekannt gewordene ägyptisch-tschechische
Waffenabkommen versetzte die israelische Führung in eine neue
bedrohliche Situation. Für Dayan war dieses Belieferungsabkom-
men der Anlass für den Krieg gegen Ägypten. Er setzte Staatschef
Ben-Gurion unter Druck, der zunächst die Kriegsoption aus-
schlug, sich jedoch für eine Aufrüstung der Armee entschied.[35]
Die israelischen Versuche, über die USA und Großbritannien
Waffen zu erwerben, scheiterten. Nur in Frankreich konnte Noch-
Premierminister und Außenminister Moshe Sharett im Gespräch
mit dem französischen Premierminister Edgar Faure (1908-1988)
die Grundlage für das große, schließlich unter Peres' Federfüh-
rung zustande gekommene Waffengeschäft vom Juni 1956 legen.[36] Nach der politischen Entmachtung von Sharett Anfang
Juni 1956 wurde Peres von Ben-Gurion beauftragt, die Verhandlungen mit Frankreich fortzuführen.

Peres hatte seine Expertise für den Waffenerwerb im Laufe seines Aufenthalts in den USA 1949-1952 entwickelt, in den Zeiten
des amerikanischen Waffenembargos gegen Israel. Alle Waffengeschäfte mussten illegal und auf Umwegen abgeschlossen werden.[37] Zum Embargo sagt Peres: »Das Embargo der großen
Mächte dauert noch [1956] an. Daher musste ein unabhängiges
und souveränes Israel noch immer seine Waffen über Vermittler
erwerben, diese im Untergrund nach Israel liefern lassen und dies
überhaupt geheim halten.«[38]

Peres versuchte schon Anfang 1954 sein Glück in Frankreich,
um sich begünstigt durch die politische Instabilität der Vierten
Republik (1944-1958) Zugang zu einzelnen Personen der militärischen und politischen Führung zu verschaffen. Ihm gelang es
allmählich, Ben-Gurion davon zu überzeugen, trotz des amerikanischen Waffenembargos Verhandlungen mit Frankreich aufzunehmen.[39] Unter Ausschluss des israelischen Außenministeriums
gelang es Peres als Ben-Gurions persönlichem Vertrauten, Kon-
takt zur neuen sozialistischen Regierung unter Guy Mollet (1905-
1975) aufzunehmen, besonders zum Verteidigungsminister Maurice Bourgès-Maunoury (1914-1993), dem Vorsitzenden der *Parti
radical*. Dieser war vor allem daran interessiert, Algerien für
Frankreich zu sichern und die dortige Unabhängigkeitsbewegung
(»Front de Libération Nationale« FLN) zu zerschlagen. Da der
ägyptische Präsident Nasser als Unterstützer der FLN galt, wäre

seine Entmachtung durchaus auch im Sinne Frankreichs gewesen. Angesichts dieses gemeinsamen Feindes näherten sich Frankreich und Israel nun an. Schon im März 1956 fanden Gespräche zwischen Vertretern der beiden Verteidigungsministerien mit dem Ziel statt, ein gemeinsames Vorgehen gegen Nasser zu planen. Die Außenministerien blieben dabei jeweils außen vor.[40]

Auch die Verhandlungen mit Frankreich über die Beschaffung von Waffen sorgten für Spannungen zwischen dem israelischen Außenministerium und dem Verteidigungsministerium. Die beiden Köpfe dieser Ministerien, Ben-Gurion und Sharett, waren sich in Kernfragen der Sicherheitspolitik uneinig. Vor allem hinsichtlich der außenpolitischen Bedeutung der Vergeltungspolitik gingen ihre Meinungen auseinander. Ziel der Verantwortlichen im Verteidigungsministerium war es, allein über den Waffenerwerb im Ausland zu entscheiden. In einer Sondersitzung am 10.4.1956 setzte sich Ben-Gurion durch und übertrug die Zuständigkeit für den Waffenerwerb vom Außenministerium auf das Verteidigungsministerium. Peres erhielt grünes Licht für die inoffizielle Beschaffung von Waffen. In besagter Sitzung deutete er die Möglichkeit einer Kooperation mit Frankreich an, um Israels Rüstungsbedürfnisse zu befriedigen: »[…] unser Hauptproblem [besteht darin], Frankreich zu signalisieren, dass wir bereit sind, zu kooperieren. […] Dafür ist es notwendig, auch Schritte in Betracht zu ziehen, die eventuell dramatisch aussehen mögen.«[41] Peres implizierte hier in seiner Code-Sprache die israelisch-französische Kooperationsgrundlage für die kommenden Monate: Bündnis gegen einen Krieg. Außenminister Sharett hätte eine solche Übereinkunft nicht mitgetragen. Im Gegenteil: Er hätte höchstwahrscheinlich alles getan, um dies zu verhindern. Um Gegenwehr von seiner Seite unmöglich zu machen, musste Sharett zunächst von den Verhandlungen mit Frankreich ausgeschlossen und später, vor dem geplanten Krieg, auch entmachtet werden.

Peres agierte in Paris schon Mitte April 1956 inoffiziell im Sinne der Regierung Guy Mollets gegen den ägyptischen Präsidenten. Das französische Verteidigungsministerium signalisierte Peres, dass es Israels militärische Kooperation für die Bekämpfung Nassers gewinnen wolle. Peres gab diese Information am 31.5.1956 an Ben-Gurion weiter, der zehn Tage später die Erlaubnis erteilte, Verhandlungen mit Frankreich über eine Kooperation zu führen, die auch Kampfhandlungen umfassen könne, sofern die Verantwortung dafür mit Israel geteilt würde.[42]

Am 23. und 24.6.1956 traf eine israelische Delegation unter Peres mit hochrangigen Vertretern der französischen Regierung in einer streng geheimen Konferenz in Vermars Vereinbarungen über umfangreiche Waffenlieferungen an Israel. Während die französische Seite die gesamte israelische Erwerbsliste billigte – 200 AMX-Panzer und 72 Mystère IV Kampfflugzeuge im Wert von 80 Millionen US-Dollar[43] – erwarteten sie als Gegenleistung sowohl die Lieferung von geheimdienstlichen Informationen über die Unterstützung der algerischen Rebellen durch Ägypten als auch die Ausführung von Geheimoperationen gegen Ägypten sowie gegen weitere Kräfte, die in den Algerienkrieg verwickelt waren.[44]

Dayan und Peres suchten im Vorfeld des Sinai-Suez-Kriegs nach Argumenten für einen Krieg gegen Ägypten, um Ben-Gurion dafür zu gewinnen.[45] Ab Ende 1955 sprach der Generalstabschef ausdrücklich von einem Präventivkrieg. Dayan schlug erneut einen Angriff vor, nachdem Nasser am 26.7.1956 den Suez-Kanal als Reaktion auf die zurückgezogene Hilfe der USA für den Bau des Aswan-Staudamms verstaatlicht hatte. Ben-Gurion lehnte einen Krieg ohne fremde Unterstützung Israels jedoch weiter ab. Diese Unterstützung rückte nunmehr durch Peres' Vermittlung in greifbare Nähe.

Nach der Verstaatlichung des Suez-Kanals strebten die französischen Verantwortlichen verstärkt Nassers Absetzung an. Sie fanden in Großbritannien, wo Nassers Vorgehen ebenfalls heftig kritisiert wurde, einen Verbündeten und sahen in Israel einen weiteren bequemen Partner im Kampf gegen Nasser. Die französische Seite ergriff schließlich die Initiative für die Verhandlungen zu einem Militärpakt zwischen den drei Staaten.

Peres traf sich im August 1956 mit seinem französischen Kollegen Abel Thomas, *Directeur Général* im französischen Verteidigungsministerium, der ihn informierte, dass sich die Briten und Franzosen zu einer gemeinsamen Militäroperation zwecks Übernahme der Kontrolle über den Suezkanal entschlossen hätten.«[46] Was nunmehr noch fehlte, war ein unmittelbarer Anlass für einen französisch-britischen Waffengang gegen Nasser. Großbritannien, das der israelischen Vergeltungspolitik kritisch gegenüberstand, zögerte weiter, mit Israel offen an einem Strang zu ziehen. Darüber hinaus war das Land über einen Verteidigungspakt mit Jordanien und über die sogenannte *Tripartite Declaration* vom Mai 1950 zwischen Frankreich, Großbritannien und Ägypten auch mit Ägypten verbunden.[47]

Die Lösung kam schließlich von französischer Seite. Sie sollte später als »Challe-Szenario« bezeichnet werden: General Maurice Challe (1905-1979), Stellvertreter des französischen Generalstabschefs, begleitet von Albert Gazier (1908-1997), dem Stellvertreter des Außenministeriums, schlug dem britischen Premierminister Anthony Eden (1897-1977) in einer Unterredung am 14.10.1956 einen Angriff auf Ägypten auf folgender Grundlage vor: Israel solle die ägyptische Armee im Sinai angreifen. Ein Konflikt zwischen Ägypten und Israel solle Frankreich und Großbritannien wiederum einen Anlass geben, den durch die Kampfhandlungen gefährdeten Suez-Kanal zu erobern (Operation »Musketier«), um diesen zu verteidigen und die kämpfenden Parteien auseinanderzuhalten.[48] Eden stimmte grundsätzlich zu und signalisierte Mollet und Außenminister Christian Pineau (1904-1995) in einem am 16.10.1956 geführten Gespräch, dass Großbritannien bei einem Angriff auf Ägypten untätig bleiben werde, und zwar ungeachtet der *Tripartite Declaration* vom Mai 1950.[49]

Ben-Gurion gab seine Zustimmung zum Challe-Szenario auf der Konferenz von Sèvres vom 22. bis 24.10.1956 nur schweren Herzens, nicht zuletzt, weil das sein Land in eine ausgesprochen unangenehme Lage versetzte: Mit dem Angriff auf einen arabischen Staat, um Frankreich und Großbritannien den Weg zu ebnen, würde Israel nicht nur als Aggressor erscheinen, sondern sich auch der Gefahr aussetzen, selbst Angriffsziel zu werden. Ben-Gurion hatte eine gleichberechtigte Partnerschaft zwischen den Verbündeten im Sinn, doch das Challe-Szenario sah für Israel eher eine untergeordnete Söldnerrolle vor. Dies alles war der israelischen Delegation voll bewusst. Um die frischen Vereinbarungen über französische Waffenlieferungen nicht zu gefährden, durfte Frankreich jedoch nicht brüskiert werden. Die israelische Delegation und allen voran Ben-Gurion sprachen daher in den Diskussionen über das für Israel so heikle Challe-Szenario stets vom »britischen Plan«, obwohl dessen wahre Herkunft sehr wohl bekannt war. Diese Sprachregelung gab Ben-Gurion die Möglichkeit, auf das mit dem Szenario verbundene Risiko für Israel hinzuweisen und sich gegen Großbritannien zu stellen, das Israel in den ersten 72 Stunden nach dem Angriff alleine vorgehen lassen wollte, bis zu einem von Großbritannien und Frankreich eingereichten Ultimatum an Israel. Der israelische Staatschef plädierte hingegen dafür, die Royal Air Force solle die ägyptische Luftwaffe bereits zerstören, bevor die israelischen Truppen in den Sinai vorrücken.[50]

Letztlich bildete ein von Dayan konzipierter Acht-Punkte-Plan die Grundlage der Kooperation, die Ben-Gurion schließlich absegnete. Israel konnte dadurch selbst entscheiden, wie es seinen Angriff auf den Sinai initiierte. Zweitens sollte Israel eine militärische Operation ausführen, die einer Kriegsaktion ähnelte, so dass sowohl die französische als auch die britische Regierung dies als Gefährdung des Kanals würden darstellen können. Drittens sollten die französische und britische Luftwaffe spätestens 36 Stunden nach dem Beginn des Angriffs aktiv werden. Viertens sollten einen Tag nach dem israelischen Angriff die französischen und britischen Regierungen getrennte Botschaften an Ägypten und Israel richten. An Israel sollte eher ein Appell gerichtet als ein Ultimatum gestellt werden, sich aus der Kanalzone zurückzuziehen. Fünftens sollte Frankreich für die Stationierung von Kampfflugzeugen in Israel sorgen, um die israelischen Städte nach Beginn der Operation bis zur Intervention der Alliierten zu schützen ohne dass die Herkunft der Maschinen ersichtlich war. Der letzte Punkt legte das Datum des Angriffs auf Montag, den 29.10.1956, um 19:00 Uhr israelischer Zeit fest.[51]

Ben-Gurions Vorstellungen von einer Neuordnung des Nahen Ostens

Schlussendlich mussten Ben-Gurions Bündnispartner auch die territorialen Forderungen Israels zur Kenntnis nehmen. Der Staatschef ergänzte Dayans Plan um einen weiteren Punkt, der jedoch nicht in das letztlich unterzeichnete Protokoll von Sèvres aufgenommen wurde. Ben-Gurion appellierte an die französische und britische Regierung, Israels territoriale Forderungen zur Kenntnis zu nehmen. So schildert der Oxforder Professor für Internationale Beziehungen Avi Shlaim (geb. 1945) Ben-Gurions damalige Hoffnung auf eine Zusammenarbeit mit den zwei alten europäischen Mächten, die er selbst als »fantastischen Plan« bezeichnet:

> »Jordanien, so merkte er [Ben-Gurion] an, sei als unabhängiger Staat nicht lebensfähig und sei daher zu teilen. Irak sollte Transjordanien [das Gebiet des heutigen Jordanien] bekommen und als Gegenleistung versprechen, dort die palästinensischen Flüchtlinge anzusiedeln und Frieden mit Israel zu schließen. Die Westbank [das Westjordanland] würde als halb-autonome Region Israel angegliedert werden. Libanon litt unter einer großen muslimischen Bevölkerung, die im Süden konzentriert war. Das Problem könnte durch Israels Expansion bis zum Litani gelöst werden, was auch dabei helfen würde, Libanon in einen kompakteren christlichen Staat umzuwandeln. Das Gebiet um den Suez-Kanal sollte einen internationalen Status erhalten, wohingegen die Meerenge von Tiran im Golf von Akaba unter israelische Kontrolle gestellt werden sollte, um freien Schiffsverkehr zu gewährleisten. Eine wichtige Voraussetzung zur Umsetzung dieses Planes wäre die Eliminierung Nassers und die Ersetzung seines Regimes durch eine pro-westliche Regierung, die auch bereit wäre, Frieden mit Israel zu schließen. Ben-Gurion argumentierte, dass sein Plan den Interessen aller westlichen Mächte wie auch Israels diente, wenn Nasser und die Kräfte des arabischen Nationalismus zerstört würden, die dieser [Nasser] freigesetzt hatte. Der Suez-Kanal würde wieder zu einer internationalen Wasserstraße. Großbritannien würde seine Hegemonie in Irak und Jordanien wieder errichten und seinen Zugang zum Öl im Nahen Osten sichern. Frankreich würde seinen Einfluss im Nahen Osten über den Libanon und Israel konsolidieren, und seine Probleme in Algerien würden mit dem Sturz Nassers enden. Selbst die Vereinigten Staaten könnten überzeugt werden, diesen Plan zu unterstützen, da er stabile, pro-westliche Regime fördere und sowjetische Annäherungsversuche im Nahen Osten stoppen helfe. Bevor er sich in eine militärische Kampagne gegen Ägypten stürzte, drängte Ben-Gurion darauf, sich die Zeit zu nehmen, die weiteren politischen Möglichkeiten zu bedenken. Sein Plan möge auf den ersten Blick abstrus erscheinen, merkte er an, aber er war nicht jenseits des Möglichen, Zeit, britischen Willen und Zuversicht vorausgesetzt.«[52]

Das Verhältnis Israels zur westlichen und arabischen Welt wäre Dreh- und Angelpunkt dieser neuen geopolitischen Ordnung gewesen. Getreu Herzls Vorstellung eines Judenstaats auch als Brückenpfeiler des Westens in der Region dominiert der Gedanke eines natürlichen Bündnisses mit dem Westen auf der Basis vermeintlich gemeinsamer Interessen. Die Orientierung am Westen erscheint unerlässlich für Israels vitale Interessen. Der Westen selbst wird indes als pauschaler Gegner der arabischen Welt angenommen. Die Projektion des eigenen Feindbildes auf die westlichen Mächte spiegelt sich in diesem Plan deutlich wider. Ihm liegt die Überzeugung zu Grunde, die westliche Kontrolle der Region diene auch israelischen Interessen, denn Ben-Gurion glaubte, so den gefürchteten arabischen Nationalismus eindämmen zu können. Der Vorschlag, Jordanien aufzulösen bzw. zu teilen, um den israelisch-palästinensischen Konflikt zu regeln, lässt ahnen, wie wenig Israel Willens war und bleiben sollte, sich in die Region zu integrieren.

Ben-Gurion verfolgte mit seinem Plan zwei Ziele: Israel sollte expandieren und sich damit zugleich seiner bittersten Feinde entledigen. Sein Vorhaben, die israelischen Interessen an die Interessen des Westens zu knüpfen, zeigt zweierlei: die ausgeprägte Isolationsangst der israelischen Entscheidungsträger in den 1950er Jahren und die Herablassung und Arroganz, mit der die israelische Führung den Bewohnern der Region begegnet. Diesem Denken liegt ein bipolares Weltbild zu Grunde, das die Menschen aufteilt in die »Guten«, Starken und Zivilisierten und schließlich die Zurückgebliebenen und Schwachen. Eine aktive geopolitische »Umstrukturierung« der Region erscheint nach diesem Verständnis plausibel. Die palästinensische *Nakba* von 1948 lag damals nur einige Jahre zurück, und Israel trotzte bis dahin jeglichem Kompromiss in der Flüchtlingsfrage.

Den israelischen Entscheidungsträgern war zum Zeitpunkt des Suez-Kriegs bewusst, dass sie Gefahr liefen, als Helfer des westlichen Imperialismus dazustehen – eine Beschuldigung, von der eine unmittelbare Gefahr für die Anerkennung des israelischen Existenzrechts in der Region ausgehen könnte. Ben-Gurion sorgte sich sogar um das israelische Ansehen bei den Feinden: Ob »die Araber uns und unseren Nachkommen je verzeihen werden, dass wir einen Brückenkopf der Aggression und Vernichtung darstellen?«[53]
Shimon Peres hingegen war ohne jeden Zweifel, wie aus seiner Beschreibung des letzten Konferenztages (24.10.1956) hervorgeht:

»Alle hatten das Gefühl, eine außerordentlich große, ja sogar historische Entscheidung gefällt zu haben, die das Schicksal von Menschen und Völkern bestimmt. [...] Der Beschluss sieht die Mobilmachung von Völkern vor, um das Böse zu beseitigen. Ein prahlerischer,
kriegslüsterner levantinischer Diktator soll bekämpft werden. Wir
hatten das Gefühl, es handele sich bei dieser Entscheidung nicht um
eine geheime Verschwörung, sondern vielmehr um die Erfüllung der
Devise ›Du solltest demjenigen zuvorkommen, der Dich töten
will‹.«[54]

Das Feindbild eines »prahlerischen, kriegslüsternen levantini-
schen Diktators« lässt kaum Platz, über Alternativen zum Krieg
nachzudenken. Nasser wird als unberechenbar und gefährlich be-
schrieben, allerdings auch als machtlos. Der Begriff »prahlerisch«
soll Nassers mangelnde Fähigkeit, die eigene Macht richtig einzu-
schätzen, charakterisieren. Sowohl Nassers Unberechenbarkeit
hinsichtlich seiner Politik gegenüber Israel als auch seine faktische
Schwäche machten die »Beseitigung des Bösen« sinnvoll. Da das
Böse nicht alleine Israel gelte, müsse auch die Völkergemeinschaft
dagegen mobilisiert werden. Ein Argumentationsmuster, das in
Peres' langer politischer Karriere, in der er wiederholt die israelische Kriegspolitik unterstützte, immer wieder ein Echo finden
sollte.

Von Krieg und Atomwaffen

Kaum bekannt ist, dass Israel die Militärallianz mit Frankreich im
Sinai-Suez-Krieg 1956 nutzte, um mit der Entwicklung von Atomwaffen zu beginnen. Shimon Peres spielte als Generaldirektor im
israelischen Verteidigungsministerium dabei eine Schlüsselrolle.
Er gilt als die treibende Kraft hinter dem Versuch, französische
Starthilfe für den Bau eines Atomreaktors zu erlangen. Dem Historiker der israelischen Nukleargeschichte Avner Cohen zufolge
besteht Peres' wichtigster Beitrag zu Israels Aufrüstung mit Atomwaffen in der Kontaktaufnahme mit den Franzosen. Als rechte
Hand des Staatschefs und auf Grund seiner Position im Verteidigungsministerium war Peres der Mann, der im Folgenden über
ein Jahrzehnt lang dieses streng geheime Projekt vorantrieb.[55]

Drei Personen riefen nach Cohen das Projekt letztendlich ins Leben: Ernst David Bergman (1903-1975), David Ben-Gurion und Shimon Peres. Bergman, Ben-Gurions wissenschaftlicher Berater in Nuklearangelegenheiten, gelang es, den Staatschef davon zu überzeugen, dass Israel in der Lage sei, eigene Nuklearwaffen zu entwickeln. Peres erhielt in der Folge die Aufgabe, die israelischen Möglichkeiten auf internationalem Parkett zu sondieren, um »Ben-Gurions Vision zu verwirklichen«.[56]

Da Israel unter der Führung Ben-Gurions militärische Stärke als wichtigstes Mittel der Sicherheit ansah, erschien der Besitz von Atomwaffen zunehmend als Allheilmittel. Avner Cohen selbst hält den Gedanken des Erwerbs von Nukleartechnik für militärische Zwecke durch ein kleines Land wie Israel zwar für eine »beträchtliche Dreistigkeit«. Er fügt jedoch hinzu: Für einen Staat, der »aus der Shoah geboren ist, um sich in einer feindseligen arabischen Umgebung wiederzufinden, wäre es geradezu fahrlässig, es nicht zu tun«.[57]

Peres überzeugte schließlich seinen Mentor, sich auf dieses äußerst kostspielige, international schwer durchsetzbare Projekt einzulassen. Frankreich erwies sich als passender Ansprechpartner für die ersten Schritte: Die politische Instabilität der Vierten Republik bot Peres eine einmalige Chance an, die er zwischen Sommer 1956 und Herbst 1957 ergriff.[58]

In der Forschung wird kontrovers diskutiert, ob die französische Unterstützung für ein israelisches Nuklearprogramm bereits fester Bestandteil der israelisch-französischen Militärallianz war, wie sie auf der Konferenz von Sèvres erzielt wurde. Erkaufte Frankreich sich die israelische Kooperation mit einem Reaktor? Stimmte Ben-Gurion dem Sinai-Suez-Krieg aus diesem Grund zu? Avner Cohen zufolge nutzte Peres die israelisch-französische Annäherung von 1956 als einmalige Chance, um die »nukleare Vision zu verwirklichen«.

Die Zusage Frankreichs zum Reaktor sei allerdings nicht der »Preis« gewesen für die Intervention Israels in der Suez-Krise: »Aus der Sicht beider Staaten [Frankreich und Israel] handelt es sich bei dieser Kooperation um einen ›zusätzlichen Ansporn‹. [...] Hätte Ben-Gurion die politischen und militärischen Bedingungen für die Kooperation abgelehnt, hätte der Erwerb des Reaktors auch nicht den Ausschlag geben können.«[59] Avner Cohen bekräf-

tigt jedoch, dass Peres' Motivation für die Zusammenarbeit mit
Frankreich in der Suez-Krise unmittelbar mit der Aufrüstungshil-
fe Frankreichs, auch in Bezug auf Atomwaffen, in Zusammenhang stehe.[60]

Avi Shlaim stellt ebenfalls die Behauptung auf, dass der israelische Erwerb eines französischen Reaktors nicht direkt mit der
israelischen militärischen Kooperation mit Frankreich in der
Suez-Krise verbunden gewesen sei. Shlaims Ausführungen legen
nahe, dass Ben-Gurion letztlich wegen der militärischen Allianz
und somit auch wegen des Atomreaktorerwerbs in den Krieg ziehen musste, in der Hoffnung, Israels territoriale Forderungen zu
befriedigen und den ägyptischen Präsidenten zu schwächen oder
gar abzusetzen.

Die Stellungnahme eines Protagonisten in Sèvres lässt eine andere Interpretation als die von Shlaim zu. Peres schreibt in seinen
Memoiren:

> »Vor der abschließenden Unterzeichnung bat ich Ben-Gurion, die
> trilateralen Gespräche für eine kurze Zeit zu unterbrechen, damit
> ich mich mit Mollet und Bourgès-Maunoury allein treffen konnte.
> Mit den beiden Franzosen schloß ich ein Abkommen über den Bau
> eines Atomreaktors in Dimona im Süden Israels sowie über die Lie-
> ferung des für seinen Betrieb notwendigen Natururans. Ich machte
> dazu eine Reihe von detaillierten Vorschlägen, die zunächst disku-
> tiert und daraufhin von den Herren angenommen wurden. *Erst
> dann wurde das Protokoll von Sèvres unterzeichnet.*«[61] (Hervorhe-
> bung, TA)

Diese letzte Bemerkung Peres', in der englischen Version: »Even-
tually, the protocol was signed«[62], klammert Shlaim trotz ihrer
Bedeutung aus.[63] Anders als Avner Cohen und Avi Shlaim unterstützt Peres' Biograph Michael Bar-Zohar (geb. 1938) die These,
die militärische Unterstützung durch Israel sei mit dem Reaktor
erkauft worden. Er gibt eine Bemerkung Peres' wieder, welche
dieser im Zusammenhang mit der Unterzeichnung des Protokolls
gegenüber einem französischen Freund gemacht habe, und die
zum Inhalt gehabt habe, der Reaktor sei eine Bedingung Israels
gewesen: »Sollte Israels Antrag [für nukleare Starthilfen] nicht angenommen werden, dann könnte es seine Zusage [zum Krieg]
überdenken.«[64]

Peres habe in dem Gespräch darauf hingewiesen, welche Risiken
für Israel mit einem militärischen Einsatz gegen Ägypten verbunden seien, etwa die Gefahr »des Anstiegs arabischer Feindseligkeit
Israel gegenüber« und die damit »verbundene Existenzgefahr«. Israel bedürfe, so Peres, eines Abschreckungspotenzials, das Frankreich geben könne. Peres erzielte schließlich in Sèvres die französische Zusage für einen Abkommensentwurf über die Zusammenarbeit
beim Bau eines Reaktors in Israel und eine französische Verpflichtung zu regelmäßigen Uran-Lieferungen.[65] An dieser Stelle kann
nicht der gesamte Prozess der Entstehung der israelischen Atommacht in den 1950er und Anfang der 1960er Jahre geschildert werden.[66] Wichtig ist, dass Peres in diesem streng geheimen Vorgang
eine entscheidende Rolle als Koordinator im Verteidigungsministerium spielte. Sein Beitrag zur Konferenz von Sèvres bis hin zum
letztlich erzielten Abkommen über die »nukleare Kooperation« mit
Frankreich Ende September 1957, in den letzten Tagen der Regierung Bourgès-Maunourys, war entscheidend.

Schließlich wurden bis Ende 1957 drei Verträge unterzeichnet:
Der Vertrag vom 12.12.1956 sah Frankreichs Hilfe bei der Errichtung eines Kernreaktors für Nuklearforschung vor. Demnach
verpflichtete sich Frankreich, Israel einen 40- (anderen Quellen
zufolge nur 25-) Megawatt-Atomreaktor und 385 Tonnen natürlichen Urans zu liefern. Der zweite Vertrag vom 23.8.1957, unter
strengster Geheimhaltung zwischen Peres und dem französischen
Premierminister Bourgès-Maunoury verhandelt, sah die Zusammenarbeit bei der Forschung und Herstellung von Nuklearwaffen
vor.[67]

Das dritte Abkommen vom Oktober 1957 regelte alle Aspekte
des Reaktorbaus sowie der Plutoniumgewinnung; Peres erreichte
hier nur unter größten Anstrengungen in den letzten Tagen der
Regierung Bourgès-Maunoury eine Einigung. Sowohl Außenminister Pineau als auch der Parteivorsitzende Mollet hatten zu diesem Zeitpunkt Bedenken, die endgültige, für den Abschluss des
Abkommens unerlässliche Zusage zu erteilen, denn damit wären
sämtliche Grundlagen für die Entwicklung von Atomwaffen in
Israel gelegt worden. Bar-Zohar ist der Meinung, die von Frankreich betonten »friedlichen Ziele« seien ein Lippenbekenntnis,
um dem Vorwurf der arabischen Staaten, Israel zu einer Nuklearmacht gemacht zu haben, den Wind aus den Segeln zu nehmen.[68]

Der Pakt mit Frankreich bahnte Israel den Weg nach Dimona, dem Standort des Atomreaktors, der bald ein Synonym für dieses israelische Geheimnis wurde. Peres' Beitrag zum Projekt, aus Israel eine Atommacht werden zu lassen, steht nunmehr außer Frage. Aber wie stand Peres politisch-ideologisch zu diesem Projekt? Wie sieht es mit dem politischen Umfeld generell aus? Wurde das Thema Ende der 1950er Jahre politisch überhaupt diskutiert?

David Ben-Gurion traf die Entscheidung für Dimona aus seiner politisch-charismatischen Sonderposition heraus. Eingeweiht war nur ein kleiner, exklusiver Kreis Vertrauter. Das Entscheidungsverfahren nahm nicht den rechtmäßigen Weg durch Einbeziehung der Regierung und der *Knesset*. Ben-Gurion gelang es, die Angelegenheit von der politischen Tagesordnung fernzuhalten. Die Bauarbeiten am Reaktor in den Jahren 1958-1960 unterlagen von Beginn an strengster Militärzensur. Dennoch konnten politische Debatten in der *Mapai*-Partei, der Regierung und im Parlament nicht verhindert werden. Angesichts der bevorstehenden Fertigstellung des Reaktors Anfang 1962 stellte sich zunehmend die Frage, was man mit den nun vorhandenen nuklearen Kapazitäten machen solle: Sollten sie für friedliche Zwecke oder für die Produktion von Atomwaffen eingesetzt werden? Diese Debatte wurde jedoch unter Ausschluss der Öffentlichkeit geführt.[69]

Im Laufe des Jahres 1962 zeichneten sich in engen sicherheitspolitischen Kreisen zwei Denkschulen ab, die sich mit der Frage des Sicherheitskonzepts und der Struktur des Militärs auseinandersetzten. Avner Cohen bezeichnet die eine als »Nukleartechnologie-Schule«, die andere als die »Schule der Konventionalisten«.[70] Hauptanhänger der »Nukleartechnologie-Schule« waren Vize-Verteidigungsminister Peres (1959-1965) und Moshe Dayan (ab 1959 Mitglied der *Mapai*-Partei, der *Knesset* und des Kabinetts). Ben-Gurions Position schwankte zu diesem Zeitpunkt noch.[71]

Als Verantwortlicher musste der Staatschef dem wachsenden Druck aus den USA standhalten, Dimona unter internationale Aufsicht zu stellen; dies hätte geheißen, Israels eigentliche Ziele preiszugeben. Die Anhänger der Nukleartechnologie-Schule gingen aus einem dauerhaften regionalen Konflikt aus, der eine endlose konventionelle Aufrüstung bedeutete. Deshalb sprachen sie sich für die Entwicklung hochtechnologischer Waffensysteme aus, die eine immer weitere konventionelle Aufrüstung langfristig überflüssig machen sollten. Atomwaffen würden die gewünschte Abschreckungswirkung erzielen.[72] Diese der »Nukleartechnologie-Schule« zu Grunde liegende Einschätzung hatte auch einen überregionalen Aspekt. Angesichts der Erfahrung der Jahre 1956-1957, als Israel von den Vereinten Nationen gezwungen wurde, auf seine territorialen Eroberungen im Sinai-Krieg zu verzichten, sollte sich die Abschreckung auch gegen die westlichen Mächte richten, wenn es um Israels Interessen ging. Der israelische Politikwissenschaftler Yair Evron bezeichnet die Atomwaffenkapazität Israels als »unerklärte Trumpfkarte«, als »Druckmittel« gegenüber den USA, damit diese Waffenlieferungen an Israel gewährleisten.[73]

Der nuklearen Lobby standen im sicherheitspolitischen Kabinett die »Konventionalisten« gegenüber. Sie wurden in erster Linie durch den *Mapai*-Koalitionspartner *Ahdut Haavoda* vertreten, mit Igal Alon (1918-1980) und Israel Galili (1911-1986) an der Spitze. Diese gingen zwar auch von einem Dauerkonflikt mit den arabischen Nachbarn aus, der eine schlagkräftige Streitmacht notwendig machte. Doch ihr Anliegen war es, eine gutausgerüstete konventionelle Streitkraft aufrechtzuerhalten, basierend auf einem modernen und mobilen Panzerkorps und einer starken Luftwaffe. Die Abschreckung durch Atomwaffen könne alleine Israels Sicherheit langfristig nicht garantieren.

Die »Konventionalisten« befürchteten darüber hinaus, dass eine Folge der Politik der Nukleartechnologie-Anhänger die »Nuklearisierung des israelisch-arabischen Konflikts« bedeuten könnte. Dies könne jedoch kaum im Sinne eines kleinen Staats sein, der von Feinden eingeschlossen sei. Die »Konventionalisten« bestritten also die naive Annahme, Israel könne auf Dauer sein Monopol bei Nuklearwaffen halten.[74] Nuklearwaffen würden die Araber auf Grund ihrer demographischen und geopolitischen Vorteile dazu anspornen, Israel zu bekriegen.[75]

Beide Richtungen zeichnete ein pessimistisches Konfliktverständnis aus. Gegenstand der Debatte bildeten spezielle militärisch-technische Fragen; diplomatisch-politische Wege zur Konfliktbeilegung waren für sie keine reale Option. Die Auseinandersetzung zwischen den beiden Schulen spiegelt deren Ratlosigkeit angesichts der Zukunft Israels in der Region wider, wobei sich das Hauptaugenmerk aufs Militärische konzentrierte. Nicht von ungefähr konnten sowohl die »Konventionalisten« als auch die Befürworter der Nukleartechnologie Erfolge verzeichnen. In beiden Richtungen wurde mächtig investiert.

Avner Cohen und Evron zeigen, dass es sich bei dem innenpolitischen Streit kaum um eine richtige politische Debatte handelte, denn die Kontrahenten lehnten die jeweils andere Position nicht wirklich ab. Anhänger der Nukleartechnologie sprachen sich nicht dagegen aus, die Ausgaben für die konventionelle Bewaffnung zu reduzieren. Und die »Konventionalisten« lehnen ihrerseits nukleare Forschung und Entwicklung nicht grundsätzlich ab.[76] Beide Denkschulen setzen sich daher letztlich durch ihre gemeinsame Beschwörung des Worst-Case-Szenarios durch.

Veröffentlichte Texte eines Anhängers der Nukleartechnologie wie Shimon Peres behandeln die Atomwaffenfrage kaum, denn das Thema unterlag und unterliegt strengster militärischer Zensur. Dennoch lassen sich seine Texte vom Anfang der 1960er Jahre vor dem Hintergrund des heutigen Wissenstandes neu lesen. Wichtig ist, dass zu diesem Zeitpunkt die Frage noch offen war, zu welchem Nutzen Israel sein Atomkraftwerk verwenden sollte.

Einem 1965 erschienenen Sammelband sowie einigen von Peres' Äußerungen vor der Presse[77] lassen sich mehrere Hinweise auf die damalige Sicherheitspolitik entnehmen. In seinem Aufsatz »Aspekte der Qualität« plädierte Peres für moderne Technologie und betonte die Bedeutung des Abschreckungspotenzials:

> »Der Weg zu Sicherheit und Frieden umfasst drei Etappen: erstens – die Vergeltungsmacht; zweitens – die Abschreckungsmacht; und drittens – die Waffenabrüstung. [...] Lange Zeit haben wir für die Aufstellung einer Verteidigungsmacht in *Eretz Israel* gekämpft, um uns nach einer [auf uns gerichteten] Attacke verteidigen zu können, jedoch mit nur teilweisem Erfolg. [...] Im Unabhängigkeitskrieg organisierten wir eine Streitkraft und erwarben Waffen, jedoch nur in unzureichender Menge, sodass wir die von uns erwünschten Kriegsziele nicht diktieren konnten. [...] Heute gehen wir über zur zweiten Phase, zum Aufbau einer Abschreckungsmacht. Denn hier – und das sage ich mit aller Aufrichtigkeit trotz der Anwesenheit von Journalisten – streben wir nicht den Krieg an, sondern alleine die *Abschrek-*

kung unserer Feinde. Wir wollen eine Macht aufstellen, eine [Abschreckungs-]Macht herbeiführen, damit Nasser sich dazu veranlasst sieht, eine Attacke gegen den Staat Israel zu unterlassen. Wir verkünden hiermit mit aller Aufrichtigkeit unseren Willen bezüglich der dritten Phase: der Abrüstung des Nahen Ostens.«[78]

Peres will hier die Möglichkeit einer Abrüstung der Region (somit eine friedliche Regelung) vom Abschreckungspotenzial Israels abhängig verstanden wissen. Auch wenn er den Begriff »Atomwaffe« nicht verwendet, besteht kaum Zweifel, worum es ihm dabei wirklich geht. Die Atomwaffen sind allerdings nicht für den Einsatz gedacht, sondern lediglich zur Abschreckung, als Absicherung gegen Angriffe.

Peres' Gedankengang beruht auf der Annahme, dass Israel als solches in der Region abgelehnt wird. Seine Nachbarn erstrebten seine Auflösung. Frieden sei nur möglich, wenn Israel sich Respekt verschaffte, indem es die arabischen Staaten von seiner Stärke und Unbesiegbarkeit überzeugen würde. Da dies ein langer Prozess sein wird, ist Israel in der »Zwischenzeit« gezwungen, aufzurüsten. Frieden, den Peres sich zu diesem Zeitpunkt wohl kaum vorstellen kann, sei nur durch militärische Stärke zu erzielen.

Peres' Maxime des 1990 beginnenden »Friedensjahrzehnts« lautet: »Der Weg zu Oslo geht über Dimona.« Mitte der 1960er heißt es: »Betrachtet man die Verteidigungsmacht [die konventionelle Armee] als unverzichtbar, und die Abschreckungsmacht als eine Chance, so lässt sich die Abrüstung als eine Hoffnung bezeichnen. Im Staat Israel gehen Chance und Hoffnung Hand in Hand.«[79]

Nach dieser Logik ist der Frieden erst eine Folge der Sicherheit. Und Sicherheit ist gleichbedeutend mit nationalstaatlicher Existenz. Die Entwicklung moderner Waffen, um den arabischen Nachbarstaaten militärisch überlegen zu sein, ist in diesem Denken die folgerichtige Konsequenz. Peres' Wahrnehmung der politischen Realität im Nahen Osten war in den formativen Jahren daher eng an die beschriebene Sicherheitsdoktrin gekoppelt. Dies bringt er in seinem Aufsatz »Lehren für die Sicherheitspolitik« vom Mai 1962 auf den Punkt.[80] Verfasst ist der Text unter dem Eindruck der Debatte zwischen den »Konventionalisten« und den Anhängern der Nukleartechnologie und vor dem Hintergrund der relativen Ruhe an den israelischen Grenzen nach dem Sinai-Suez-Krieg:

> »Angesichts der Abwesenheit [des Friedens] müssen wir uns alleine auf unsere [militärische] Macht verlassen. Der Aufbau dieser Macht muss rechtzeitig zwecks [israelischer] maximaler Unabhängigkeit vonstatten gehen. Doch der Aufbau militärischer Macht bedarf einer langen Ausdauer, vor allem angesichts der sich stets verändernden politischen und sicherheitspolitischen Situation. Diese Aufgabe des Machtbaus [gemeint der Aufrüstung] darf also nicht von vorläufigen Veränderungen der politischen Lage beeinflusst werden. Sie muss vielmehr vom Standpunkt einer pessimistischen Lageeinschätzung gemeistert werden, um den kompliziertesten und schwerwiegendsten Konstellationen begegnen zu können. Vor diesem Hintergrund muss die relative Erleichterung, welche durch vorübergehende politische Verbesserungen erzielt wird, komplett ignoriert werden. […] Wir befinden uns in einer neuen Phase in der Geschichte des Waffenerwerbs. Es handelt sich hierbei nicht um einen politischen, sondern um einen technologischen Wandel. Da ist die Rede von einer Waffenart, von der wir uns früher kaum etwas vorstellen konnten, welche aber heute in unserer Region eingeführt wird.«[81]

Peres' Text von 1962 illustriert einen weiteren Aspekt der Sicherheitsdoktrin: deren Entpolitisierung. »Entpolitisierung« bezeichnet hier den Ausschluss der Öffentlichkeit aus der Diskussion zu Fragen der nichtkonventionellen Waffen, mithin der Sicherheitsdoktrin selbst. Die Ironie ist: Peres nimmt mit seiner Code-Sprache an einer öffentlichen Debatte teil, aber nur, um zu argumentieren, dass die Abschreckungsmacht unverzichtbar sei und dass über sie nicht diskutiert werden könne.

Peres' Argument, die relative Ruhe von 1962 sei trügerisch und eine pessimistische Lageeinschätzung für die Sicherheit vonnöten, ist letztlich ein Appell, die Sicherheitspolitik weiterhin nach dem Worst-Case-Szenario zu gestalten. Eine politische Debatte erübrigt sich damit für ihn. Eine derartige Diskussion war seinerzeit auch geradezu unmöglich, weil das Projekt Dimona Anfang der 1960er Jahre in einer heiklen Phase steckte. Ende 1960 erfuhren die USA vom Reaktor in Dimona. Ben-Gurion geriet unter massiven Druck der amerikanischen Regierung, die Atomanlage unter internationale Aufsicht zu stellen und Israels Pläne offenzulegen. Da die israelische Führung nicht willens war, sich in die Karten schauen zu lassen, entwickelte sie nach und nach eine sicherheitspolitische Strategie, um Israels Atomwaffenpotenzial weder bestätigen noch dementieren zu müssen.

Angesprochen auf das Atomprogramm, lautet die allgemein verwendete Standardantwort Israels: »Israel wird nicht als erstes Land Atomwaffen im Nahen Osten einführen.« Die israelische Führung dementiert weder den Nuklearwaffenbesitz, noch bestätigt sie ihn. Innenpolitisch wird das Thema schon ab den 1960er Jahren tabuisiert.

Avner Cohen setzt sich in seinem 2005 erschienenen Buch *The Last Taboo*[82] mit der israelischen »Politik der Zweideutigkeit« auseinander, die er »Politik der Undurchsichtigkeit« nennt. Er definiert diese Politik als »extremen Fall einer Spannung zwischen Nuklearpolitik und Demokratie«: Das Thema existiere im öffentlichen Bereich (Regierung, *Knesset,* Judikative) nicht, weshalb seine gesellschaftliche Tabuisierung möglich gewesen sei. Das Phänomen der Tabuisierung der Atomwaffe versteht Avner Cohen im Zusammenhang mit der »Kultur der Undurchsichtigkeit«, einer Kultur, die mit der »israelischen Ordnung« eng verknüpft sei: »Die Kultur der Undurchsichtigkeit führt zu extremen Spannungen der liberalen Demokratie, vor allem in der Aufsichtsfrage.«[83]

Avner Cohen führt diese politische Kultur auf das Zusammenspiel dreier Faktoren zurück: das Tabu als gesellschaftlicher Code innerhalb des jüdisch-israelischen »Stammes«; die militärische Zensur als staatliches Instrument, um das Tabu durchzusetzen; und die Politik der Undurchsichtigkeit als politische Strategie. Dabei wäre die Politik der Undurchsichtigkeit ohne die strenge Militärzensur und später die gesellschaftliche Tabuisierung der Atomfrage nicht so erfolgreich gewesen, und die gesellschaftliche Tabuisierung wäre nicht aufrechtzuerhalten gewesen ohne das Wissen der Öffentlichkeit, dass es sich bei der Atomwaffenpolitik um eine Sache der nationalen Sicherheit handelt.[84]

Es stellt sich die Frage, inwiefern angesichts der Informationssperre davon gesprochen werden kann, dass die Öffentlichkeit Kenntnis vom Nuklearprogramm hat. Avner Cohen selbst weist darauf hin: »Aus beinahe mythischer Angst gelingt es der Öffentlichkeit, sich vom Thema und dessen eigentlicher Bedeutung fernzuhalten, es voll zu verdrängen und sich so zu verhalten, als ob die [mit den Atomwaffen verbundenen] schwerwiegenden strategischen und moralischen Dilemmata sie kaum angingen.«[85]

Das gesellschaftliche Tabu zu brechen ist in Israel nach wie vor strafbar. Sein Bruch war das Anliegen von *The Last Taboo*, das von der Militärzensur nur unter Schwierigkeiten genehmigt wurde.[86] Der Autor stellt folgende These auf: Das Tabu, über Atomwaffen zu debattieren, sei der Öffentlichkeit zwar aufoktroyiert worden, gleichzeitig gebe es in dieser Öffentlichkeit aber auch »ein tief sitzendes Bedürfnis«, erst gar nichts über das heikle Thema wissen zu wollen. Das Tabu sei »ein Echo für den authentischen Willen der Israelis, das Thema öffentlich nicht zu diskutieren und es komplett den ›autorisierten Experten‹ zu überlassen«.[87]

Avner Cohen plädiert zwar für eine offene Debatte bezüglich Israels Atomwaffen, stellt deren Notwendigkeit jedoch kaum in Frage. Er sieht vielmehr den »gewaltigen Erfolg des nuklearen Unterfangens« darin, dass es »Israel in eine regionale Macht verwandelte und ihm Stellung und Prestige unter seinen Feinden sowie Freunden verliehen« habe. Damit vertritt er selbst durchaus die Position eines Peres, dass (militärische) Stärke (politischen und diplomatischen) Respekt verschaffte. Zudem beruft sich Cohen auf den vermeintlichen Konsens in der israelischen Gesellschaft, dass Israels Atomwaffen der nationalen Sicherheit dienten. Zugleich weist er auf die gewollte Unwissenheit der israelischen Öffentlichkeit in diesem Bereich hin.[88]

Doch wie entsteht ein derartiges Tabu? Woher kommt der »vermeintlich authentische Wille«, etwas nicht wissen zu wollen? Wie ist dieser gesellschaftliche Konsens in der Atomfrage zustande gekommen? Gilt die hier angedeutete rückhaltlose Unterstützung der Israelis nur der Beschaffung von Atomwaffen oder kann dieses politische Verhalten auch auf andere Aspekte der Sicherheitspolitik wie die konventionelle Rüstung übertragen werden? Im Folgenden gilt es vor allem der Frage nachzugehen, welche Position ein Establishment-Mann wie Peres zur »Politik der Zweideutigkeit« in der Frage der Atomwaffen vertrat und welchen Beitrag er zur Tabuisierung dieses Themas leistete, mithin zur Etablierung der »politischen Kultur der Undurchsichtigkeit«.

Die Kultur der Geheimhaltung in Sicherheitsfragen hat ihre Wurzeln im vorstaatlichen *Jischuw*. Das Prinzip der Geheimhaltung bildete im britischen Palästina die ideologisch-kulturelle Grundlage für die Zionisten, um eigene Sicherheitsinteressen zu vertreten. Sowohl die ersten Waffenkäufe als auch die provisorische Herstellung von Waffen in den 1930er und 1940er Jahren unterlagen strengster Geheimhaltung.

Die zionistischen Untergrundmilizen waren als solche illegal; sie waren das Fundament der Geheimhaltungskultur. In den 1950er Jahren hatte dieses Element der politischen Kultur weiter Bestand und etablierte sich vor allem in der Sicherheitspolitik. Entsprechend traf Ben-Gurion im kleinen Kreis die Entscheidung, von Frankreich einen Atomreaktor zu erwerben und beschloss, das Projekt geheim zu halten. Ben-Gurions politische Mentalität der Geheimhaltung kam auch dadurch zum Ausdruck, dass er nicht gewillt war, langfristige Ziele zu setzen. Als die USA Ende 1960 den Atomreaktor in Dimona entdeckten, verkündete Ben-Gurion am 21.12.1960 in der *Knesset*, Israel entwickle keine Nuklearwaffen und Dimona diene allein friedlichen Zwecken. Diese formelle Erklärung wurde stillschweigend und kritiklos hingenommen. Selbst den Atomwaffengegnern im Parlament war das Thema zu heikel. Ben-Gurions Autorität verhinderte jeglichen Widerstand.[89] Die meisten *Knesset*-Abgeordneten der großen Parteien lehnten im Kern die Aufrüstung mit Nuklearwaffen ab, doch sie wagten mit Ausnahme der Vertreter der kommunistischen Partei *Maki* kaum, dies auszusprechen und sich mit Ben-Gurion anzulegen. Damit Parlament und Öffentlichkeit außen vor blieben, setzte Ben-Gurion eine eigene Strategie ein: Um parlamentarische Debatten zu umgehen, ermöglichte der Staatschef jedem Vorsitzenden der *Knesset*-Fraktionen, sich direkt an ihn zu wenden.

Im Rahmen des *Knesset*-Ausschusses für Verteidigung und Auswärtige Angelegenheiten wurde Ende 1962 zudem eine geheime Kommission gegründet, die die finanziellen Aspekte von Dimona regeln sollte. Avner Cohen behauptet, diese Geheimhaltungspolitik sei eine »bequeme Lösung« für die Legislative und die Exekutive gewesen. Auch Atomwaffengegner innerhalb der *Mapai*-Partei sprachen ihre pragmatischen und moralischen Vorbehalte in der Partei nicht an. Das Geheimhaltungsgebot erstreckte sich also auf das ganze parlamentarische System und trug damit zur Entpolitisierung der Atomwaffenfrage bei.[90]

Doch es gab auch Atomwaffengegner, die ihren Protest offen äußerten, um das Projekt rechtzeitig zu stoppen. Wie ging das Duo Ben-Gurion/Peres damit um? Das Beispiel des Intellektuellen Eliezer Livneh (1902-1975), eines ehemaligen Mitglieds der *Mapai*-Partei,

demonstriert, wie gut die vom Verteidigungsministerium bestimmten Zensurregeln griffen. Noch bevor die Entscheidung fiel, wie die
Nuklearkapazität Israels genutzt werden soll, sprach sich Livneh
dafür aus, den »wahren Zweck des nuklearen Unterfangens« öffentlich zu diskutieren. In einem am 12.1.1962 in *Haaretz* erschienenen Artikel mit dem Titel »Die letzte Warnung« äußerte Livneh
seine Besorgnis hinsichtlich der israelischen Sicherheitspolitik. Er
befürchtete, dass eine Sicherheitsdoktrin, die auf Atomwaffen und
ballistischen Raketen basiert, den Nahostkonflikt »nuklearisieren«
würde – für die Region eine desaströse Entwicklung.

Einige Monate später gründete er eine kleine Gruppe, zu der
israelische Persönlichkeiten wie Martin Buber (1878-1965),
Efreim Orbach (1912-1991) und Yeshayahu Leibowitz gehörten
sowie die ehemaligen Mitglieder der israelischen Atomenergie-
kommission Gabriel Stein (1920-1976) und Franz Ollendorff
(1900-1981). Gemeinsam reichten sie eine Petition an die Regierung ein, die Einführung von Atomwaffen in der Region zu verhindern. Im Verteidigungsministerium machte sich Verwirrung
breit. Eine offizielle Antwort blieb aus. Stattdessen wurde gegen
die Gruppe um Livneh hinter den Kulissen agiert: Um die Atom-
gegner mundtot zu machen, wurden sie als Gefahr für die Staatssicherheit dargestellt. Dazu setzte das Verteidigungsministerium
den israelischen Journalistenverband unter Druck, die von Livneh
angekündigte Pressekonferenz zum Thema »Die Atomwaffen im
Nahen Osten« abzusagen – mit Erfolg. Als Rechtfertigung diente
das Argument, Livneh und seine Anhänger beeinträchtigten die
Staatssicherheit.[91]

Peres unternahm im Sommer und Herbst 1962 den Versuch,
den Standpunkt des Ministeriums über die Presse darzulegen. Peres' mediale Stellungnahmen erwiesen sich jedoch als kontraproduktiv. Die Gruppe der Atomwaffengegner sah durch seine öffentlichen Äußerungen ihren Verdacht bestätigt, dass Israel seine
Nuklearkapazität zur Produktion von Waffen einsetzen wollte.
Livneh, Stein, Orbach und andere gründeten im Sommer 1962
mit Unterstützung des Präsidenten der Zionistischen Weltorganisation Nahum Goldman (1895-1982) das »Komitee für die nukleare Abrüstung des Nahen Ostens«. Das Komitee appellierte an
die politischen Eliten des Landes, auf die Gefahr durch Atomwaffen aufmerksam zu machen.

Anliegen des Komitees war, die Atomwaffenfrage zum Politikum ersten Ranges zu machen. In den Vordergrund stellte die Gruppe das Argument, dass die Einführung von Massenvernichtungswaffen in der Region das gesamte zionistische Projekt gefährden könne. Das kleine Israel sei auf Grund seiner nachteiligen geopolitischen und demographischen Lage im Falle einer Nuklearisierung des Nahostkonflikts einer totalen Vernichtungsgefahr ausgesetzt. Israel solle in seinem eigenen Interesse ein absolutes Verbot der Einführung derartiger Waffen in der Region anstreben. Denn auch wenn es Israel gelingen würde, in naher Zukunft technisch überlegene Nuklearwaffen herzustellen, werde dieser Vorsprung nicht von Dauer sein. Das Komitee sprach sich für Verhandlungen mit den anderen Staaten der Region aus, um die Gefahr einer atomaren Aufrüstung zu bannen. Die Mitglieder des Komitees betonten des Weiteren, dass sowohl die Beschaffung der Waffen als auch die damit verbundene Geheimhaltungspolitik undemokratisch seien.[92] Der kritische israelische Philosoph Yeshayahu Leibowitz erkannte bereits zu jener Zeit die Problematik des Nuklearprogramms, bezeichnete es als »Staat im Staat«, in dem Sinne, dass es außerhalb der israelischen Gerichtsbarkeit und jenseits der Aufsicht der Öffentlichkeit stehe.[93]

Doch die Atomwaffengegner wurden bald mundtot gemacht. Die Regierung machte von der Militärzensur Gebrauch. Avner Cohen weist auf die entscheidende Rolle der Zensur bei der Durchsetzung des Schweigegebots und später bei der Zementierung der Politik der Zweideutigkeit hin.[94] Die Militärzensur verbot jegliche faktische Bezugnahme auf Israels Nuklearprogramm; sie erlaubte und erlaubt lediglich Stellungnahmen über ausländische Quellen oder aber Veröffentlichungen, die als eigene Meinung bzw. hypothetische Überlegungen des Verfassers gekennzeichnet sind. Einer möglichen öffentlichen Debatte war damit der Gegenstand genommen. Es ist bis heute strafbar, Informationen über das israelische Atomprogramm zu veröffentlichen. Das Komitee geriet somit in die Zwickmühle: Um ihr Anliegen verfolgen zu können, begaben sich die Mitglieder in die Gefahr, des Verrats von Staatsgeheimnissen angeklagt zu werden.[95] Der israelische Medienwissenschaftler Yoel Cohen weist darauf hin, dass Livneh von »Regierungsvertretern einbestellt und verwarnt wurde, er könnte angeklagt werden«.[96]

Die Vanunu-Affäre

Nach dem kurzen, erfolglosen Widerstandsversuch des »Komitees für die nukleare Abrüstung des Nahen Ostens« Anfang der 1960er Jahre setzte sich die Politik der Undurchsichtigkeit mehr und mehr durch – auch wenn insbesondere Peres' Position zu dieser Politik über die Jahrzehnte hinweg nicht konsequent blieb. Avner Cohen zufolge machte Peres am Vorabend des Sechstagekriegs den Vorschlag, die Strategie der Zweideutigkeit aufzugeben und Israels Position als Nuklearmacht der Öffentlichkeit zu präsentieren. Premierminister Levi Eshkol lehnte dies jedoch ab.[97] Der israelische Historiker Tom Segev (geb. 1945) behauptet, Peres sei in der Krise von Mai/Juni 1967 dafür eingetreten, den nahenden Krieg zu verhindern, indem Israel sein Abschreckungspotenzial demonstrieren sollte.[98] Einige Jahre später, in den ersten Tagen des Jom-Kippur-Kriegs von 1973, geriet Verteidigungsminister Moshe Dayan auf Grund der schweren Verluste an der südlichen Front in Panik. Er machte Premierministerin Golda Meir den Vorschlag, Atomwaffen einzusetzen. Doch auch zu diesem Zeitpunkt begnügt sich Israel mit seinen konventionellen Streitkräften. Wichtig ist aber, dass sowohl Peres 1967 als auch Dayan 1973 glaubten, Israel könne sich in einer Notsituation tatsächlich der Atomwaffen bedienen, um einer Katastrophe zu entgehen.[99]

Erst Mitte der 1980er Jahre bekam das Konzept der »Undurchsichtigkeit« Risse. Am 5.10.1986 veröffentlichte die Londoner *Sunday Times* einen Exklusivbericht auf ihrer Titelseite: »Enthüllt: Die Geheimnisse von Israels Nuklear-Arsenal«. Der Artikel stützte sich auf Informationen eines ehemaligen Technikers am Nuklearforschungszentrum bei Dimona, Mordechai Vanunu (geb. 1954), der dort von 1977-1985 in einer streng geheimen unterirdischen Bunkeranlage gearbeitet hatte.

Der Artikel, dessen Inhalt vom *Sunday Times*-Rechercheteam *Insight* vor der Veröffentlichung gründlich überprüft worden war, sorgte weltweit für großes Aufsehen. Die von *Insight* konsultierten Atomwissenschaftler schlossen aus dem von Vanunu gelieferten Beweismaterial und dessen Aussagen, dass Israel nicht nur über die Atombombe verfüge – was schon seit langem vermutet worden war –, sondern auch, dass sich das Land zu einer der wichtigsten Nuklearmächte entwickelt habe. Das Fazit des Artikels lautete: Israel befinde sich unter den Nuklearmächten der Welt an sechster Stelle, gewinne in unterirdischen Anlagen heimlich Plutonium, und in Dimona seien bereits 100 bis 200 Kernwaffen produziert worden.[100]

Im August 1986 informierte der israelische Geheimdienst Premier Peres über Kontakte zwischen Vanunu und der *Sunday Times*. Der Mossad suchte Vanunu zunächst in Australien, erfuhr aber später vom britischen Geheimdienst MI6, dass der Techniker sich in London aufhielt. Peres, sein Stellvertreter Außenminister Itzhak Shamir und Verteidigungsminister Itzhak Rabin beschlossen gemeinsam am 21.9.1986, Vanunu nach Israel zu entführen.[101] Angesichts der Spannungen zwischen den israelischen und britischen Geheimdiensten seit Anfang der 1980er Jahre soll Peres den Mossad jedoch angewiesen haben, bei der Entführung Vanunus keine britischen Gesetze zu übertreten. Der Mossad entwickelte einen Plan, Vanunu zunächst aus England wegzulocken und dann mit Gewalt nach Israel zu bringen.[102] Schließlich ging Vanunu der Mossad-Agentin Cheryl Hanin-Bentov ins Netz, der es gelang, ihr Opfer nach Rom zu bringen, von wo er auf dem Seeweg nach Israel entführt wurde.

Unter Ausschluss der Öffentlichkeit wurde Vanunu der Prozess gemacht. Die Anklage umfasste drei Punkte: Verrat, Spionage in einem besonders schweren Fall sowie das Sammeln von geheimen Informationen mit dem Ziel der Beeinträchtigung der staatlichen Sicherheit. Am 24.3.1988 wurde er der Spionage und des Landesverrats für schuldig befunden und zu 18 Jahren Freiheitsstrafe in Einzelhaft verurteilt.[103] Auf den Druck des Auslands hin wurde die Einzelhaft nach elf Jahren aufgehoben. Am 21.4.2004 wurde Vanunu schließlich entlassen, ist aber in seiner Bewegungsfreiheit bis heute stark eingeschränkt.[104]

Die Entscheidungen in der Vanunu-Affäre unterlagen strenger Geheimhaltung und wurden im kleinsten Kreis getroffen. Peres zog nur wenige Mitglieder des Ministerkabinetts heran, informierte die *Knesset* nicht und konsultierte seine Berater nicht. Erst am 16.11.1986, sieben Wochen nach dem Verschwinden Vanunus aus England (1.10.1986), als das Ausland Israel unter Druck setzte, den Aufenthaltsort des Gejagten preiszugeben, wurde bestätigt, dass Vanunu in Israel sei und unter Arrest stehe.

Yoel Cohen, der Autor von *Die Vanunu Affäre. Israels Geheimes Atompotential* ist der Ansicht, dass Peres' Entscheidung, das Schweigen zu brechen, ein entscheidender Fehler gewesen sei. Dadurch sei ans Licht gekommen, dass Peres die Entführung im kleinen Kreis heimlich geplant habe, ohne die Konsequenzen abzuwägen. Außerdem habe er eine Todsünde der geheimdienstlichen Arbeit begangen, als er öffentlich eine verdeckte Operation bestätigte.[105]

Ob Peres tatsächlich die Möglichkeit gehabt hätte, Vanunus Aufenthaltsort bzw. die mit der Entführung einhergehende Verletzung des internationalen Rechts auf Dauer geheim zu halten, bleibt umstritten. Wenigstens hat er über mehrere Wochen lang versucht, zu schweigen. Oder hat Peres geahnt, dass er die Entführung würde zugeben müssen, und dies in Kauf genommen?

Peres habe nach Yoel Cohen im Laufe der Jahre »eine regelrechte Sicherheitsneurose« entwickelt und schließlich auch deswegen, weil er keine direkte geheimdienstliche Erfahrung habe, eine Entscheidung getroffen, die auf Kritik in der Weltöffentlichkeit und in diversen ausländischen Parlamenten gestoßen sei. Peres sei zudem darauf bedacht gewesen, einen Präzedenzfall zu schaffen.[106] Ist die Entscheidung, zum drastischen Mittel der Entführung zu greifen, tatsächlich auf eine »Sicherheitsneurose« der Entscheidungsträger zurückzuführen oder bediente sich Peres nur gängiger Praktiken, um die »israelische Ordnung« zu wahren?

Peres, der sich nur selten zu der Affäre äußert, sagt über die Entscheidung zur Entführung: »Auch wenn Vanunus Informationen über die Atomwaffen nicht stimmen, so sollte Israel ihn doch verfolgen, weil er nicht das Recht hat, über solche Angelegenheiten zu sprechen. Er hat Staatsgeheimnisse preisgegeben.«[107] Yoel Cohen hält dies für eine »kosmetische Ausrede«. Patriotismus und das Schweigegebot in Bezug auf Staatsgeheimnisse seien in Israel viel zu stark in der politischen Kultur verankert, so dass es sich erübrige, ein abschreckendes Exempel zu statuieren. Cohen ist überzeugt, dass Vanunu entführt wurde, weil die israelischen Behörden verhindern wollten, dass er noch mehr Informationen preisgab.[108] Diese Behauptung ist deshalb plausibel, weil die Entscheidung, Vanunu außer Gefecht zu setzen, fiel, bevor die Enthüllungen publik wurden. Man hoffte, ihn rechtzeitig zu stoppen. Aber ist Peres' Begründung, man habe mit der Entführung ein abschreckendes Beispiel geben wollen, wirklich als »kosmetische Ausrede« abzutun? Ist diese Abschreckung nicht vielmehr Bestandteil der politischen Kultur Israels?

Peres' unmissverständliche Bemerkung über Personen, die Staatsgeheimnisse preisgeben, gibt Aufschluss über das Fundament der spezifisch »israelischen Ordnung«: das ausgeprägte Sicherheitsdenken. Jeder Versuch, die Ordnung zu erschüttern, soll entschlossen bekämpft werden. Vanunu habe kein Recht, Informationen zu verraten, weil niemand ein Recht habe, »über solche Angelegenheiten zu sprechen« mit Ausnahme von Personen, die vom Staat als befugt erachtet werden. Daher soll »Israel« ihn verfolgen.

Peres hatte auch die israelische Presse auf seiner Seite. Der israelische Journalist Gidon Shapiro weist darauf hin, dass die israelische Presse bereits vor Beginn des Gerichtsverfahrens mit Hilfe der Regierung Vanunu diffamiert und verurteilt habe.[109] Das bestätigt wiederum das Argument des israelischen Journalisten Akiva Orr, dass Vanunu keine Chance gehabt hätte, über die israelische Presse sein Anliegen zu verfolgen. Denn diese hätte nicht nur seine Informationen nicht veröffentlicht, sie hätte ihn mit aller Wahrscheinlichkeit gleich an die Behörden ausgeliefert. Insofern sei Vanunus Entscheidung, sich an eine ausländische Zeitung zu wenden, zweckdienlich gewesen. »In Israel gilt die Loyalität der Zeitungsredakteure in erster Linie dem Staat.« Die Demokratie oder die Wahrheit kommen erst an zweiter Stelle.[110]

Avner Cohen erklärt die harte Bestrafung des israelischen Atominformanten[111] mit der gesellschaftlichen Bedeutung seiner Tat: Vanunu habe die »eigentliche gesellschaftliche Funktion der Undurchsichtigkeit« nicht begriffen. Ihr Ziel sei, »die ganze nukleare Thematik zu verschweigen«. Vanunu sei entgangen, dass »jenseits der Fiktion der Undurchsichtigkeit wir alle genau wissen, was sich dort in Dimona abspielt. Aber wir tun so, als ob wir es nicht wüssten, [...] damit wir uns mit den damit einhergehenden, strategischen und moralischen Dilemmata nicht auseinandersetzen müssen«. Vanunu habe »mit an Dummheit grenzender Naivität« geglaubt, so Avner Cohen, dass er mit seiner Tat eine tiefschürfende nationale Debatte in Gang hätte setzen können.[112]

Avner Cohen setzte sich allerdings mit seinem Buch *The Last Taboo* selbst dafür ein, die »anachronistische Politik der Un-

durchsichtigkeit« aufzuheben und geriet deshalb in Konflikt mit
den Militärbehörden und Zensurbestimmungen.[113] Er will das
Ausbleiben einer Atomwaffen-Debatte allein damit erklären, dass
die israelische Gesellschaft von den Waffen erst gar nichts habe
wissen wollen. Dass diese »schizophrene Lage« allerdings stärker
im Kontext eines von der israelischen Führung mit aller Härte
aufoktroyierten Redeverbots gesehen werden muss, verliert Avner
Cohen zuweilen aus den Augen.

Dieses Redeverbot ist mit eine Bedingung dafür, dass die israelische Gesellschaft ihre Augen so sehr verschließt. Die Reaktionen
der israelischen Regierung, der Sicherheitsapparate und des Jus-
tizsystems auf die Vanunu-Affäre zeigen, wie gut das Prinzip des
»Nicht-Reden-Dürfens« greift. Auch die Presse hält sich an die
Spielregeln: Als Peres von der bevorstehenden Veröffentlichung
der brisanten Informationen in der *Sunday Times* erfuhr, wandte
er sich an das *Editors' Committee*, in dem sich einige Leiter von
Fernseh- und Rundfunkanstalten sowie israelische Zeitungsredakteure zusammengeschlossen haben.

Das *Editors' Committee* wird regelmäßig von hochrangigen Ka-
binettsmitgliedern über heikle militärische und diplomatische Angelegenheiten informiert. Als Gegenleistung vertritt es in bestimmten Fällen die politische Linie der Regierung. Peres berichtete dem
Editors' Committee von der bevorstehenden Veröffentlichung in
der *Sunday Times*. Da die israelischen Zensurbestimmungen sich
nicht auf die ausländischen Medien erstrecken, appellierte er an
den Patriotismus der Journalisten und bat sie, für eine Zeitspanne
von 48 Stunden nach dem Erscheinen des Artikels keine lokale
Berichterstattung oder Kommentare zuzulassen.[114] Außerdem forderte Peres das *Editors' Committee* auf, bei der Berichterstattung
nicht auf die Details der Sicherheitspannen einzugehen. Die Presse
solle sich allein auf das in der *Sunday Times* veröffentlichte Mate-
rial stützen. Peres ging selbstverständlich von einer Kooperation
des *Editors' Committee* aus. Avner Cohen sieht darin eine Bestätigung, wie fest das Tabu, über das Atomprogramm zu reden, in der
Gesellschaft verankert ist.[115]

Die Pressepolitik bestätigt Avner Cohens Urteil, das politische
System sei schizophren. Die Nachricht von der Sitzung zwischen
Peres und dem *Editors' Committee* erreichte ja auch das *Insight*-
Team der *Sunday Times*, das Vanunus Geschichte somit bestätigt

sah. Noch in dem Moment, als die Fiktion bloßgestellt war, setzten Peres und die Presse ihre »Politik der Undurchsichtigkeit« fort. Die Wächter der »israelischen Ordnung« sind die ersten, die so tun, »als ob sie nicht wüssten, was sich in Dimona abspielt« – die Gesellschaft folgt ihnen schließlich.

Eine langjährige Politik der Informationssperre und die Kooperation der Presse sind die Ursachen dafür, dass das Thema nicht öffentlich diskutiert wird und die Israelis sich desinteressiert zeigen. Die Schizophrenie der »Politik der Undurchsichtigkeit« basiert auf der Diskrepanz zwischen Sein und Schein, eine Diskrepanz, die in solchen Fällen wie in dieser Affäre die Stabilität der »israelischen Ordnung« zu gefährden droht. Deshalb wird Vanunu als Staatsfeind erachtet.

Im Januar 1988 machte Peres, inzwischen Außenminister, seine Aussage im Verfahren gegen Vanunu. Er wurde ausgerechnet von der Verteidigung des Angeklagten vorgeladen, weil er im November 1986 in einer nichtöffentlichen Sitzung mit *Knesset*-Abgeordneten der Arbeitspartei hat verlauten lassen, der Artikel in der *Sunday Times* habe Israels Sicherheit kaum geschwächt.[116] Vanunus Verteidiger Avigdor Feldmann (geb. 1948) baute seine Verteidigungsstrategie eben darauf auf, zu widerlegen, dass Vanunus Enthüllungen Israels Sicherheit Schaden zugefügt habe und dass Vanunu diese böse Absicht gehabt habe.

Peres beharrte im Prozess jedoch darauf, Vanunus Informationen hätten die Staatssicherheit gefährdet. Er begründete seine Behauptung nicht, ebenso wenig wie seine Bemerkung vor den Mitgliedern seiner Partei, die er höchstwahrscheinlich deshalb machte, um die Anwesenden zu beruhigen und davon zu überzeugen, dass Israels Abschreckung keinen Schaden genommen habe. Bei seiner Aussage im Prozess hielt er sich nun strikt an die Regierungsanordnung, wonach im Gerichtssaal bestimmte Fragen nicht diskutiert werden dürfen; etwa die Frage, ob der Artikel in der *Sunday Times* Schaden verursacht oder ob er überhaupt der Wahrheit entsprochen habe.

Peres weigerte sich, auf Feldmanns Fragen zu antworten, und sagte lediglich, dass die veröffentlichten Informationen »Israels Sicherheit« geschadet hätten.[117] In den Protokollauszügen des Vanunu-Prozesses, die Ende 1999 veröffentlicht werden, lautet Peres' Aussage: »Die Veröffentlichungen der *Sunday Times* spornen einige arabische Staaten dazu an, diverse, für Israel unerwünschte, Richtungen einzuschlagen.«[118]

Wie lässt sich Peres' Behauptung von 1988 nachweisen oder widerlegen? Woran misst man den Schaden für die nationale Sicherheit? Haben die arabischen Staaten vor dem Bericht in der *Sunday Times* tatsächlich nichts vom israelischen Atomwaffenarsenal gewusst? Oder verstärkte der Artikel gar die erwünschte Abschreckungswirkung? Was sind das genau für unerwünschte Reaktionen, die Peres bei den arabischen Nachbarn beobachtete? Diese Fragen öffentlich zu stellen und zu erörtern, war das Anliegen von Vanunu und den wenigen Mitgliedern des »Israelischen Komitees für die Befreiung Mordechai Vanunus und für die atomare, biologische und chemische Abrüstung des Nahen Ostens«. Sie empfanden die »Politik der Undurchsichtigkeit« und die anhaltende Informationssperre als undemokratisch und wollten eine politische Diskussion über die Atomwaffen anstoßen. Sie gingen davon aus, dass die israelische Öffentlichkeit gegen die nukleare Aufrüstung zu mobilisieren wäre, wenn sie erst erfahren würde, was sich in Dimona abspielt. Darüber hinaus hofften sie, auf ein verändertes Sicherheitsdenken hinwirken zu können mit dem Ziel, Massenvernichtungswaffen abzuschaffen.

Im Gegensatz zu Avner Cohen, der zwar auch dafür eintrat, die Politik der Undurchsichtigkeit aufzugeben, Atomwaffen zur Abschreckung aber für nützlich hält, sahen die Befürworter der Abrüstung und die israelischen Atomwaffengegner der 1960er Jahre bereits in der bloßen Existenz der Anlage von Dimona eine Gefahr für das zionistische Projekt oder auch für die Umwelt. Das israelische Gesetz machte es der Regierung leicht, eine Angelegenheit als Staatsgeheimnis zu deklarieren. Vanunus Verteidiger sagte im Prozess: »Alles, was die Regierung als Staatsgeheimnis einstufen will, gilt für das Gesetz als Staatsgeheimnis.« Sie sei indessen nicht verpflichtet, ein Staatsgeheimnis zu definieren.[119]

Dies alles war jedoch nur möglich, weil die *Knesset* sich den Vorgaben auch fügte und schwieg. Diese Unterordnung der *Knesset* ist fest in der politischen Kultur verankert. Unter den meisten Abgeordneten herrscht ein Konsens, bestimmte Aufgaben den »Sicherheitsexperten« zu überlassen. Das Parlament wirkt also auch daran mit, die Debatte über Atomwaffen zu blockieren.[120]

In der »Politik der atomaren Undurchsichtigkeit« treffen die
beiden eingangs vorgestellten Perspektiven auf den Einsatz von
Gewalt im Dienst des zionistischen Projekts aufeinander: zum einen die ambivalente Haltung zur Gewalt, zum anderen die Rechtfertigung des Gewalteinsatzes, auch wenn dieser extrem ausfällt,
da es sich ja um Gegengewalt bzw. notwendige Gewalt handle.
Die Politik der atomaren Undurchsichtigkeit hat einen para-
doxen Charakter, da sie den faktischen Besitz der Massenvernichtungswaffen einerseits verleugnet und andererseits erklärt, diese
Waffen seien lediglich zur Abschreckung als eine Art »Versiche-
rungsschein« und nicht zum Einsatz gedacht. Die Möglichkeit des
tatsächlichen Einsatzes als letztes Mittel wird dezidiert ausgeblendet, weil allzu sehr befürchtet. Denn angesichts der geographischen und demographischen Situation Israels würde der Einsatz
von Atomwaffen wahrscheinlich das Ende des zionistischen Projekts bedeuten. Zum anderen drückt sich in der Politik der Undurchsichtigkeit die im Konzept der Abschreckung enthaltene
Bereitschaft aus, von den »extremen Mitteln« auch tatsächlich
Gebrauch zu machen, käme es zum Fall der Fälle. Innenpolitisch
wäre dies legitimiert als eine Notwendigkeit, als Gegengewalt der
»ultimativen Opfer« im Sinne Fackenheims und Schweids. Doch
bleibt die Abschreckung alleine im Bereich der nicht konventionellen Waffen?

Der konventionelle Krieg und das zionistische Projekt:
Libanon 1982

Trotz des Abschreckungspotenzials der Atomwaffen sind konven-
tionelle Kriege für Israel bekanntlich noch immer bittere Realität.
Die sicherheitspolitische Vorstellung, der konventionelle Krieg
ließe sich durch die Nuklearabschreckung vermeiden, ging nicht
auf. Der Krieg beherrscht seit der Staatsgründung den israelischen
Alltag: Eroberungskriege wie der Sinai-Suez-Krieg 1956 und der
Sechstagekrieg 1967; ausdrückliche Verteidigungskriege wie der
Jom-Kippur-Krieg 1973; »Abnutzungskriege« 1968-1970 an der
Südgrenze und 1985-2000 an der Nordgrenze; militärische Aus-
einandersetzungen für den Erhalt von Gebieten wie der Libanon-

Krieg 1982 oder die Bekämpfung der ersten und zweiten Intifada 1987-1992 und 2000-2004; außerdem Kriege, in die Israel militärisch nicht direkt involviert ist, aber in denen das Land dennoch attackiert wird, wie der Zweite Golfkrieg von 1991.

Die militärische Okkupation der palästinensischen Gebiete, Terroraktionen gegen israelische Einrichtungen und die israelischen Vergeltungsaktionen verstärken den Sog der Gewalt und Gegengewalt. Die Auffassung von der Notwendigkeit des Kriegs für den Erhalt des jüdischen Staats, wie dies am Beispiel des Sinai-Suez-Kriegs gezeigt wurde, hat sich im Laufe der Jahre noch verfestigt. Der konventionelle Krieg ist zu einem integralen Bestandteil der israelischen Ordnung geworden.

Die israelische Invasion im Libanon am 6.6.1982 ist in das politische und gesellschaftliche Bewusstsein Israels als erster Krieg eingegangen, den die sicherheitspolitische Führung des Landes »frei gewählt« hat. Premierminister Menachem Begin und Verteidigungsminister Ariel Sharon entsandten die israelische Armee in den Libanon in einem militärischen Einsatz namens »Frieden für Galiläa«. Das war auch die offizielle Begründung.

Ian Black und Benny Morris, die Autoren von *Mossad, Shin Bet, Aman. Die Geschichte der israelischen Geheimdienste* sehen den Libanon-Krieg als Resultat zweier Entwicklungen: Zum einen mischte sich Israel im Libanon ein, weil PLO-Chef Jassir Arafat und seine Kampfeinheiten den Schwerpunkt ihrer Aktivitäten nach Beirut und in den Südlibanon verlegt hatten, nachdem sie von jordanischen Truppen im sogenannten »Schwarzen September« 1970 aus Jordanien vertrieben worden waren. Den zweiten Entwicklungsstrang bilden der libanesische Bürgerkrieg von 1975, die instabile Lage im Land und die israelisch-falangistische Allianz.[121]

Im Rahmen der sogenannten Peripherie-Doktrin unterstützte Israel seit den 1950er Jahren die Christen im Libanon. Diese Verbindungen wurden als »natürliche Allianz« bezeichnet.[122] 1982 hielt die israelische Führung den richtigen Zeitpunkt für gekommen, um durch Krieg eine neue politische Ordnung in der Region durchzusetzen. Black und Morris sehen den Zustrom von PLO-Kämpfern nach dem »Schwarzen September« als wichtigen Faktor, der zum allmählichen Zerfall des Libanon in der ersten Hälfte der 1970er Jahre führte:

»Die Übergriffe der [PLO-]Organisation auf israelische Siedlungen handelten der gesamten Bevölkerung des Südlibanon die Rache der IDF ein, was wiederum viele Schiiten zur Flucht in die südlichen Vororte Beiruts veranlaßte. Sie waren voller Ressentiment gegen die von den Christen beherrschte libanesische Oberschicht und wandten sich zunehmend dem religiösen Fundamentalismus zu. Die Schiiten hatten erheblichen Anteil am Destabilisierungsprozess, der schließlich im April 1975 in den Bürgerkrieg mündete. Bei dessen Ausbruch standen die christlichen Gemeinden des Landes, angeführt von den Maroniten und deren Milizen [...] einer losen und sich verändernden Koalition aus Moslems und Linken gegenüber.«[123]

Israel stand den christlichen Maroniten im libanesischen Bürgerkrieg 1975 bei. Die israelischen Truppen marschierten am 15.3.1978 in den Libanon ein. Für die nun folgende Operation »Litani«, einen Vergeltungsakt für von Palästinensern begangene Überfälle im israelischen Kernland, wurden mehrere Brigaden eingesetzt, insgesamt 7.000 Mann. Ziel war die Zerstörung von Einrichtungen der PLO nördlich der israelisch-libanesischen Grenze. Dabei sollten vier von Israel dominierte Enklaven gebildet werden, um die militärische Kontrolle des christlichen Verbündeten von Israel, der Freien Libanesischen Armee (FLA) von Major Saad Haddad (1936-1984), über diese Enklaven zu sichern.[124]

Israels Sicherheitspolitik wurde seit dem Antritt der zweiten *Likud*-Regierung im August 1981 von Premierminister Menachem Begin, Verteidigungsminister Ariel Sharon und Generalstabschef Refael Eitan (1929-2004) bestimmt. Doch Sharon war die treibende Kraft: Er setzte alles daran, die PLO an der Nordgrenze Israels zu schwächen, damit seine Gesamtstrategie erfolgreich sein konnte. Er glaubte, »daß es Israel nach einer Demütigung der PLO leichter fallen wird, den dann führungslosen Palästinensern des Westjordanlands und des Gazastreifens eine israelische Administration aufzunötigen und damit letztlich einer Annektion durch Israel den Weg zu ebnen«.[125]

Sharon hoffte, nach der Zerschlagung der politisch-militärischen Macht der Palästinenser und der Moslems im Libanon einen »neuen« libanesischen Staat unter der Führung der Partei »Phalange« schaffen zu können, der mit Israel Frieden schließen würde. Sharon erweiterte den im April 1981 entworfenen Plan des israelischen Militärs für den Einmarsch in den Libanon, die

»Operation Pinien«. Der ursprüngliche Plan sah den Einmarsch
der israelischen Armee bis nach Sidon vor, in Sharons Variante
sollten die Truppen bis zu einer Linie nördlich von Beirut vordrin-
gen. Von Beginn an bevorzugte Sharon seinen sogenannten »Großen Pinien-Plan« gegenüber dem »Kleinen Pinien-Plan«.[126]
Der Große Pinien-Plan sollte die PLO aus dem Libanon zurück
nach Jordanien bringen, um dort das Haschemitische Königshaus
zu stürzen und einen palästinensischen Staat zu gründen.[127] Black
und Morris betonen, dass der Verteidigungsminister »seinen Kollegen im Kabinett nur noch selten einen vollständigen Einblick in
seine Gedanken« gewährt habe.[128] Am 10.5.1982 legte Premierminister Begin dem Kabinett eine verkürzte Version des Großen
Pinien-Plans vor. Sharon sprach von einer »begrenzten Operation«. Er und Begin wollten den Ministern weismachen, es handele
sich bei dem Vorhaben um einen Angriff im Stil des »Kleinen Pinien-Plans«.
Den Anlass zum militärischen Einmarsch Israels in den Libanon im Juni 1982 lieferte ein Vorfall in London. Der israelische
Botschafter in Großbritannien Shlomo Argov (1929-2003) wurde
von einem Palästinenser der abtrünnigen Gruppe Abu Nidals an-
geschossen und schwer verletzt. Verteidigungsminister Sharon
und Ministerpräsident Begin entsandten daraufhin die israelische
Armee in den Libanon.
Begin begründete den militärischen Einsatz mit der Bekämpfung der »Terroristen«. Das Kabinett und letztlich auch die *Knesset* einschließlich der Opposition der Arbeitspartei unter der Führung Shimon Peres und Itzhak Rabin standen dabei nicht im
Wege. In einer 40 Kilometer langen Zone im Südlibanon sollten
nun die Kanonen- und Raketenwerfer der PLO zerstört werden,
die in Reichweite der galiläischen Siedlungen aufgestellt waren.
Sharon sprach von einer »24-stündigen« Operation, die den
»Frieden für Galiläa« herbeiführen werden solle.[129]
Nach dem israelischen Einmarsch in den Libanon wurden Jassir Arafat und ca. 11.000 PLO-Kämpfer bis Ende August 1982
nach Tunesien evakuiert. Die Vorbereitungen zur Umsetzung von
Sharons Großem Plan für eine »neue Ordnung« im Libanon liefen an: Israel verhalf dem 34-jährigen Phalange-Führer Bashir Gemayel (1947-1982) bei der Präsidentenwahl mit militärischem
Beistand zum Erfolg. Nach der libanesischen Verfassung benötigt

ein Kandidat eine Zweidrittelmehrheit im Parlament. Die israelische Besatzungsmacht verhinderte, dass die Gegner Gemayels ihre Stimmen abgeben konnten.

Am 23.8.1982 wurde Gemayel mit den Stimmen von 57 der 62 erschienenen Abgeordneten zum Präsidenten des Libanon gewählt. Am 14.9.1982 wurde er bereits ermordet.[130] Eine Eskalation war vorprogrammiert: Sharon befürchtete, dass die verbliebenen PLO-Kämpfer in Beirut die politische Kontrolle übernehmen könnten und wies die israelische Armee an, in das von der PLO noch beherrschte West-Beirut vorzurücken. Die Phalangisten drangen in die palästinensischen Flüchtlingslager Sabra und Shatila in Süd-Beirut ein, um sie »von versteckten Terroristen zu säubern«. Vom 16.-18.9.1982 richteten die Phalangisten unter dem wachsamen Auge der israelischen Armee ein Massaker unter den Palästinensern an. Nach israelischen Angaben werden zwischen 700 und 800, nach palästinensischen mehr als 2000 Menschen abgeschlachtet.[131]

Kriegspolitik – ein sozial-politischer Konsens

Von großer Bedeutung für die Frage des militärischen Einsatzes im Dienst der Nationalstaatlichkeit bzw. Sicherheit ist die Tatsache, dass er traditionell ein sozial-politisches Hinterland hat: Alle zionistischen Lager Israels teilen diesen Zusammenhang von Krieg und nationalstaatlicher Existenz. Gerade im Krieg von 1982 ließ sich dies beobachten, da erstmals in der israelischen Geschichte eine »rechte Regierung« einen Krieg beschloss. Alle bis dahin durchgeführten militärischen Einsätze – ausgenommen die Litani-Operation vom März 1978 – wurden unter Regierungen der *Mapai*- bzw. Arbeitspartei beschlossen.

Die Position des Linkszionismus wurde diesmal von der Oppositionsbank aus vertreten. Der Oppositionsführer der Arbeitspartei Shimon Peres verteidigte die Invasion zwei Tage (8.6.1982) nach Kriegsbeginn gegen das von der kleinen jüdisch-arabischen *Knesset*-Fraktion *Hadasch* (»Demokratische Front für Frieden und Gleichheit«) initiierte Misstrauensvotum gegen Begins Regierung bzw. den Kriegsbeschluss. Peres' Unterstützung sicherte Be-

gin die Mehrheit in der *Knesset*.[132] Warum stellte sich Peres bei
dem Misstrauensvotum hinter Begin? Weshalb beharrt die linkszionistische Geschichtsschreibung auf der These, Peres sei »einer
der schärfsten Gegner der 1982er-Invasion der IDF in den Libanon« gewesen?[133]

Hier gilt es zu berücksichtigen: Der israelische Linkszionismus
hat ein ambivalentes Verhältnis zum Einsatz nationalstaatlicher
Gewalt. Er hält ihn für absolut unverzichtbar für die Sicherheit,
obwohl er eben diese nicht nur nicht erzielt, sondern sie sogar
gefährdet. Das Eskalationspotential solcher Einsätze wird geleug-
net. Unmittelbar nach der Invasion erschienen die Äußerungen
zum Krieg, die Peres vor der Presse machte, unentschlossen und
diffus. Er vermittelte nicht den Eindruck, als gehöre er zu den
großen Befürwortern des Kriegs. Diese Zurückhaltung zeigt ein
ambivalentes Verhältnis zum Gewalteinsatz: Peres unterstützte
den Krieg *de facto*, hielt damit jedoch hinter dem Berg.

Die damaligen Schlagzeilen der Zeitungen bezeugen dies: »Peres und Rabin verlangen: keine Auseinandersetzung mit Syri-
en«[134]; »Bloß keine weitere Westbank«[135]; »Peres: Die Abrechnung mit [Begins] Regierung wird nach den Trauertagen [für die
israelischen Gefallenen] und nach der Rückkehr der Soldaten
stattfinden«[136]; »Israelischer Einmarsch in West-Beirut kann ein
historischer Fehler werden«[137]; »Der Einmarsch in West-Beirut
wird einen hohen Preis haben, obwohl die Versuchung groß ist [in
West-Beirut einzumarschieren]«[138]; »Peres fragt: Warum musste
Beirut bombardiert werden?«[139]. Peres selbst verfasste anlässlich
des Libanon-Kriegs einen Artikel mit der Überschrift »Für den
politischen Weg«.[140] Kurz nach dem vom 16.-19.9.1982 von Fa-
langisten verübten Massaker an Palästinensern in Sabra und Shatila veröffentlicht der Oppositionsführer den Zeitungsartikel:
»Öffentliche Plätze und Bulldozer – aber kein Ausweg«.[141]

Klares Kriegsziel Israels war die Vertreibung der PLO aus dem
Libanon. Peres betonte, dies liege nicht nur im israelischen Interesse, sondern komme auch dem Libanon zugute. Die IDF handle
im Sinne der libanesischen Regierung, welche »weiß [...], dass die
Zerstörung Beiruts nicht mit dem Einmarsch der israelischen Armee begonnen hat, sondern sie wurde vielmehr [...] seit 1975 von
den Syrern und der PLO vollzogen«.[142]

In Peres' Argumentation ist der Krieg somit gut, denn er schafft Unrecht aus der Welt. Auch »die muslimischen Bewohner Beiruts« sollten sich Peres zufolge besser die Vertreibung der »PLO-Terroristen« wünschen, auch wenn sie sich im Moment noch von ihnen vertreten fühlten; ihre Unterstützung der PLO führt er auf »mangelnde Urteilskraft« zurück; sie würden verkennen, dass »die PLO letztlich für ihr bitteres Schicksal verantwortlich« sei. In Peres' Augen erweist die israelische Armee den Palästinensern in Beirut somit einen wichtigen Dienst.

An dem Tag (30.7.1982), an dem der UN-Sicherheitsrat Israel dazu aufrief, die Belagerung Beiruts aufzuheben, damit die Menschen dort mit Nahrungsmitteln und Medikamenten versorgt werden können, stellte Peres die Ereignisse so dar – und offensichtlich verstand er sie auch so –, als ob die IDF im Libanon im Grunde ein gutes Werk vollbringe.[143] Ein weiteres Kriegsziel, das Peres in »Für den politischen Weg« nennt, ist die Wahl eines neuen Präsidenten im Libanon:

> »Es wäre naiv zu meinen, dass die ganzen [israelischen] Anstrengungen in Beirut [...] alleine die Räumung der Terroristen zum Ziel hätten. Ein weiteres Ziel – meines Erachtens von beträchtlicher Bedeutung – stellt die Bildung einer libanesischen Regierung dar, oder besser gesagt, die Wahl des nächsten Präsidenten für den Libanon, [...] und zwar ohne fremde Intervention. Daher ist die Entfernung der Terroristen nicht nur ein Ziel an sich, sondern ein wichtiges Mittel für den Libanon, ihm wieder zu sich selbst zu verhelfen.«[144]

An dieser Stelle vertrat Peres nicht zum ersten Mal die Position, Israel habe das Recht, auf die Bildung neuer Regierungen in einem Nachbarland Einfluss zu nehmen. Bereits der Sinai-Suez-Feldzug von 1956 hatte u. a. zum Ziel, den ägyptischen Präsidenten abzusetzen. Als 1963 in Jordanien Unruhen ausbrachen, machte Peres Ben-Gurion den Vorschlag, dass Israel im Falle des Sturzes von König Hussein (1935-1999) »einen israelischen Araber [einen palästinensischen Staatsbürger] an dessen Stelle ernennen soll«.[145]

1982 betonte Peres, die Wahl des neuen libanesischen Staatsoberhauptes solle »ohne fremde Intervention« erfolgen. War ihm die Widersprüchlichkeit seiner Aussagen bewusst? Möglicherweise war für ihn die israelische Armee derart positiv besetzt, dass er ihre Handlungen niemals als »fremde Intervention« bezeichnen würde. Oder er war der Meinung, dass das Eingreifen Israels auf Grund der Allianz mit den Christen des Libanon, die zu den herrschenden Schichten im Land gehören, eine Art Hilfe zur Selbsthilfe ist, und nicht mehr. Fest steht, dass er allein die israelischen Interessen vor Augen hatte. Sie sollten 1982 durch die militärische Invasion im Nachbarland gewahrt werden. Auch wenn er bei diplomatischer Rhetorik bleibt, ist dem Artikel zu entnehmen, dass er das Militär als entscheidendes Instrument für die Gestaltung der regionalen Politik betrachtet.

Wie stand Peres zu Sharons eigentlichem Kriegsziel, der Lösung der Palästinenserfrage in Jordanien? Sharons Plan sah vor, die PLO-Führung nach Jordanien zu vertreiben, wo sie einen Staat gründen sollten. Der internationale Druck auf Israel, die palästinensischen Gebiete zu räumen, würde dann, so die Hoffnung, nachlassen.

Auf der israelischen Rechten war dieser Plan unter der Formel »Jordanien sei Palästina« bekannt. Sharon sagte jedoch nicht, was beim Gelingen des Plans mit den Palästinensern geschehen soll, die in *Eretz Israel*/Palästina leben. Müssten sie nach Jordanien ziehen? Sharon glaubte jedenfalls nicht, dass die israelische Militärregierung in den palästinensischen Gebieten lange aufrechtzuerhalten wäre. Und eine Gebietsaufgabe kam keinesfalls in Frage.

Unklar bleibt auch, wie Sharon die Zustimmung der PLO und des jordanischen Königshauses zu erzielen gedachte. Vorauszusehen war, dass die Umsetzung seines Plans auch im Falle einer Kooperation Arafats erhebliche Spannungen an der israelisch-jordanischen Grenze nach sich ziehen würde.[146] Zu dem Zeitpunkt, als Peres seinen Artikel zum »politischen Weg« verfasste, war der Sharon-Plan noch nicht an die Öffentlichkeit gedrungen. Deshalb konnte der Oppositionsführer nur vorsichtig Stellung zum Zusammenhang zwischen der Palästinenserfrage und dem Krieg im Libanon beziehen und verwandte eine Code-Sprache:

> »Bei der Auseinandersetzung mit der PLO handelt es sich nicht lediglich um eine Angelegenheit der Vergangenheit, vielmehr ist dies eine Frage der Zukunft. Ich sehe für die Zukunft kein israelisches Mandat, demzufolge irgendjemand in Israels Namen entscheiden kann, einen Rückzug aus den Gebieten von 1967 zu erzwingen, Jerusalem zu teilen und einen palästinensischen Staat zu errichten.

Dieser Staat würde versuchen, mal Israel zu erschüttern, mal Jorda-nien zu beherrschen. Zumal wir eine viel überzeugendere Alternati-ve haben, nämlich mit den gewählten Vertretern der Gebiete und mit Jordanien zu verhandeln. Insofern ist es bedauerlich, dass die euro-päische Initiative die [UN-]Resolutionen 242 und 338 an die PLO-Capricen anzupassen versucht. Resolutionen wie 242 und 338 könnte man widerrufen, doch es ist unwahrscheinlich, dass sich ein akzeptabler Ersatz dafür bei der arabischen sowie israelischen Seite finden lässt. [...] Die europäische Intervention erschwert also nicht nur die amerikanische Vermittlung, sondern gießt auch unnötiges Öl in das Feuer der Wünsche der PLO.«[147]

Peres vermeidet einen direkten Bezug zwischen dem Krieg und der Palästinenserfrage bzw. zu Sharons Lösungsvorschlag. Ebenso wie Sharon lehnte auch er die beiden UN-Resolutionen 242 und 338 ab. Den Befürwortern dieser Resolutionen, wie der Europä-ischen Gemeinschaft, stand er ausgesprochen kritisch gegenüber. Die genannten Resolutionen sehen den israelischen Rückzug aus den palästinensischen Gebieten vor. Genau das will Peres 1982 verhindern. Er bespricht nicht, inwiefern die Vertreibung der PLO aus dem Libanon diesem territorialen Interesse dient, und er geht auch nicht auf den Konnex zwischen dem Krieg und *seiner* Lö-sung der Palästinenserfrage ein. Ebenso unklar bleibt, ob er die Idee eines palästinensischen Staats in Jordanien unterstützen wür-de.

Doch sein eigentliches Anliegen bringt er deutlich zum Aus-druck: kein israelischer Rückzug aus den palästinensischen Ge-bieten. Auch wenn Peres hier wenig Konkretes zur Lösung der Palästinenserfrage anzubieten hat, verrät der Abschlusssatz eini-ges über den unausgesprochenen Konnex zwischen dem Krieg in Libanon und der Palästinenserfrage:

»Die israelische Armee erfüllte die unmittelbare Mission der Befrei-ung Nord-Israels vom PLO-Terrorismus. Nun wird es Zeit für die große Politik: für die Befreiung Libanons von dem Gordischen Kno-ten der ungeladenen Gäste und für die umfangreiche Lösung der Palästina-Frage, und zwar mit friedlichen Mitteln.«[148]

Erst drei Jahre nach Kriegsbeginn zog sich die israelische Armee teilweise aus dem Libanon zurück. Premierminister Peres konnte dies Anfang 1985 gegen den Widerstand des *Likud*-Koalitions-partners im Kabinett durchsetzen. Der von Verteidigungsminister

Itzhak Rabin vorgelegte Rückzugsplan sah eine schrittweise Räumung des Landes vor, wobei eine »schmale Sicherheitszone« im Südlibanon entlang der israelisch-libanesischen Grenze weiterhin von der israelischen Armee kontrolliert werden sollte, und zwar gemeinsam mit der Armee des Süd-Libanon unter der Befehlsgewalt von General Antoine Lahad (geb. 1927).[149]

Dieser Plan wurde bis Juni 1985 vollzogen. Die im israelischen Jargon sogenannte »Sicherheitszone«, aus libanesischer Sicht eine militärische Besatzung, bedeutete de facto die Fortsetzung des Libanon-Kriegs. Die im Gefolge der israelischen Invasion gegründete und von Iran finanziell und ideologisch unterstützte islamistisch-libanesische Organisation Hisbollah begann einen Guerillakrieg gegen die israelische Besatzung des Südlibanon. Es gelang ihr nach 18 Jahren erbitterten Kampfs Israel zum sogenannten »einseitigen Rückzug« aus dem Libanon zu zwingen. Ministerpräsident Ehud Barak (geb. 1942), Vorsitzender der Arbeitspartei, setzte 2000 den Rückzug gegen den heftigen Widerstand der israelischen Armeeführung durch.[150] Bis dahin kam es in der »Sicherheitszone« immer wieder zu Gefechten. In seiner zweiten Amtszeit als Ministerpräsident genehmigte Peres selbst im Frühjahr 1996 einen dieser militärischen Einsätze.

Das Eskalationspotential der »Sicherheitszone« im Südlibanon

Peres' Beitrag als Premierminister (1984-1986) zur Schadensbegrenzung des von der Likud-Regierung geführten Libanon-Kriegs wird allgemein positiv bewertet.[151] Im Hintergrund bleibt dabei jedoch die Tatsache, dass der von ihm durchgesetzte Plan lediglich einen Teilrückzug vorsah. An der »Sicherheitszone« wurde festgehalten. 1984, noch als Oppositionsführer, schilderte Peres seine sicherheitspolitische Lösung für den noch immer andauernden Krieg im Nachbarland in dem Artikel »Libanon – eine andere Politik«.[152]

Die israelischen Truppen sollten sich demnach zwar aus dem Großteil des Landes zurückziehen, doch die militärische Vorherrschaft Israels sollte aufrechterhalten werden. Peres wollte, dass »die [israelische] Luftwaffe weiterhin am Himmel des Libanon fliegt und die [israelische] Marine an seinen Küsten weiterhin patrouilliert; auch die Streitkräfte [der israelischen Verbündeten unter der Führung] von Haddad [Major Saad Haddad (1936–1984), Vorgänger von General Antoine Lahad geb. 1927] sollen verstärkt werden und als reguläre Kraft die Dörfer im Südlibanon vor der Rückkehr der Terroristen schützen«. Im Grunde solle »Israel den Südlibanon als einen flexiblen Raum betrachten«.

Peres erklärt in dem Artikel weiter: »Solange diese [Gegend] frei von Terroristen ist, wird die IDF sich nicht einmischen. Sollten sie [die Terroristen] sich dort [im Südlibanon] jedoch verschanzen, so wird die IDF die Grenze für eine beschränkte Zeit überqueren [müssen], um sie von dort zu vertreiben.« Peres erhebt den Anspruch, seine Verteidigungsstrategie könne die Sicherheit Israels garantieren, und zwar ohne »dass die IDF auf einem fremden Territorium« agieren müsse. Um Missverständnisse auszuräumen, betont der Vorsitzende der Arbeitspartei, dass es sich bei der israelischen Armee um »eine Verteidigungs-, keineswegs um eine Besatzungsarmee« handele, es also im Südlibanon »keine wirkliche Besatzung« geben werde.[153]

Auf der Grundlage dieses Plans zur »aktiven Verteidigung von außen« wurde schließlich die »Sicherheitszone« errichtet. Sie bestimmte die Libanon-Politik Israels bis zum Mai 2000. Der Kampf in der »Sicherheitszone« wurde im Laufe der Jahre zur Routine und unterschiedlich intensiv geführt. Im Juli 1993 eskalierte die Lage jedoch. Hisbollah-Kämpfer töteten sechs israelische Soldaten. Die Regierung der Arbeitspartei unter Premier- und Verteidigungsminister Itzhak Rabin beschloss einen militärischen Einsatz, der am 25.7.1993 unter dem Namen »Abrechnung« in die Tat umgesetzt wurde.

Die IDF unter Generalstabschef Ehud Barak bombardierte Dörfer im Südlibanon. Ziel war es, die Dorfbewohner zur Flucht nach Norden zu veranlassen, damit diese die libanesische Regierung unter Druck setzten, die Hisbollah zu entwaffnen. Bis zum Waffenstillstand am 31.7.1993 flohen rund 300.000 Südlibanesen aus ihren Häusern. 118 libanesische Zivilisten und acht Hisbollah-Kämpfer (nach israelischen Angaben »über 50«) wurden getötet.

Auf israelischer Seite starben zwei Zivilisten durch Raketenangriffe der Hisbollah auf Nordisrael, außerdem ein Soldat. Die siebentägigen Kampfhandlungen verheerten den Südlibanon. Amerikanische Vermittler erreichten schließlich eine Waffenstillstandsregelung, in der alle Seiten erklärten, das Feuer einzustellen. Syrien versprach, die Hisbollah und die palästinensischen Organisationen bei einem Angriff auf Israel nicht zu unterstützen.[154] Die »Sicherheitszone« blieb bestehen. Der Kampf zwischen Hisbollah, Südlibanon-Armee und israelischer Armee ging weiter, wenn auch weniger intensiv. Dieser Krisenherd war schließlich der Grund für den Einsatz von 1996. Im Frühjahr 1996 erklärte Premierminister Peres kurz vor Beginn der Operation »Früchte des Zorns«, warum die »Sicherheitszone« im Südlibanon bestehen bleiben müsse:

> »Es gab Versuche [seitens der Hisbollah], an die [israelisch-libanesische] Grenze zu gelangen. Ohne die Sicherheitszone würde alles, was dort passiert, an der Grenze passieren. Viele Infiltrationen wurden nämlich [durch die Sicherheitszone] verhindert. Die Lage ist zwar weiterhin angespannt, doch es gibt keine Lösung für den Krieg [der Hisbollah], der an sich ein Guerillakrieg ist. Das ist ein Krieg, der weiter andauern wird, es sei denn, es gäbe eine umfassende politische Lösung. Libanon ist Israels größtes Experimentierfeld für die Terrorismusbekämpfung. Was haben wir nicht alles probiert, von einer Invasion bis hin zum Frieden mit Libanon. Das alles hat nicht geholfen. Das endgültige wahrhaftige Mittel ist der Frieden.«[155]

Peres' Dilemma blieb weiter ungelöst: Er beschwor militärische Stärke, die nicht wirklich zu etwas führte, aber trotzdem als unverzichtbar erschien und daher auch immer wieder eingesetzt wurde. Diesem Zirkel ist kaum zu entrinnen. Militärische Stärke wurde in diesem Fall durch die Besatzung des Südlibanon gezeigt und als »Verteidigung« begriffen. Die »Sicherheitszone« gehörte für Peres ebenfalls zur Verteidigungsstrategie, weshalb die militärische Besatzung aufrechterhalten wurde.

Gleichzeitig war diese Besatzung für die Hisbollah der Grund, einen Guerillakrieg gegen die IDF zu führen. Die Folge war ein Zermürbungskrieg. Für Peres war die Hisbollah (sowie jahrelang die PLO und später die Hamas) eine »terroristische Organisation«. Verhandlungen mit ihr blieben unvorstellbar, weil ihnen als Ziel die Vernichtung Israels unterstellt wurde. Eine politische Regelung war daher erst gar nicht angestrebt. Das ist die Logik des immerwährenden Kriegs, die Peres' Dilemma zu Grunde liegt.

Krieg wird zur Routine. Erst eine zivile israelische Widerstandsbewegung gegen die israelische Präsenz im Südlibanon, die »Vier-Mütter-Bewegung«, konnte die israelische Regierung zum »einseitigen Rückzug« bewegen, der erst 2000 erfolgte. Die israelische Armee bleibt jedoch der Auffassung, der Rückzug habe die Abschreckungsmacht Israels beeinträchtigt.[156]

Das israelische Sicherheitsverständnis und die »Politik der gezielten Tötung«

Mit der Operation »Früchte des Zorns« im Libanon vom April 1996 reagierte Israel auf eine weitere Gewalteskalation, die ihren Anfang im Gazastreifen genommen hatte. Am 6.1.1996 tötete der israelische Inlandsgeheimdienst Shin-Bet den Palästinenser Yihya Ajjasch (1966-1996). Israel machte ihn für mehrere Hamas-Selbstmordattentate in den Jahren 1994 und 1995 verantwortlich. Die Selbstmordanschläge stellten damals eine neuartige Form des Kampfs gegen Israel dar.

Die zwei religiös-politischen palästinensischen Bewegungen Hamas und Islamischer Dschihad antworten damit auf das im Februar 1994 vom jüdischen Siedler Baruch Goldstein verübte Massaker an 29 betenden Palästinensern in Hebron. Goldsteins Tat wiederum richtete sich gegen die Ende 1993 aufgenommenen israelisch-palästinensischen Friedensgespräche. Das Massaker wies ebenfalls Züge eines Selbstmordattentates auf: Goldstein schoss blind in eine Menschenmenge und hatte kaum eine Chance, dies zu überleben. Er wurde schließlich von einem israelischen Soldaten getötet.

Der Politikwissenschaftler Avi Shlaim führt den Mord an Ajjasch darauf zurück, dass der Chef des Shin-Bet Carmi Gilon (geb. 1950) seine Amtszeit mit einer »spektakulären Tat« habe beenden wollen, auch um die von seinem Geheimdienst zu verantwortenden Sicherheitslücken vergessen zu machen, die am 4.11.1995 den Mord am israelischen Premierminister Itzhak Rabin ermöglichten. Ajjasch, der sich im Gazastreifen versteckt hatte, wurde schließlich auf Anordnung von Premier- und Verteidigungsminister Peres getötet.[157]

Daraufhin erklärte die Hamas Ajjasch zum Märtyrer. Nach dem Ende des Ramadan begann ein Rachefeldzug, der im Frühjahr 1996 Israel erschütterte. In den Monaten Februar und März wurden in Jerusalem, Aschkelon und Tel Aviv durch Hamas-Selbstmordattentate insgesamt 60 Israelis getötet und viele andere verletzt. Daraufhin stellte Peres die Friedensgespräche mit der Palästinensischen Autonomiebehörde unter der Führung der PLO ein und ließ die Grenzen zum Gazastreifen und zum Westjordanland absperren.

Weshalb genehmigte Peres die Liquidierung Ajjaschs kurz nach dem Mord an Rabin, der das Land ohnehin aus der Bahn geworfen hat? Shlaim vermutet dahinter zwei Motive: Zum einen habe der Premierminister die Vergeltung für »harte Gerechtigkeit« gehalten, zum anderen sei er der Meinung gewesen, »im Dienst der Moral der Nation und der Sicherheitskräfte« zu handeln.[158] In der Tat wird Ajjaschs Tötung in Israel zunächst enthusiastisch begrüßt.

Dem amerikanischen Journalisten Robert Littell (geb. 1935) erklärte Peres jedoch, die Tötung sei als Präventivangriff zu verstehen. Denn es lägen Beweise dafür vor, dass »Ajjasch aktiv mit der Vorbereitung eines weiteren Anschlags« beschäftigt gewesen sei. »Mit der Entscheidung, ihn zu liquidieren, wurde der [von Ajjasch geplante] Anschlag verhindert.«[159] Das Motiv der Rache wies Peres zurück: Israel habe diese Tat nicht aus Rache ausgeführt, »obwohl er [Peres] zufrieden ist, dass ein Judenmörder verschwunden sei«.[160]

Dieses Verständnis erstickte jegliche öffentliche Debatte im Keim, da die Tötung Ajjaschs als notwendige Verteidigung Israels erschien. Peres stellte diese Politik nicht in Frage. Getreu seiner Sicherheitsdoktrin, Vergeltung als Mittel zur Abschreckung einzusetzen, führte er die Liquidierungspolitik seiner Vorgänger routinemäßig fort.[161] Trotz der Spirale der Gewalt und Gegengewalt, die sie immer wieder auslöst, gilt ihr sicherheitspolitischer Nutzen bis heute als unbestritten. Doch hatte Peres angesichts der bevorstehenden Wahlen und des anlaufenden Oslo-Friedensprozesses keine Bedenken wegen Ajjaschs Tötung?

»Harte Gerechtigkeit«, das biblische Prinzip »Auge um Auge, Zahn um Zahn«, und das nationalistische Element der »Moral der Nation« und ihrer Sicherheitsapparate hatten offensichtlich

Vorrang. Rabins Mord hatte nicht nur für Spannungen innerhalb des Shin-Bet gesorgt, sondern auch die israelische Gesellschaft gespalten. Eine überzeugende Tat gegen einen »deutlich identifizierten Feind Israels« sollte das Volk nun wieder vereinen. Nach Ajjaschs Tötung breitete sich im ganzen Land eine patriotische Stimmung aus, gepaart mit Genugtuung über die Leistungsfähigkeit der Wächter des zionistischen Projekts. Doch werden Kriege von Israel nur aus rein nationalstaatlichen bzw. sicherheitspolitischen Gründen geführt?

Die militärische Operation »Früchte des Zorns« im April 1996

Die Selbstmordattentate vom Frühjahr 1996 erschütterten Peres' Regierung und verdüsterten seine Wahlaussichten. Sogar der amerikanische Präsident Bill Clinton (geb. 1946) versuchte, den Oslo-Friedensprozess bzw. Peres' Regierung zu retten. Clinton initiierte einen Antiterrorismus-Gipfel, der am 13.3.1996 in Scharm el-Scheikh stattfand. Der internationale Gipfel hatte aber nicht die erhoffte Wirkung, der Popularitätsverlust des Premierministers blieb dramatisch.

Peres' Biograph schreibt dazu: »Eine militärische Aktion gegen die Infrastruktur des Terrors wäre sicherlich viel effektiver« als der Friedensgipfel gewesen.[162] Wollte Peres mit dem militärischen Einsatz im Libanon seine Wahlaussichten verbessern? Shlaim zufolge sei der Libanon vor dem Hintergrund der Terrorwelle in Israel so kurz vor den Parlamentswahlen ein »verführerisches Vergeltungsziel« gewesen: Denn die israelische Öffentlichkeit sehnte sich nach Vergeltung.[163] Ob die israelische Öffentlichkeit einen weiteren militärischen Einsatz im Libanon wirklich wollte, muss offen bleiben. Die sicherheitspolitischen Eliten in Militär, Regierung und Presse gingen jedenfalls in die nächste Runde.[164]

Die Armeeführung und einige Kabinettsminister, allen voran Außenminister Ehud Barak – Generalstabschef und Architekt der Operation »Abrechnung« im Juli 1993 – sprachen sich angesichts der Spannungen in der »Sicherheitszone« für ein weiteres militärisches Vorgehen gegen die Hisbollah im Südlibanon aus. Passivität würde Peres' sicherheitspolitischem Ansehen schaden. Andere

Stimmen in der Regierung warnten Peres hingegen, auch in Hinblick auf seine Wahlaussichten, dass »wir alle [in der zionistischen Linken] so einen Krieg noch bedauern« würden.[165]

Doch der Premier- und Verteidigungsminister genehmigte die militärische Operation »Früchte des Zorns«. Sie sollte allein gegen die Hisbollah-Kämpfer gerichtet sein.[166] Die Militärführung und Außenminister Barak setzten sich aber dafür ein, einen Großteil der Zivilbevölkerung des Südlibanon durch Bombardements zur Flucht in den Norden zu veranlassen, damit die israelische Armee der Hisbollah im Südlibanon einen massiven Schlag versetzen konnte.

Weiter hoffte man, dass die libanesischen Flüchtlinge ihre Regierung unter Druck setzen würden, damit diese und Syrien die Hisbollah zügeln.[167] Am 11.4.1996 begannen Luftangriffe auf den Südlibanon, Beirut und die Bekaa-Ebene. Rund 400.000 Zivilisten mussten fliehen. Dennoch gelang es der Hisbollah, Nordisrael mit Katjuscha-Raketen zu beschießen. Ein Teil der dort lebenden Israelis musste ebenfalls fliehen.[168]

Peres' Äußerungen vor der Presse am Vorabend des Kriegs zeigten, dass der Premierminister die Eskalation des Kriegs mit rhetorischen Mitteln vorantrieb: »Iran schmuggelt Waffen und Sprengstoff an die Hisbollah mittels diplomatischer Post«[169]; »Syrien denkt, es sei klug, uns zu ärgern. Wir werden die Eskalation im Norden nicht dulden«.[170] Ein paar Tage vor Kampfbeginn wies Peres öffentlich darauf hin, dass »der IDF-Nachrichtendienst neue Beweise hatte, Iran sei im Begriff, die ›Friedens-Regierung‹ [Peres' Regierung] zu stürzen«.[171]

Welchen Nutzen sah er im Krieg? Peres klärte die israelische Öffentlichkeit nicht genau über die politischen Ziele der neuen Operation im Libanon auf, »um sich nicht hohe, unerreichbare Ansprüche zu setzen«.[172] Ein langer Kampf könne notwendig werden, um eine nachhaltige Regelung zu erzielen. Sein Volk bat er um Ausdauer und Geduld.[173]

Die Kampfhandlungen endeten schließlich auf amerikanischen Druck am 27.4.1996. Innenpolitisch verlor die Arbeitspartei und somit Peres' »Friedens-Regierung« die Wahlen, nicht zuletzt weil sie beim Kampf im Libanon den Verlust der Stimmen der wahlberechtigten israelischen Palästinenser nicht berücksichtigt hatte. Ein herber Schlag für den Linkszionismus, mithin für den Oslo-Friedensprozess.

Vom militärischen Standpunkt aus war der Einsatz von 1996 ergebnislos. Weder wurde die israelische Präsenz im Südlibanon gefestigt, noch die Unterstützung dessen Bewohner für diese Präsenz erzielt.[174] Die Hisbollah wurde nicht zerschlagen. Ihr Guerillakampf ging weiter bis zum Rückzugsbeschluss der Regierung Ehud Baraks im Jahr 2000.

Das Militär kritisierte Baraks Entscheidung als »erhebliche Beeinträchtigung der Abschreckungsmacht« Israels und erklärte damit auch den Ausbruch der »Zweiten Intifada« Ende 2000. Es bekämpfte die Palästinenser dementsprechend, um die Abschreckung wieder zu erlangen. Mit eben dieser Begründung setzte das Militär einen weiteren Einsatz im Sommer 2006 in Libanon durch, auch diesmal nach einem Zwischenfall mit der Hisbollah an der nördlichen Grenze.[175]

Ende 2008 führte Barak die israelischen Truppen in den seit 2005 von der Hamas kontrollierten Gaza-Streifen, diesmal als Verteidigungsminister und Vorsitzender der Arbeitspartei in der Regierung Ehud Olmert von der 2006 neu gegründeten Partei der Mitte *Kadima*. Auch die entscheidenden Waffengänge im neuen Jahrtausend – 2000, 2006 und 2008/2009 – beschloss also eine »linkszionistische Regierung« in Jerusalem.

Von Krieg und Nationalstaatlichkeit

Wie ist dieser Dauerkrieg zu erklären? Weshalb macht die israelische Gesellschaft dies über so viele Jahre hinweg mit, obwohl sich die Kriegspolitik immer wieder als kontraproduktiv erwiesen hat? Eine Antwort findet sich im historisch gewachsenen israelischen Verständnis einer engen Verbindung von militärischer Stärke und nationalstaatlicher Existenz, damit einhergehend die verinnerlichte Auffassung vom Zionismus – gerade angesichts der jüdischen Katastrophe in Europa – als Existenzgarantie für Juden bzw. als einzige Antwort auf die sogenannte »Judenfrage«.

Die Implementierung des zionistischen Projekts in *Eretz Israel* erwies sich bereits 1948 – im ersten Krieg um Palästina – als unweigerlich abhängig von der militärischen Einsatzbereitschaft. Eine militärische Niederlage setzte man mit einer Vernichtung des

Jischuw gleich, ein militärischer Sieg – wie sich bewahrheiten sollte – mit der Geburt des Nationalstaats.

Der jüdische Staat wurde im Krieg geboren. Dem Krieg von 1948 hat Israel es zu verdanken, dass es seinen nationalstaatlichen Zielen erheblich nähergekommen ist, als es die UN-Resolution 181 von 29.11.1947 hat erlauben wollen. Mittels weiterer Kriege (insbesondere dem von 1956) hat es seine Abschreckungswirkung aufgebaut und mit dem von 1967 auch sein Staatsgebiet erweitert.

Der Krieg ist in diesem Sinne positiv konnotiert; er sichert die Nationalstaatlichkeit. Da Israel 1949 aber sein Staatsgebiet nicht festlegte, sondern vielmehr auf dessen Erweiterung aus war, und weil es 1949 zu keinem Frieden, sondern nur zu Waffenstillstandabkommen mit den Nachbarstaaten bzw. zu keiner Regelung der Palästina-Frage kam, flammten die diversen Konflikte immer wieder auf.

Landgewinn und Landerhalt erwiesen sich im Laufe der Jahre als ein zentraler Beweggrund für die militärischen Einsätze. Nicht nur die Eroberungskriege (1948, 1956 und 1967), sondern auch die weniger glorreichen Zermürbungskriege (1967-1970, 1985-2000) und die Verteidigungskriege (wie 1973) wurden letztlich um Land geführt.

Doch zeigen die Waffengänge von 1956, 1982 und 1996, dass im israelischen Verständnis das Territorium eng mit der militärischen Aufgabe der Verteidigung verbunden ist. Und Verteidigung steht für Sicherheit, diese wiederum steht für nationalstaatliche Existenz. Die Sicherheit wurde deshalb im Laufe der Jahre zu einem zentralen gesellschaftlichen Code: dem »Security Code«[176], denn sie steht für eine alternativlose Lebensform: Im Hebräischen etablierte sich der Begriff »*Ein-Breira*« (keine Wahl) als gesellschaftlicher Code für die Notwendigkeit des Kriegs zur Selbstverteidigung. Der Security Code meint: Sicherheit als Leitprinzip der gesellschaftlichen Ordnung. Doch weil die Sicherheit nicht wirklich erreicht worden ist und immer wieder erneut auf der politischen Tagesordnung steht, greift der Staat um so intensiver zur Kriegspolitik in der Überzeugung, sie würde die Nationalstaatlichkeit sichern. Dies geschieht mit Unterstützung der Gesellschaft.

Der israelische Militarismus ist im Laufe der Jahre selbstverständlich geworden. Dementsprechend sind auch Staats-, Gesell-

schaftsstrukturen sowie politische Kultur Israels historisch gewachsen: Das israelische Kollektiv ist sowohl institutionell
(Politik, Militär, Gesellschaft, Wirtschaft, Industrie und Rechtssystem) als auch mental bzw. politisch-kulturell auf Krieg fixiert.
In dialektischer Beziehung zur Auffassung, der Krieg sei integraler
Bestandteil der nahöstlichen Realität, etablierte sich im Laufe der
Jahre auch die Sicherheitsdoktrin der Abschreckung. Diese kristallisierte sich bereits in den formativen Jahren heraus, und zwar
basierend auf dem Worst-Case-Szenario: Aus der Annahme, die
arabische Welt sei Israels Erzfeind, ging die Überzeugung von der
Notwendigkeit einer unschlagbaren israelischen Militärmacht
hervor.

Die Doktrin der Abschreckung wurde bald in Begriffen wie
»aktivistische Verteidigung«, »Präventivkrieg«, »Vergeltung«
und »Abschreckung« formuliert. Durch die »Demonstration der
Stärke« sollte das feindselige Potential des Feindes neutralisiert
werden: Ist die militärische Stärke Israels offensichtlich, so ließen
sich die gefürchteten Angriffe abwenden. Doch diese Doktrin bedeutete nicht nur stetige Aufrüstung, sondern auch die permanente Demonstration der militärischen Macht. Auf diese Weise wurden auch nichtkonventionelle Waffen und unverhältnismäßige
militärische Einsätze innenpolitisch legitimiert. Die Abschreckungswirkung darf nie nachlassen, auch wenn parallel über Frieden verhandelt wird. Kehrseite dieser auf Abschreckung basieren-
den Sicherheitsdoktrin ist die Panik, in die Politik, Armee und
Gesellschaft immer wieder versetzt werden, wenn sich Risse in der
Abschreckungswirkung zeigen. Wann auch immer die israelische
Armee Niederlagen einstecken muss – auch gegen deutlich unter-
legene Kräfte wie die Hisbollah und den palästinensischen Widerstand zunächst der PLO und später auch der Hamas –, wächst der
Drang, die Abschreckungsmacht durch das Militär wieder aufzubauen.

Unter Abschreckungsmacht versteht das politische Israel die eigene regionale Militärhegemonie. Diese soll nicht nur durch eine
hoch aufgerüstete konventionelle Armee erzielt werden, sondern
auch mit Hilfe des regional exklusiven Besitzes von nicht-konven-
tionellen Waffen. Die Atommacht Israel, das sich zu seinen atomaren Kapazitäten nach wie vor nicht bekennt, versteht seine
nationalstaatliche Sicherheit als eng gekoppelt an seine exklusive

Atommachtposition in der Region. Deshalb darf es seine als Erzfeind aufgefassten arabischen Nachbarstaaten niemals in den Besitz der atomaren Massenvernichtungswaffen kommen lassen.

Zur Sicherheitspolitik gehört daher auch der sogenannte Präventivkrieg, wenn es darum geht, die atomare Aufrüstung der Nachbarstaaten zu verhindern, wie dies die Fälle Iraks im Juni 1981 oder Syriens im September 2007 zeigen, als die israelische Luftwaffe den Atomreaktor im jeweiligen Land zerstörte. Auch die aktuelle Debatte über Irans Atomprogramm steht seit einigen Jahren ganz oben auf der israelischen sicherheitspolitischen Tagesordnung.

Die Möglichkeit iranischer Atomwaffen bereitet Israel vor allem deshalb große Sorgen, weil die Islamische Republik im Laufe der 1980er und 1990er Jahre zunehmend zu einem wichtigen Verbündeten zweier muslimisch-religiös ausgerichteter politisch-militärischer Organisationen wurde – der palästinensischen Hamas und der libanesischen Hisbollah –, die aus israelischer Sicht eben in diesen Jahren zu erklärten Erzfeinden geworden sind. Iran als Atommacht würde den jüdischen Staat deshalb gefährden, weil in Israel sowohl der Islamischen Republik als auch Hamas bzw. Hisbollah das strategische Ziel unterstellt wird, Israel vernichten zu wollen. Eine iranische Atommacht würde Israels hegemoniale militärische Stellung in der Region herausfordern, damit – so die israelische Befürchtung – auch seine nationalstaatliche Existenz womöglich gefährden. Die Verhinderung eines atomaren Iran begreift das politische Israel daher als integralen Bestandteil der Sicherheitspolitik, die wiederum auf der Sicherheitsdoktrin der Abschreckung durch die militärische Überlegenheit Israels beruht.

Dass diese Doktrin die Eskalation in sich birgt und immer wieder die jeweiligen Konflikte verschärft – anstatt sie zu entschärfen, wie es die Abschreckung verspricht –, ist offensichtlich. Trotzdem verliert sie kaum an Gültigkeit. Wie entsteht ein derartiger gesellschaftlicher Konsens für eine auf dieser Doktrin basierende Kriegspolitik?

Im bereits erläuterten Zivilmilitarismus findet sich eine Erklärung. Der israelische Militarismus ist eine Folge der über die Jahre hinweg von oben herab praktizierten Entpolitisierung der Sicherheit: Der Staat (und mit ihm seine Gewaltapparate) beansprucht die ausschließliche Entscheidungsgewalt in Sicherheitsfragen und schließt die Gesellschaft, sprich die Öffentlichkeit sowie ihre Vertreter in der *Knesset,* effektiv aus dem eigentlichen Entscheidungsprozess aus.

Die exekutive Gewalt – das Sicherheitskabinett und die Sicherheitsapparate – trifft *de facto* alle Beschlüsse zur Sicherheitspolitik. Durch den Ausschluss der Gesellschaft aus dem ganzen Bereich hat die Exekutive einen größeren Spielraum: Sie kann bei einer wiederholt gescheiterten Sicherheitspolitik bleiben, ohne dass sie wirklich dazu gezwungen wird, diese Politik zur Disposition zu stellen. Im Laufe der Jahre etablierte sich dieses innenpolitische Verfahren und wurde zum zentralen Merkmal der politischen Kultur Israels: Die Stärke und Eigenständigkeit des Staats steht einer entmachteten, weil entpolitisierten Gesellschaft gegenüber.

Die Grundlagen für die Entpolitisierung der Sicherheit wurden bereits in den frühen Jahren des Staats Israel angelegt, als Staatschef David Ben-Gurion über genügend Macht und Autorität verfügte, um den Komplex der Sicherheitspolitik vom politischen Alltag bzw. von der politischen Debatte fernzuhalten. Der eigentliche Entscheidungsprozess in den formativen Jahren geschah nicht in der *Knesset* oder in der *Mapai*-Partei, sondern vielmehr wurden Entscheidungen über Krieg oder Aufrüstung ausschließlich durch einen kleinen Kreis im Verteidigungsministerium gefällt.

Damit stellte Ben-Gurion die Weichen für eine politische Kultur der Entpolitisierung der Sicherheit. Sein Ziehsohn Peres verfestigte diese Strukturen später. Während der Staat seine exekutive Gewalt auf diese Weise stärkte, weil er seitdem keine wirkliche Rechenschaft für seine Sicherheitspolitik ablegen muss, wurde die neue Einwanderer-Gesellschaft »von oben« geschwächt, indem ihr der Bereich effektiv entzogen wurde.

Der erste israelische »Krieg der günstigen Gelegenheit« ist für den Prozess der Entpolitisierung der Sicherheit exemplarisch. 1956 bereiteten drei Personen auf der israelischen Seite den Krieg gegen Ägypten vor: David Ben-Gurion, Armee-Chef Moshe Dayan und der Generaldirektor im Verteidigungsministerium Shimon Peres, wobei die beiden Letzteren eine Vorreiterrolle übernahmen und dem israelischen Staatschef politisch den Weg bereiteten. Weder die *Mapai*-Partei noch die Regierung oder gar die *Knesset*, geschweige denn die Öffentlichkeit, konnten Einfluss nehmen.

Das ganze Unterfangen musste deshalb zunächst streng geheim bleiben, weil der eigentliche Hintergrund des Kriegs, die Festigung der militärischen Allianz mit Frankreich, nur schwer vermittelbar gewesen wäre. Auch wenn für einen Peres außer Frage stand, dass der Krieg im Sinne Israels geführt würde und nur die Allianz mit Frankreich in Embargo-Zeiten vonnöten sei, wusste er den eigentlichen Hintergrund zu verheimlichen, um einen israelischen Konsens zu erzielen.[177] Noch wichtiger: Die israelische Gesellschaft war auch Jahre später nicht über den eigentlichen Beweggrund informiert. Im kollektiven Bewusstsein blieb daher auch der Sinai-Suez-Krieg eine unerlässliche Notwendigkeit, ein Verteidigungskrieg. Damit erübrigte sich jede innenpolitische Debatte.

Das dieser Kriegspolitik zu Grunde liegende Narrativ »*Die Feinde wollen uns vernichten und wir müssen uns verteidigen*« kann weder bewiesen noch widerlegt werden, dafür wird es aber im Laufe der Jahre unreflektiert weitergetragen und fest verankert. So wurde die Sicherheitsfrage ideologisiert und letztlich entpolitisiert. Die konkreten Umstände eines jeden Kriegs erscheinen dabei zweitrangig, sie werden letztlich verdrängt. Ernsthafte Auseinandersetzungen und effektive Kritik bleiben daher aus.

Auch 1967, am Vorabend des Sechstagekriegs, wiederholte sich das Szenario von 1956: Der Krieg wurde als existenzsichernde Maßnahme dargestellt, es herrschten regelrecht Vernichtungsängste im Lande. Hinter den Kulissen zwangen die Militärs der Politik die Kriegsentscheidung auf.[178] Israel gelang ein militärischer Sieg, der in eine Siegeseuphorie mündete. Auch hier blieb eine nennenswerte öffentliche Debatte über Ursache, Verlauf, Ziele und den verheerenden politisch-demographischen und geopolitischen Ausgang des Kriegs weitgehend aus. Die Besiedlung der neuen Gebiete begann prompt danach.

Einen weiteren Beitrag zur Entpolitisierung des Kriegs und somit zur Verfestigung des Zivilmilitarismus, leistete der Zivilpolitiker Peres 1982 von der Oppositionsbank aus. Er stimmte anfangs nicht nur dem Kriegsbeschluss der Regierung zu, die israelische Armee in den Libanon ziehen zu lassen, sondern unterstützte auch den politischen Architekten des Libanon-Kriegs, indem er die öffentliche Debatte über die Kriegsziele praktisch im Keim erstickte. Auch dies geschah aus Überzeugung von der Notwendigkeit des

Kriegs und gleichzeitig aus der wirklichen Unfähigkeit, die eigentliche Motivation für diesen gewagten militärischen Einsatz im Nachbarland der Öffentlichkeit offenzulegen.

Dass der Plan in Libanon letztlich scheiterte und dass Israel nun auch von der nördlichen Grenze des Landes noch stärker bedroht wurde, ändert nichts daran, dass auch der Krieg von 1982 für die politisch-militärische Führung als eine Verteidigung gilt; er wird daher auch 18 Jahre andauern. Die israelische Gesellschaft bringt es zwar dahin, den Kriegsarchitekten Ariel Sharon mittels eines staatlichen Untersuchungsausschusses zum Rücktritt zu zwingen. Doch auch sie versteht ebenso wie ihre Führung diesen Krieg als eine Verteidigung. Deshalb wird sie sich noch sehr lange derselben sicherheitspolitischen Führung anvertrauen müssen: Peres und der Ex-General Sharon werden noch Jahre später versuchen, die palästinensischen Gebiete unter israelischer Kontrolle zu behalten, bis sie 2005 die Entscheidung treffen, den Gaza-Streifen zu räumen.

Am deutlichsten zeigt sich die Entpolitisierung der Sicherheit in der Frage der Atomwaffen. Hier wird die Entscheidung für die Aufnahme des israelischen Atomprogramms unter Ausschluss der Öffentlichkeit und ihrer Vertreter getroffen, und die »Politik der Undurchsichtigkeit« setzt sich schließlich durch. Diese Politik zielt nicht alleine darauf ab, das israelische Atomprogramm internationaler Kontrolle zu entziehen, sondern auch eine innenpolitische Debatte darüber zu verhindern. Peres spielte bei diesen Entwicklungen eine zentrale Rolle: von der Beschaffung der Infrastruktur ab Mitte der 1950er Jahre bis hin zur Durchsetzung und letztlich Zementierung der Politik der Undurchsichtigkeit in der politischen Kultur.

Die Entpolitisierung der Sicherheit bildet die Grundlage für den Zivilmilitarismus, der sich schließlich in der politischen Kultur des Landes etabliert. Die Genese dieser politischen Kultur ist die vom Staat forcierte Disziplinierung einer Einwanderer/Siedler-Gesellschaft für das höchste Ziel der Nationalstaatlichkeit im Sinne der politisch-militärischen Führung. Der Staat sichert sich politischen Handlungsspielraum durch den Einsatz der Militärzensur, von Notstandsgesetzen, durch die Kontrolle über den militärisch-industriellen Komplex und die sogenannte Dementierungspolitik in der Geheimkriegsführung. Diese Maßnahmen haben die wich-

tige innenpolitische Funktion, die öffentliche Debatte in Sicherheitsfragen effektiv zu ersticken. Die israelische Gesellschaft ist *de
facto* in Sicherheitsfragen dem Staat fast völlig ausgeliefert.

Dieses Verhältnis von Staat und Gesellschaft entstand nicht zuletzt, weil die politische Führung des Landes die Frage des Staatsgebiets nicht zu klären vermochte und diese vielmehr dem Militär
überlassen hat. Die territoriale Frage spielt eine entscheidende
Rolle bei der israelischen Suche nach dem Frieden.

5

Von jüdischer Nationalstaatlichkeit und regionalem Frieden

»Die jetzt fünfzig Jahre meines öffentlichen Lebens lassen sich in zwei Hälften teilen. In der ersten Hälfte galt meine Arbeit der Verteidigung, in der zweiten dem Frieden. [...] Von der Verteidigung hinüberzuwechseln in die Domäne des Friedens, das war für mich, als verließe ich eine reale Welt im Tausch gegen eine irreale.«[1]

Diese Bemerkungen des Altpolitikers Shimon Peres vom Ende der 1990er Jahre vermitteln einen vielsagenden Einblick in die politische Kultur Israels und dessen Aussichten auf die Beilegung des hundertjährigen Palästina-Konflikts. Peres beschreibt hier ein halbes Jahrhundert nach der Gründung Israels in prägnanten Worten das Spannungsfeld von Verteidigung und Frieden, von Sicherheit und Versöhnung, in dem er sich während seiner gesamten politischen Laufbahn bewegen und zurechtfinden musste. Krieg bleibt demnach unverzichtbar für die Existenz Israels. Doch es gilt gerade wegen des auf Dauer unerträglichen Kriegszustands, den Frieden anzustreben. Der Frieden soll allerdings eine konsequente Folge der Sicherheit sein, Frieden sei erst möglich, wenn der jüdische Staat gesichert ist. Nationalstaatliche Existenz müsse der Versöhnung vorangehen.

Wie diese Versöhnung genau aussehen soll? Über die Sphäre des Friedens sagt Peres fünf Jahrzehnte nach der Gründung Israels und nach mehreren Jahren der »Friedensgespräche« mit den Palästinensern, wohlgemerkt noch vor dem endgültigen Scheitern des Oslo-Friedensprozesses im Oktober 2000: »Der Frieden ist wie ein Traum: beim Erwachen ist er noch da, fahl zwar und schemenhaft wie die Dämmerung, aber je mehr es Tag wird und die Stunden vergehen, desto mehr gewinnt die Realität die Oberhand.«[2] Taugt die »Realität« rund fünfzig Jahre nach der Staatsgründung in den Augen seines letzten verbliebenen Gründungsvaters nicht für den Frieden?

Seit Mitte der 1980er Jahre spricht sich der Friedenshoffnungs-
träger und Führer der Arbeitspartei zunehmend für die Aufnahme
von Friedensgesprächen aus. Seine Partei prägt dabei die Formel
»Frieden und Sicherheit«. In den zahlreichen Reden dieser Jahre
nennt er diese beiden Begriffe in einem Atemzug. Peres' Stimme
gilt mehr und mehr als Stimme für Verhandlungen zur Lösung der
Palästinenserfrage. Dies war seit der Gründung Israels unvorstellbar.

Als Premierminister in der Großen Koalition setzte Peres 1985
gegen den Widerstand der meisten *Likud*-Kabinettsmitglieder den
Teilrückzug der israelischen Truppen aus dem Libanon durch.
Dieser Entscheidung vorausgegangen waren der Friedensschluss
mit Ägypten 1979, womit die Kriegsgefahr im Süden zunächst
gebannt wurde, und der gescheiterte Versuch, die Palästinenserfrage 1982 mit einem Krieg im Libanon zu beheben. Peres' Politik
sorgte in Israel, das sich in einen aussichtslosen Krieg hineinma-
növriert hatte, für Erleichterung.

Der Führer der Arbeitspartei profilierte sich als verantwor-
tungsbewusster, besonnener Politiker, als »Befreier der israelischen Armee aus dem libanesischen Sumpf«, und zwar trotz der
»Sicherheitszone« im Südlibanon und des dort entfachten Gueril-
lakriegs mit der Hisbollah. Peres positionierte sich zunehmend als
Befürworter der Aufnahme des Friedensprozesses. Sein versöhn-
liches Auftreten bildete einen deutlichen Kontrast zur Blockade-
haltung des *Likud*, der sich auf Grund der Ideologie des »verheißenen Landes« gegen Friedensgespräche sperrte.

Itzhak Shamir Chef des *Likud* und Premierminister 1986-1992
erwies sich bald als Peres' politischer Hauptgegner in dieser Frage. Die Diskussion um den Frieden spaltete schließlich die zionistische Rechte und Linke. Außenminister Peres (1986-1988)
nahm Gespräche mit Jordaniens König Hussein auf, um die Palästinenserfrage zu regeln. Das Ergebnis, das »Londoner Dokument«
von 1987, wurde in der Großen Koalition jedoch vom *Likud*
blockiert und nicht ratifiziert.

Schließlich arbeitete Peres 1990 am Sturz der Großen Koalition
in der Hoffnung, eine »kleine Regierung« mit der Partei der religiösen Friedensbefürworter *Schas* bilden zu können. Diesen
Schachzug rechtfertigte der Führer des Linkszionismus im Namen
des Friedens: »Große Entscheidungen ließen sich bislang allein in

kleinen Regierungen fällen.«[3] Erst 1992 kam es zur Bildung dieser »Friedensregierung« unter der Führung der Arbeitspartei. Damit gab es erstmals in der Geschichte eine politische Konstellation in Israel, die direkte Verhandlungen mit den Palästinensern möglich machte. Eine linkszionistische Regierung setzte bald darauf den Oslo-Friedensprozess in Gang. Was erhoffte sich die linkszionistische Regierung vom Prozess? Welchen Frieden strebte das israelische Friedenslager an? Und weshalb scheiterte letztlich der einzige Versuch, den Konflikt um Palästina beizulegen?

Die Sprache des Friedens

Zunächst sind vier Schlagworte zu klären, mit denen die israelische Forschung das Friedensverständnis des Linkszionismus beschreibt: »Friedensideologie«, »Imaginärer Frieden«, »Sicherheitsmythos«, und »Frieden ohne Araber«. Diese Begriffe wurden als Reaktion auf den Oslo-Friedensprozess bzw. dessen Scheitern geprägt, der den ersten ernsthaften Versuch Israels darstellte, die Palästinenserfrage mit diplomatischen Mitteln anzugehen. Der Versöhnungsprozess von 1993 gilt als politischer Sieg der zionistischen Linke über die zionistische Rechte.

Moshe Zuckermann spricht von einer der politischen Kultur Israels inhärenten »psycho-kollektiven Angst vor dem Frieden«.[4] Am Beispiel des Scheiterns der israelisch-palästinensischen Gespräche im Jahr 2000 zeigt er, dass Israel seine »Friedenssehnsucht« immer wieder pathetisch beschwört, gleichzeitig aber unfähig ist, den Frieden in der eigenen Gesellschaft politisch zu legitimieren, um ihn auch umzusetzen. Zuckermann verweist auf eine seit der Gründungsära vorhandene »Friedensideologie«, also ein entpolitisiertes Friedensverständnis: Es sei ständig die Rede vom »Frieden« und dem »Friedenswunsch«, auch davon, »mit den Nachbarn in Frieden leben zu wollen«. Außerdem seien die Friedenslieder, die politische Rhetorik sowie die israelische Diplomatie angefüllt mit solchen Friedenserklärungen, »sodass man von einem fetischistischen Bezug zum Begriff ›Frieden‹ ebenso wie von einer Friedensideologie reden kann«. Dies interpretiert Zuckermann als »falsches Bewusstsein zur eigentlichen Absicht«:

Bezogen auf die kollektiven Auffassungen sowie auf die tatsächliche Politik sei in Israel »der Frieden in aller Munde geläufig, doch niemand hat ihn je wirklich auf die Probe gestellt, mithin die Bereitschaft gezeigt, ihn mit dem notwendigen Preis auch umzusetzen«. Auch wenn im Laufe der Jahre alternative Denkansätze in der Friedensfrage an Bedeutung gewonnen hätten, sei die entpolitisierte Friedensideologie in Israel vorherrschend geblieben.[5]

Die »Friedensideologie« ist für Zuckermann die Kehrseite der »Sicherheitsfrage«. Die »Sicherheitsfrage« diene als »Kitt der konfliktträchtigen Gesellschaft«.[6] Sie bilde über Jahre hinweg die israelisch-jüdische Einheitsmatrize, einen unumstrittenen Konsens bezüglich der Grenzen und Entwicklungen der israelischen Gesellschaft und ihres politischen Rahmens.[7] Die zentrale Funktion der »Sicherheitsfrage« oder des »Sicherheitsmythos« für den Zusammenhalt der jüdisch-israelischen Gesellschaft habe sich erst dann gezeigt, als ihre einheitsstiftende Wirkung nachzulassen schien: zu dem Zeitpunkt, als sich infolge des Friedensprozesses mit der PLO die israelische Gesellschaft zutiefst gespalten habe.

> »Man muss nicht daran glauben, dass die seit 1993 in Gang gesetzten israelisch-palästinensischen politischen Gespräche einen wirklichen Frieden mit sich gebracht hätten, um einzusehen, dass sie ausreichend den von der Ideologisierung der ›Sicherheitsfrage‹ abhängigen ›Einheits‹-Effekt tatsächlich zu schwächen drohten.«[8]

Diese Schwächung sei zum einen an der beispiellos scharfen Kritik ablesbar, welche die israelische Rechte ausgerechnet gegen den Sicherheitspolitiker Itzhak Rabin gerichtet habe, welcher, wie zögerlich auch immer, den Friedensweg zu beschreiten wagte, weshalb er als »Mörder des Zionismus« und »Verräter« verunglimpft wurde.

Andererseits sei die Reaktion der zionistischen Linken auf Rabins Ermordung ein Indiz für die zentrale Funktion der »Sicherheitsfrage«: Kurz nach dem Mord am 4.11.1995 wurde dieser so entpolitisiert, dass die Debatte über die Tat und ihren politischen Hintergrund auf die Frage der »Spaltung der israelischen Gesellschaft« bzw. der »Einheit des jüdischen Volks« verlagert wurde. Nach Zuckermann handelt es sich hierbei um den Versuch, die divergenten ethnischen, sozioökonomischen, religiösen und politischen Kräfte der israelischen Gesellschaft nicht hochkommen zu lassen.[9]

Einen ähnlichen Bezug zwischen der Ideologisierung der Sicherheitsfrage, Israels Friedens[un]fähigkeit und den der israelischen Gesellschaft innewohnenden Gräben stellt auch der israelische Soziologe Lev Grinberg (geb. 1953) in seiner Forschung über den Oslo-Friedensprozess her.[10] Der »Mythos der Sicherheit« hat nach Grinberg eine unabdingbare Regulierungsfunktion sowohl für die innerisraelischen als auch für die israelisch-palästinensischen Zerwürfnisse. Den »Sicherheitsmythos« definiert Grinberg als einen bereits zur Gründungszeit infolge des Holocaust und des »Unabhängigkeitskriegs« von 1948 verfestigten Glauben, dass es sich bei der neuen Feindschaft mit der arabischen Welt um eine Inkarnation der als Leid- und Verfolgungsgeschichte begriffenen jüdischen Geschichte handele. In diesem Glauben stecke die Angst, die *Gojim* wollten die Juden vernichten, in welcher historischen Epoche auch immer. Die Folge ist, dass die ethnisch-nationale Armee zu einer »Verteidigungsarmee« stilisiert wird, um u. a. die von ihr ausgeübte Gewalt zu legitimieren. Die Konsequenz des Sicherheitsmythos ist die Entpolitisierung des Konflikts, weil dieser auf eine nicht zu tilgende Erzfeindschaft der »neuen *Gojim*« gegenüber den Juden zurückgeführt wird:

> »Der Sicherheitsmythos entstand aus einem tief in der jüdischen Geschichte verwurzelten Gefühl einer Existenzgefährdung sowie aus der vor allem vom Holocaust geprägten Antisemitismus-Erfahrung, weshalb der Sicherheitsmythos einer Erörterung der realpolitischen Lage Israels samt der konkreten Gefahren im Wege steht.«[11]

Der Sicherheitsmythos wird allerdings nicht immer widerstandslos hingenommen. Vor dem Hintergrund der palästinensischen Erhebung 1987-1992 mehrten sich beispielsweise die Zweifel in Gesellschaft, Politik und Armee, bei der Intifada ginge es um die Vernichtung Israels bzw. sie sei militärisch beherrschbar. Solche Zweifel erschüttern die Legitimation militärischer Gewalt und beschädigen den Glauben an den Sicherheitsmythos.

Alternativ zum Sicherheitsmythos existiert der Mythos von »Frieden und Sicherheit«. Dieser Mythos wird meist von der zionistischen Linken propagiert, um der Konsequenz des im Sicherheitsmythos enthaltenen ewigen Kriegs zu entrinnen. Dem Mythos von Frieden und Sicherheit gemäß soll die Besatzung der palästinensischen Gebiete von 1967 vorübergehend sein, wobei die Gebiete in künftigen Verhandlungen eine Trumpfkarte sein, bzw. gegen den ersehnten Frieden eingetauscht werden sollen.[12] Was diese Parole »Frieden und Sicherheit« zum Mythos macht, ist die Tatsache, dass eben die Anhänger dieser Kombination von Frieden und Sicherheit in der zionistischen Linken gleichzeitig, wenn auch stillschweigend, die jüdische Besiedlung der palästinensischen Gebiete politisch unterstützen, und zwar aus Überzeugung, da auch sie im Kern die zionistische Utopie ihrer Politik zugrunde legen. Inwieweit diese Grundlage von »Frieden und Sicherheit« sich im Nachhinein als Mythos erwiesen hat, zeigt Grinberg: Er prägte den Begriff vom »imaginären Frieden« und verwies auf die in besagtem Mythos enthaltene Spannung zwischen Frieden und Sicherheit bereits im Titel seines Buches: *Imagined Peace, Discourse of War*.

Unter »imaginärem« Frieden versteht Grinberg ein entpolitisiertes, ahistorisches Friedensverständnis. Der Frieden wird demnach losgelöst von den konkreten politischen Handlungen imaginiert. Einerseits löst allein eine symbolische Aktion wie die Unterzeichnung der Prinzipienerklärung vom 13.9.1993 (Oslo I) eine Friedenseuphorie aus, als halte der Frieden allein durch eine Zeremonie im Weißen Haus bereits Einzug; andererseits wird der Oslo-Friedensprozess so konzipiert, dass die Kernfragen des israelisch-palästinensischen Konflikts vorerst ungeklärt bleiben. Es wird nämlich zunächst auf den Vertrauensaufbau zum neuen palästinensischen Gesprächspartner gesetzt. Diese Konstellation bewirke, dass man sich der Illusion eines immer näher rückenden Friedens hingeben könne, da man nun auf die stattfindenden politischen Gespräche verweisen könne; gleichzeitig gibt es aber keinerlei Fortschritte bei der Modifikation der alten politischen Ordnung der militärischen Besatzung, einschließlich des Siedlungsausbaus. Grinberg spricht von einem Friedensdiskurs, in dem der Frieden, ohne dass konkrete Differenzen und reale politische Lösungen diskutiert werden, abstrakt vorgestellt wird; die Besatzung werde als beendet, die Grenzen von 1967 als endgültige Staatsgrenzen imaginiert. Dabei werden die alten Besatzungspraktiken und die Notwendigkeit der Dekolonialisierung der palästinensischen Gebiete nicht nur ausgeblendet, sondern gerade in der Konstellation des Oslo-Abkommens verfestigt. Der linkszionistische Diskurs der entpolitisierten, messianisch begriffenen »Irreversibilität des Friedensprozesses« sorge zudem dafür, dass die Debatte verlagert wird. Diese drehe sich

nicht mehr um den sehr wohl noch zu klärenden israelisch-palästinensischen Konflikt. Vielmehr wandere sie von einer konfliktträchtigen auf eine post-konfliktträchtige Tagesordnung. Anhand dieser
Verlagerung,

> »gelang es den Israelis, sich den Frieden deshalb vorzustellen, ihn zu
> einer Illusion zu machen, weil es ihnen gelang, sich davon ›abzukop-
> peln‹, was sich hinter der Grünen Linie [den Grenzen von 1967]
> tatsächlich abgespielt hat. Doch drei Gruppen konnten sich wohl
> kaum abkoppeln, um sich der Friedensillusion hinzugeben: die
> Palästinenser, die [jüdischen] Siedler und die israelische Armee«.[13]

Amnon Raz-Krakotzkin spricht vom »Grundsatz der Separation«
als Charakteristikum des Friedensverständnisses im gesamten
zionistisch-israelischen politischen Spektrum: Die Trennung der
zwei Gemeinschaften sei demzufolge Ziel jeglichen Friedens.[14]
Ausgehend von der traditionellen Auffassung des zionistischen
Projekts als einer a-politischen Utopie, losgelöst vom realen Raum
und den real existierenden Menschen in Palästina und deren Geschichte, beschreibt Raz-Krakotzkin das im zionistischen Bewusstsein innewohnende Trennungsprinzip auch hinsichtlich des
Friedensverständnisses. Die zionistische Friedensvision beruhe
auf einer Separation der beiden Völker, weshalb den Palästinensern und ihren Rechten wenig Aufmerksamkeit geschenkt worden
sei, auch wenn viele Israelis aufrichtig an das Ende der Besatzung
glaubten. Die grundsätzliche Verdrängung der Palästinenser aus
dem israelischen Bewusstsein bleibe demnach auch im Akt des
Oslo-Prozesses bestehen.[15]
    Das Prinzip »Separation« zeigt sich allemal darin, dass sich die
Politik der Abriegelung der palästinensischen Gebiete gerade in
der Oslo-Ära verfestigte. Das Passsystem, das 1991 für die Palästinenser der besetzten Gebiete eingeführt wurde, signalisiert das
Ende der relativen Bewegungsfreiheit für die Palästinenser im israelischen Staatsgebiet. Die seit 1967 von Verteidigungsminister
Moshe Dayan betriebene Politik der »wirtschaftlichen Integration« räumte den Palästinensern aus dem Westjordanland und dem
Gazastreifen trotz einiger sicherheitspolitisch bedingter Ein-
schränkungen immerhin das Grundrecht auf Bewegungsfreiheit
in Israel ein, meist zu Arbeitszwecken. Mit dem Oslo-Prozess
wird hingegen das Passsystem etabliert, die Bewegungsfreiheit der
palästinensischen Bevölkerung erheblich eingeschränkt und zu ei-

nem Privileg, welches von Fall zu Fall von Israel bzw. der Palästinensischen Autonomiebehörde vergeben wird.[16] Die Abriegelungspolitik versteht Raz-Krakotzkin als Ergebnis des Separationsdenkens noch im Akt des Friedens.[17] Eine weitere Folge dieses Denkens sei, dass weder die Geschichte des israelisch-palästinensischen Konflikts noch die verschiedenen politischen Positionen im Oslo-Prozess diskutiert werden. In den Grundlagen der Oslo-Abkommen (Oslo I und II) werden die Kernfragen des historisch gewachsenen Konflikts tatsächlich aus den Verhandlungen und schließlich der öffentlichen Debatte ausgeklammert; dem Grundsatz folgend, zunächst Vertrauen aufzubauen, sollen diese Fragen auf einen späteren Zeitpunkt verschoben werden. Ohne die Revision des eigenen Geschichtsverständnisses aber ließe sich ein Frieden kaum umsetzen; ohne die Aufarbeitung des historisch gewachsenen Konfliktgegenstands ließe sich ein für den Frieden unabdingbarer Bewusstseinswandel kaum herbeiführen.[18]

Wie konnte ein solches Geschichtsbewusstsein entstehen? Welches Konflikt- bzw. Friedensverständnis liegt diesem Bewusstsein zu Grunde? Wie erklärt sich die kollektive Angst vor dem Frieden mit den Palästinensern?[19] Weshalb kann sich das zionistische Israel 2012 den Frieden kaum vorstellen?

Das junge Israel: Nationalstaatliche Existenz ohne Frieden?

Nach dem Ende des verheerenden Kriegs von 1948 wurde der israelischen Führung deutlich, dass mit den arabischen Nachbarstaaten Frieden geschlossen werden kann, wenn zwei Problemkomplexe geregelt sind: die Staatsgrenzen und die Frage der palästinensischen Flüchtlinge. Die israelische Führung schloss in beiden Punkten Kompromisse aus.[20] Für Staatschef David Ben-Gurion war zu diesem frühen Zeitpunkt eine politische Regelung nicht möglich. Eine Äußerung, die er diesbezüglich gegenüber *New York Herald Tribune* machte, ist um die Welt gegangen: »Ich bin bereit, mitten in der Nacht aufzustehen, um einen Friedensvertrag zu unterzeichnen, aber es eilt nicht, und ich kann zehn Jahre warten. Wir stehen unter keinerlei Druck.«[21] In diesem Sinne lehnte Ben-Gurion Friedensgespräche zunächst ab, sowohl mit dem ägyptischen König Faruq (1920-1965) im September 1948 als auch mit dem syrischen Präsidenten Husni Zaim (1894-1949) im Frühling 1949. Ben-Gurion war nach Shlaim davon überzeugt, dass Israels Ausgangsposition für Verhandlungen sich zu einem späteren Zeitpunkt verbessern könnte.

Der Zeitfaktor spielte für den Vater der Nation, der 1949 die enormen demographischen und geopolitischen Veränderungen sicher erst einmal gedanklich bewältigen musste, eine wichtige Rolle. Israels nationalstaatliche Interessen können zunächst auch ohne Frieden gewahrt werden. Doch gleichzeitig verwendete Ben-Gurion die Sprache der Friedensideologie, wie beispielsweise in einer Debatte des Kabinetts am 29.5.1949:

> »Es stimmt, dass diese Dinge [die Differenzen zwischen Israel und den arabischen Nachbarstaaten] uns nicht davon abhalten sollten, den Frieden[sprozess] zu beschleunigen, weil das Thema Frieden zwischen uns und den Arabern wichtig ist, und er ist es wert, dafür einen beträchtlichen Preis zu zahlen. Aber wenn es durchgezogen ist – wäre es in unserem Sinne, so wie uns der Mufti [Jerusalems] in der Vergangenheit geholfen hat. [...] Aber allgemein müssen wir es nicht allzu sehr bedauern, dass die Araber sich weigern, mit uns Frieden zu schließen.«[22]

Auch Ben-Gurions rechter Hand im Verteidigungsministerium des ersten Jahrzehnts waren die Begriffe »Frieden« bzw. »Versöhnung« kaum geläufig. Peres' Aufgabe dieser Jahre bestand hauptsächlich in der Aufrüstung des jungen Staats. Der Sicherheitsmythos bestimmte seine Sicht auf die israelisch-arabischen Beziehungen.

Am 29.9.1955 erschien sein Aufsatz »Versöhnung bedeutet keine Sicherheit«[23], einer der wenigen frühen Kommentare des Politikers zum Thema. Zu diesem Zeitpunkt war die politische Debatte zwischen Verteidigungsministerium und Außenministerium über Krieg und Frieden, Vergeltung und Annährung auf einem Höhepunkt. Hauptakteure des Streits waren Premier- und Verteidigungsminister Ben-Gurion und Außenminister Moshe Sharett (1949-1956). Sharett, von Dezember 1953 bis August 1955 gleichzeitig Staatschef, versuchte in seiner kurzen Amtszeit, den Dialog mit Nasser anzustoßen.

Seit Ben-Gurions Rückkehr in das Verteidigungsministerium im Februar 1955 verschlechterten sich jedoch die israelisch-ägyptischen Beziehungen merklich. Mit Unterstützung Ben-Gurions setzte Generalstabschef Moshe Dayan seine aggressiven politischen Pläne gegen Premierminister Sharett durch. Schon am 28.2.1955 verübte die israelische Armee in Gaza eine ihrer verheerendsten Vergeltungsaktionen, »Black Arrow«.[24] Ägyptens Präsident Nasser nahm dies zum Anlass, palästinensische Flüchtlinge aus dem Gaza-Streifen zu rekrutieren, die Fedayeen, die er gegen israelische Einrichtungen einsetzte.[25] Eine weitere Folge der Vergeltungsaktion war das ägyptisch-sowjetische Waffenabkommen vom September 1955, das wiederum Israel in Panik versetzte und dazu verleitete, seinerseits über Frankreich Waffen zu kaufen. Zudem setzte »Black Arrow« den Anfang 1954 aufgenommenen inoffiziellen Gesprächen zwischen Nasser und Sharett ein Ende. Die Lavon-Affäre vom Juli 1954 und ihre Folgen hatten zwar bereits die Fortsetzung dieser Treffen erschwert, doch erst die israelische Vergeltungsaktion veranlasste Nasser zu der Entscheidung, die Gespräche mit Sharett abzubrechen.[26]

Die Westmächte gaben in diesen Jahren ihre Versuche, den Nahen Osten zu befrieden, nicht auf. Zwei Pläne, der »Alpha-Plan« und der »Johnston-Plan«, sorgen für Diskussionsstoff. Mit dem Alpha-Plan vom Februar 1955 verfolgten Großbritannien und die USA das Ziel, ihre strategischen Interessen im Nahen Osten mittels eines Friedensschlusses zwischen Israel und seinen arabischen Nachbarn durchzusetzen.

Das Projekt »Alpha« sah folgende Punkte vor: die Schaffung einer Landverbindung zwischen Ägypten und Jordanien, wobei Israel auf zwei Drittel des Negevs verzichten sollte, ohne allerdings die Verbindung nach Eilat aufgeben zu müssen; eine Aufteilung der in den Waffenstillstandsabkommen von 1949 festgelegten Entmilitarisierungszonen zwischen Israel und seinen Nachbarn; die Rückführung einer beschränkten Zahl von palästinensischen Flüchtlingen und die Entschädigung weiterer; ein Abkommen über die Verteilung des Jordan-Wassers; die Aufhebung des arabischen Wirtschaftsboykotts gegen Israel; und eine Sicherheitsgarantie des Westens für die neuen Grenzen. Israel lehnte dies kategorisch ab.[27]

Der Johnston-Plan von 1955 – benannt nach Eric Johnston (1896-1963), dem persönlichen Beauftragten des amerikanischen Präsidenten Dwight D. Eisenhower – sollte die Aufteilung der Wasservorräte des Jordan-Beckens zwischen den Staaten Libanon, Syrien, Jordanien und Israel nach dem Vorbild der »Tennessee Valley Authority« regeln. Er sah die Entwicklung eines Bewässerungs-Netzwerks zu Gunsten aller Staaten vor. Das Projekt sollte auch Boden im Westjordanland fruchtbar machen, um die dort lebenden palästinensischen Flüchtlinge zu unterstützen. Der Johnston-Plan beruhte auf der Hoffnung, die Regelung der Wasserverteilung könnte eine Grundlage für die Lösung der Grenzfrage bieten und somit einen Versöhnungsprozess anstoßen. Shlaim beschreibt die israelische Reaktion auf den Johnston-Plan:

> »Die Haltung des Verteidigungs-Establishments war typisch negativ und argwöhnisch: Es wurde angenommen, dass Johnstons Vorschlag nach belastendem Material gegen Israel und danach, seine Rechte zu beschneiden, trachtete. Sharetts Haltung war bezeichnenderweise flexibel und konstruktiv. Er ging mit dem Wasser-Plan um, wie nur er es konnte, und er führte die Verhandlungen selbst.«[28]

Sharett versprach sich mehrere Vorteile von der Unterstützung des Plans: Er ging ebenfalls davon aus, dass eine Beilegung des Wasserstreits mit amerikanischer Unterstützung weitere Gespräche mit den benachbarten arabischen Staaten möglich machen könnte. Er war erstens der Ansicht, dass die Zuteilung der Wasservorräte, wie der Plan sie vorsah, den Bedürfnissen Israels entspreche; zweitens sollte ihm dieses Projekt angesichts der Israel beschränkt zur Verfügung stehenden Wasserressourcen einen großen Spielraum für die weitere Entwicklung von Wasserplänen eröffnen; drittens würde eine israelische Kooperation weitere amerikanische Wirtschaftshilfe sichern; und viertens könnte der Johnston-Plan Grundlage für die Zusammenarbeit mit den arabischen Staaten sein.

Obwohl das Sicherheitsestablishment unter Pinchas Lavon den ersten Entwurf des Plans vom Juni 1954 im Grunde abgelehnt hatte, gelang es Sharett, dem Kabinett den Plan doch noch schmackhaft zu machen. Schließlich wiesen die arabischen Staatschefs den Johnston-Plan zurück, weil sie laut Shlaim mit einer Zustimmung Israel anerkannt hätten.[29] Andere Interpretationen

gehen davon aus, dass die Arabische Liga den Johnston-Plan deshalb ablehnte, weil die Wasserfrage und das Flüchtlingsproblem
darin getrennt gelöst werden sollten.[30] Israel vertrat letztlich eine
ambivalente Haltung zum Johnston-Plan. Es stimmte ihm nicht
offen zu, verwarf ihn aber auch nicht explizit.[31]

In den vehementen Auseinandersetzungen um den Johnston-
Plan und andere sicherheitspolitische Fragen wie die Grenzkriege,
die Vergeltungspolitik und den Waffenerwerb Anfang der 1950er
Jahre standen sich das Sicherheitsestablishment und das Außenministerium immer wieder als politische Gegner gegenüber. Grund
dafür waren zwei unterschiedliche Sichtweisen der komplexen
politischen Realitäten nach 1949. Sharett reflektierte diesen Disput 1957, ein Jahr, nachdem er aus dem Außenministerium ausscheiden musste, in seinem Artikel »Israel und die Araber – Krieg
und Frieden: Gedanken über die Jahre 1947-1957«[32] zusammen.
Er beleuchtet die diversen politischen Lager in Israel, u. a. das israelische Sicherheitsestablishment:

> »Die eine [Haltung] besagt, die Araber verstünden nur die Sprache
> der Macht. Der Staat Israel sei so klein und so isoliert; er sei so
> schwach im geographisch-demographischen Sinne, dass er seine
> Macht durch demonstrative militärische Aktionen [nämlich Vergel-
> tungspolitik] verdoppeln müsse, um der aus der Schwäche entste-
> henden Gefahr zuvorzukommen. Daher solle Israel den Arabern von
> Zeit zu Zeit deutlich beweisen, dass es stark und jeder Zeit in der
> Lage sei, seine Macht effizient und unerbittlich auszuüben. Wenn
> Israel dies nicht täte, könne es dem Erdboden gleich gemacht wer-
> den. Nach dieser Auffassung ist der Friede ohnehin fraglich, auf je-
> den Fall liegt er weit entfernt. Friede werde nur dann eintreten,
> wenn sich die Araber davon überzeugt hätten, dass dieser Staat un-
> besiegbar sei. Es sei wahrscheinlicher, dass er durch die Überzeu-
> gungskraft israelischer Gewalt eintrete als durch die aufrichtige
> Überzeugung, dass Israel ehrlich und wirklich den Frieden wünscht.
> Frieden solle also nicht in Betracht gezogen werden, wenn das all-
> tägliche Sicherheitsproblem immer wieder mit Gewalt gelöst werden
> müsse. Wenn Vergeltungsaktionen den Hass erneut anfeuern, so
> gebe es keinen Grund, abgeschreckt zu werden; denn das Feuer sei
> sowieso angefacht. Sollten wir Vergeltungsaktionen vermeiden, um
> die Feuer des Hasses abzuschwächen, würden wir verlieren.
> Wenn wir zudem folgende Faktoren in Betracht ziehen – nämlich die
> allgemein-menschliche Tendenz, sich zu wehren, die besondere
> Empfindlichkeit der historisch stets für schwach gehaltenen Juden,
> die zeitliche Nähe des großen Sieges der israelischen Armee [1948]

– werden wir verstehen, in welcher Atmosphäre und in welchem Zeitgeist diese Position gepflegt wurde.«[33]

Dieser Position des Sicherheitsestablishments stellt Sharett im Weiteren »die andere Haltung« zum Frieden gegenüber, der er selbst anhängt. Sie weise darauf hin, »[...] dass wir unaufhörlich nach dem Frieden streben müssen. Das begründet sich nicht nur aus politischer Überlegung. Es ist, langfristig betrachtet, eine entscheidende sicherheitspolitische Abwägung. Wir müssen den Frieden als unser Grundinteresse verstehen und daher unsere Vergeltungsreaktionen drastisch zügeln. Denn die Frage, ob Vergeltungsakte das Sicherheitsproblem wirklich lösen, bleibt nach wie vor offen«.[34]

Der Generaldirektor im Verteidigungsministerium Shimon Peres (1953-1959) vertrat das Konfliktverständnis des Sicherheitsestablishments im jungen Israel. Peres' Stimme darf hier als repräsentativ betrachtet werden. Peres äußerte sich in diesen Jahren nur selten zum Frieden. Doch wenn er dies tat, dann um zu argumentieren, dass er zum gegenwärtigen Zeitpunkt überhaupt nicht möglich sei.

In seinem Aufsatz von 1955 namens »Versöhnung bedeutet keine Sicherheit« lauten die ersten Worte: »Israels Sicherheitsproblem ist im Kern so akut und einzigartig geblieben, wie es sich nach dem Ende des Unabhängigkeitskriegs entwickelt hat.« Und er schließt den Aufsatz mit folgendem Postulat: »Israels Sicherheit liegt weder in der Versöhnung der [westlichen] Welt [mit sich selbst] noch in der Versöhnung der Araber [mit sich selbst]. Vielmehr liegt unsere Sicherheit [alleine] in unserer Bereitschaft und Fähigkeit, das zu verteidigen, was wir mit viel Blut erreicht haben.«[35]

Zwei zentrale Elemente des Sicherheitsmythos sind hier enthalten: Dem Text liegt erstens die Annahme zu Grunde, die Juden bzw. der Staat Israel seien einer Vernichtungsgefahr ausgesetzt. Die »westliche Welt« wird beschuldigt, Israels Interessen der »arabischen Forderungen« wegen mutwillig aufs Spiel zu setzen. Ihr wird Misstrauen entgegengebracht. Zweitens dokumentiert er die Überzeugung, dass Israel sich nur auf sich selbst verlassen könne, gemäß der Maxime »die Welt sei gegen uns«. Versöhnung ist nach diesem Verständnis nicht möglich. Verhandlungen, ob mit der arabischen oder mit Hilfe der westlichen Welt, sind der israelischen »Bereitschaft und Fähigkeit«, sich zu verteidigen, kaum dienlich. Peres' Sorge gilt zu dem Zeitpunkt, als er seinen Text verfasst, mehr den westlichen Großmächten als seinen arabischen Nachbarn:

>»Die Forderung [der Großmächte] nach einer [israelisch-arabischen] Versöhnung übersieht die Tatsache, dass für den Konflikt alleine eine Seite verantwortlich ist. Diese Forderung an Israel und die arabischen Staaten [sich zu versöhnen], erweckt den verzerrten Eindruck, als wäre der Enthusiasmus für Frieden (oder der fehlende Wille zum Frieden) bei beiden Seiten gleich vorhanden. Jedem Unvoreingenommenen ist klar, dass die Spannungsfaktoren im Nahen Osten folgende sind: die Aufrüstung der Araber für eine gezielte >zweite Runde< [einen weiteren regionalen Krieg]; ein organisiertes sowie sporadisches Eindringen [von palästinensischen Flüchtlingen in das israelische Staatsgebiet]; die Blockade von Seerouten [für israelische Schiffe] in Suez und Eilat; die Verhinderung der Entwicklung der israelischen Wasserquellen; [arabischer] wirtschaftlicher Boykott gegen den Staat Israel; die Nichtanerkennung von Israels Staatsgrenzen [die Waffenstillstandsgrenzen von 1949]. Wären die Großmächte darauf bedacht, besagte Spannungsfaktoren aufzuheben, so wäre Israels Position zweifelsohne diese: Israel wäre bereit, eine >zweite Runde< zu verhindern [sic]; Israel würde die Nutzung seiner Seerouten sowie Häfen [den arabischen Staaten] ermöglichen; Israel würde sich verpflichten, gegen arabische Staaten keinen wirtschaftlichen Boykott zu verhängen; Israel würde die Verantwortung übernehmen, dass israelische Infiltranten [sic] nicht in arabische Staaten eindringen; Israel wäre bereit, die Staatsgrenzen [der arabischen Staaten] anzuerkennen; und schließlich wäre Israel auch dazu bereit, bei der Lösung der arabischen Flüchtlingsfrage zu helfen und diplomatische Beziehung mit den Arabern aufzunehmen. Doch diese Forderungen [seitens der Großmächte an Israel] werden seltsamerweise nicht gestellt. Denn der Frieden ist nicht das Hauptziel. Vielmehr erscheint die Beschwichtigung der Araber als das eigentliche Ziel dieser Forderungen für eine Befriedung.«[36]

Peres lehnt die Forderungen nach Versöhnung deshalb ab, weil er durch jeglichen Ausgleich die demographischen und geopolitischen Errungenschaften von 1948 gefährdet sieht. Dazu kommt, dass er die Verantwortung für den Konflikt alleine bei den arabischen Gegnern sieht: Ganz im Sinne des Sicherheitsmythos führt er die Feindseligkeiten auf ahistorische Aversionen der arabischen, ja der ganzen Welt gegen Juden zurück.

Damit wird der Konflikt aus seinem historischen und politischen Kontext herausgelöst. Peres beschreibt ihn als Resultat ultimativer Feindschaft. Die politisch-historischen Entwicklungen von 1948 werden hier ausgeblendet. Israel ist für Peres das Opfer der Situation, weshalb Zugeständnisse ausgeschlossen sind. Frieden ist nur möglich, wenn die Feindseligkeit gegen Israel verschwindet. Ein Ende der Feindschaft – das ist für die sicherheitspolitische Führung Mitte der 1950er Jahre jedoch schier unvorstellbar. In der Logik des Sicherheitsmythos legitimiert dies den Griff zu den Waffen.

Diese Absicht, Israel in der fragilen Situation von 1955 als Goliath darzustellen, verrät die reale Machtlosigkeit des isolierten Israel. Es muss ständig ein Friedensdiktat der Großmächte fürchten. Die Sprache der Friedensideologie soll nun einen innenpolitischen Konsens herstellen, um Kompromisse im Sinne des Alpha-Plans zu verhindern. Die eigentlichen Probleme der Grenzen, des Territoriums, der Flüchtlinge und des Wassers werden nicht angesprochen; nicht von ungefähr finden weder der Alpha-Plan noch der Johnston-Wasserplan Erwähnung.

Im Vordergrund steht die Schuldfrage: Wer für die Spannungsfaktoren verantwortlich ist und einen weiteren Krieg anstrebt, wer wen boykottiert, wer wen nicht anerkennt. Peres' Darstellung des Konflikts setzt auf die Verdrängung der Komplikationen, welche die politische Entwicklung Israels seit 1948 mit sich gebracht haben. Das Land wird 1955 als ein immer schon da gewesenes, unumstrittenes politisches Gebilde dargestellt:

> »In einer versöhnlichen Welt [bezogen auf die Bemühungen der Großmächte um einen Frieden in der Region] befindet sich Israel in einer merkwürdigen Situation: Es geht nicht nur darum, dass die [westliche] Welt von Israels Nachbarn nicht fordert, die Hürden auf dem Weg zum Frieden abzuschaffen; die Großmächte tragen vielmehr dazu bei, dass diese Hürden noch höher werden. Denn die Belieferung der Araber mit Waffen, deren Ziel ja Israel ist, ermutigt zwangsläufig die Araber, eine Politik des Nicht-Friedens zu betreiben. Israel kann also nicht den für sich gewünschten Weg einschlagen, nämlich den Friedensweg. Die Forderung [seitens der Großmächte an Israel] nach einer Versöhnung zielt nämlich eher darauf ab, den Arabern zu gefallen, als dass sie dem Frieden dient.«[37]

Hier trifft der Sicherheitsmythos, demzufolge die Welt als solche eine Gefahrenquelle für die Juden darstellt, auf die Friedensideologie, die besagt, dass Israel sich nach Frieden sehne, jenseits aller politischen und historischen Realitäten. Gleichzeitig jedoch fürchtet sich Israel vor dem Frieden, denn er bedeutet auch Kompromisse.

Mit territorialen Zugeständnissen tut sich Peres in seiner gesamten Laufbahn schwer. Besonders in den 1950er Jahren waren Gebietsverzichte tabu. Im Gegenteil: das Sicherheitsestablishment sprach offen davon, das Staatsgebiet noch zu erweitern. Frieden kam für Peres fast einer Kapitulation Israels gleich: »Somit [durch Kompromissbereitschaft] entsteht eine absurde Situation, dass einerseits der Geist der Versöhnung den Willen der einen [arabischen] Seite verstärkt, die den Krieg anstrebt; andererseits macht [dieser Geist der Versöhnung] Israel Friedensvorschläge, welche eher Bedingungen ähneln, die in der Regel der besiegten Seite in einem Krieg gestellt werden.«[38]

Der »Geist der Versöhnung« ist somit gefährlich, denn Israel könnte durch ihn verlieren, was es 1948 unter großen Opfern erkämpft hat. An erster Stelle steht dabei die israelische Souveränität: »[…] der ganze Negev ist ein Bestandteil des Staatsgebiets Israel, und nichts […] kann das israelische Militär dazu bringen, im eigenen Staat seine Bewegungsfreiheit zu beschränken.«[39] So gelangt Peres zu seiner Hauptthese, Versöhnung bedeute keine Sicherheit:

> »Diese Lage zwingt uns dazu, zum Ausgangspunkt zurückzukehren, nämlich zu Israels Sicherheit: Wir sollten den illusionären Gedanken abschreiben, dass Fremde oder irgendwelche Situationen in der großen Welt [historische Konstellationen] je einen Rettungsanker für Israel darstellen werden. Vielmehr ist und bleibt der Verlass auf unsere eigene Macht unsere realpolitische Sicherheitspolitik.«[40]

Nicht der Frieden, sondern das israelische Militär ist daher am Zug. Peres macht dabei keinen Hehl aus seinem Unmut über die Friedensinitiativen des Westens und der Vereinten Nationen. Besonders der von der UN kontrollierte Waffenstillstand von 1949 ist für das Sicherheitsestablishment ein Dorn im Auge: Die Verträge zwischen Israel und seinen Nachbarstaaten bestimmen, dass an den umstrittenen Grenzen UN-Beobachter als Vermittler anwesend sein müssen.

Peres vertritt den Standpunkt, die Beobachter sollten sich aus den arabisch-israelischen Beziehungen heraushalten, weil die Waffenstillstandsverträge nicht wie vorgesehen den Friedensschluss nach sich gezogen hätten. Er teilt die Position des Armeechefs Moshe Dayan, der sich offen für einen größeren Spielraum des israelischen Militärs an den Grenzen ausspricht und dementsprechend handelt. »Die Waffenstillstandsregelung«, so Peres, »birgt in sich eine Gefahr für Israels Souveränität.« Denn:

> »Die UN beschloss die freie Fahrt im Suez-Kanal [für israelische Schiffe], dies wird von Ägypten nicht eingehalten. Die UN beschloss die Freilassung der vier israelischen Soldaten [welche bei einem Spionageakt in Syrien festgenommen wurden]. Dies wurde ebenfalls von Syrien nicht eingehalten. Doch die UN-Beobachter erwecken den Eindruck, als wäre kein Unterschied zwischen Angreifern und Angegriffenen; mehr als dass sie – mit ihrer bloßen Anwesenheit in der Region – den Geist des Friedens stärken, wurden sie zu einer Last besonderer Art und zum großen politischen Problem für Israels Sicherheit.«[41]

Die UN-Beobachter seien nämlich »wenig darauf bedacht, ob einige Juden sterben, vielmehr haben sie Angst um Nassers Regime«. Peres gelangt auch hier zu dem Ergebnis: »Die Verstärkung unserer [militärischen] Macht ist eine absolute, keineswegs relative Angelegenheit.«[42] Fazit ist, dass der Gedanke an Frieden Unbehagen auslöst. Er bleibt fremdes, gefährliches Terrain, das man besser nicht betritt.

Die These, der Frieden sei unrealisierbar, obwohl Israel sich danach sehne, vertrat Peres auch 1965 in einem Beitrag namens »Abrüstung und Frieden«.[43] Zu den Atomwaffen sagt er:

> »Die eigentliche Frage ist nicht, was wir wollen – Abrüstung oder Aufrüstung von Atomwaffen. Vielmehr lautet die wirkliche Frage, was möglich, realistisch für uns wäre. Sprechen wir davon, ›was wir wollen‹, so ist klar: Wir alle in Israel wollen nicht nur die Abrüstung der atomaren Waffen, sondern auch der konventionellen, nicht nur die konventionelle Abrüstung wollen wir, sondern die Abschaffung der schrecklichen Feindseligkeit; kurzum, wir wollen den Frieden. Doch die Lage sieht ganz anders aus, wenn wir den Bereich der akademischen Sprache verlassen und uns der komplizierten Realität zuwenden, in der man eine wirkliche [politische] Wahl zu treffen hat.«[44]

Die Rhetorik der Friedensideologie prägt den Text. Die Friedenssehnsucht wird gar nicht in Frage gestellt, gar als selbstverständlich vorausgesetzt. Dennoch kann Peres sich auch 1965 noch immer keinen Frieden vorstellen, zu unrealisierbar erscheint er
angesichts der politischen Wirklichkeit. Frieden sei vor allem deshalb nicht zu erreichen, weil Israel in der arabischen Welt der
Gesprächspartner fehle. Diese Position vertritt er auch 1970 nach
dem territorialen Sieg von 1967 angesichts dessen erheblicher
geopolitischer Bedeutung:

> »Der Sechstagekrieg verdeutlicht in aller Schärfe die Problematik
> der Verhältnisse zwischen uns und den Arabern. Wie lässt sich der
> militärische Sieg in eine vernünftige, normale und friedvolle Koexi-
> stenz zwischen den Arabern und uns übersetzen? Dafür bedarf es
> einer realen Chance. [...] Für eine friedliche Regelung fehlt es nicht
> am *Weg*, sondern an einem [Gesprächs]*Partner*. ›Wege‹ zum Frieden
> wurden bereits in der Vergangenheit zu Genüge vorgeschlagen, es
> gab aber niemanden, der sie zu betreten vermochte. Außerdem, hät-
> te sich überhaupt ein Kandidat für den Frieden gefunden, so wäre
> dies an sich der Weg zum Frieden. Die [arabischen Nachbar]Staaten
> hinter den Waffenstillstandslinien [...] weigern sich, über den Frie-
> den zu sprechen, geschweige denn auf einen Frieden hin zu han-
> deln.« [45]

Peres behauptet weiter, dass die potenziellen Gesprächspartner in
den arabischen Staaten auf Grund der Instabilität der arabischen
Welt einen Frieden politisch kaum durchsetzen könnten. Jordani-
ens König Hussein sei zu schwach, repräsentiere kaum die eigene
Bevölkerung und stoße in der arabischen Welt auf Misstrauen[46];
Ägypten würde kaum mit Israel Frieden schließen, »obwohl der
Bedarf an Frieden sowohl für Ägypten als auch für Israel himmel-
schreiend groß ist«.[47]

Nasser sei dazu nicht in der Lage, »selbst wenn Israel alles Ter-
ritorium zurückgeben würde. Denn was Nasser verlor und wie-
dergewinnen will, ist nicht Territorium, sondern Prestige. Sein
Motto lautet nämlich ›Was mit Gewalt abgenommen wird, wird
nur mit Gewalt wiedergewonnen‹. Er verlor im Sechstagekrieg
Prestige innerhalb seiner Armee, seine Glaubwürdigkeit und die
Führungskraft in der arabischen Welt. All dies will er auch mit
Gewalt zurückgewinnen.«[48]

Ob Peres hier nur taktisch argumentierte, um Verhandlungen
auszuschließen, oder ob er wirklich fest davon überzeugt war,

dass es keinen glaubwürdigen, friedenswilligen Gesprächspartner auf der arabischen Seite gebe, sei dahingestellt. Von Bedeutung ist, dass hier drei Jahre nach dem historischen Eroberungskrieg von 1967 die Debatte vom zentralen Konfliktgegenstand, dem Territorium, auf die Frage des Gesprächspartners verlagert wird. Die Behauptung, ein solcher Partner fehle, wird im Laufe der Jahre zu einer wichtigen Standardformel Israels. Eine politische Regelung erscheint somit unmöglich. Peres verwendet einen »Diskurs der getrennten Betrachtung«: Er koppelt Zusammenhänge voneinander ab, um sie seiner Argumentation besser unterordnen zu können. Nasser gehe es nicht um das Territorium, die von Israel eroberte Halbinsel Sinai, sondern um seinen Prestigeverlust.

Friedensschluss mit Ägypten 1978-1979

Den ersten Friedensvertrag mit einem arabischen Staat erzielte Israel, nachdem die *Mapai-* bzw. später die Arbeitspartei die Regierung nach drei Jahrzehnten im Mai 1977 an den *Likud* abgeben musste. Ausgerechnet der neu gewählte Ministerpräsident Menachem Begin, der Führer der *Likud*-Partei, die offen den Mythos vom »verheißenen Land« vertritt, unterschrieb den ersten Friedensvertrag mit einem arabischen Staat, in dem Israel auf Territorium verzichtet.

Kurz nach seinem Amtsantritt signalisierte Begin dem amerikanischen Präsidenten Jimmy Carter (geb. 1924), dass er bereit sei, Friedensgespräche mit den arabischen Nachbarstaaten aufzunehmen, vor allem mit Ägypten. Im Laufe der nun folgenden Verhandlungen besuchte der ägyptische Präsident Anwar Sadat am 19.11.1977 sogar Jerusalem, ein Schritt, der überall als hoffnungsvolles Zeichen gedeutet wird. Der Gipfel von Camp David (5.-17.9.1978) endete schließlich mit der Unterzeichnung des »Camp David-Abkommens« während einer feierlichen Zeremonie im Weißen Haus. Das Abkommen umfasste zwei Teile: Es sollte zum einen »ein[en] Rahmen für den Frieden im Nahen Osten« bieten, zum anderen »ein[en] Rahmen für den Abschluß eines Friedensvertrages zwischen Ägypten und Israel«. »Die anerkannte Grundlage für eine friedliche Regelung des Konflikts zwischen

Israel und seinen Nachbarn«, so in der Präambel, »ist die Resolution 242 des Sicherheitsrates der Vereinten Nationen in all ihren Teilen.«[49]

Erstens sollten Ägypten, Israel, Jordanien und Vertreter der Palästinenser gemeinsam das Palästinenserproblem in all seinen Aspekten lösen. Eine Einigung sollte in drei Phasen verhandelt werden: Zunächst war vorgesehen, dass die Konfliktparteien eine Vereinbarung über eine frei gewählte palästinensische Selbstverwaltungskörperschaft im Westjordanland und im Gazastreifen und über deren Zuständigkeiten treffen. Anschließend sollte eine Periode des Übergangs beginnen, in dem Israel aus den palästinensischen Gebieten abziehen und seine dortige Militärregierung und Zivilverwaltung beenden sollte. Sicherheitszonen für Israel, über deren Ausdehnung noch Unklarheit herrschte, sollten errichtet werden. In der dritten Phase war schließlich eine endgültige Regelung zu erreichen. »Die aus den Verhandlungen hervorgehende Regelung muß ferner den legitimen Rechten des palästinensischen Volks und seinen rechtmäßigen Bedürfnissen Rechnung tragen.«[50]

Zweitens wurden Israel und Ägypten angehalten, innerhalb von drei Monaten nach der Unterzeichnung der Vereinbarungen von Camp David einen Friedensvertrag auszuhandeln, der innerhalb von zwei bis drei Jahren auch umgesetzt werden sollte. Der Vertrag sollte folgende Punkte beinhalten: Rückzug Israels von der 1967 eroberten Halbinsel Sinai; Anerkennung der ägyptischen Souveränität über dieses Territorium durch Israel; Entmilitarisierung der Halbinsel Sinai; Stationierung von UN-Streitkräften zur Sicherung der Entmilitarisierung und der freien Schifffahrt [für Israel] im Golf von Suez, im Suez-Kanal, im Golf von Akaba und in der Straße von Tiran; abschließend sollte der Friedensvertrag die Verhältnisse zwischen Israel und Ägypten normalisieren.[51]

Im März 1979 kam der Friedensvertrag zustande. Den Hauptkonfliktpunkt in den Verhandlungen bildete die Palästinenserfrage. Hier war der ägyptische Präsident bestrebt, den Frieden mit Israel an eine Regelung der Palästinenserfrage, wie sie das Camp-David-Abkommen vorsah, zu knüpfen. Dadurch wollte Sadat auch vermeiden, die Position Ägyptens in der arabischen Welt aufs Spiel zu setzen. Dem israelischen Staatschef ging es hingegen in erster Linie darum, einen separaten Friedensvertrag mit Ägypten abzuschließen, das Israel für den gefährlichsten arabischen Staat hielt. Begin konnte sich durchsetzen, und die Palästinenserfrage blieb außen vor.

Der Friedensvertrag zwischen Israel und Ägypten legte den israelischen Rückzug bis hinter die international anerkannte Südgrenze fest, so dass Ägypten seine Souveränität auf der Halbinsel Sinai wiedererlangte. Nach der ersten Phase des Rückzugs der israelischen Truppen sollten diplomatische Beziehungen zwischen den beiden Staaten aufgenommen werden; weitere Punkte regelten u. a. die Sicherheit im Sinai, die Stationierung von UN-Truppen und die Schifffahrt. In einem Begleitmemorandum wurden Israel von Ägypten Öllieferungen für die nächsten 15 Jahre zugesichert und amerikanische Unterstützung im Falle einer Vertragsverletzung durch Ägypten; zudem sollte Israel auch im militärischen und wirtschaftlichen Bereich amerikanische Hilfe erhalten.

Nachdem das israelische Kabinett dem Friedensvertrag zugestimmt hatte, wurde er von der *Knesset* in einer 28-stündigen Sitzung am 22.3.1979 mit 95 Ja- und 18 Nein-Stimmen ratifiziert. Am 26.3.1979 wurde im Weißen Haus der erste Friedensschluss zwischen Israel und einem arabischen Staat feierlich unterzeichnet und bereits im Laufe der Jahre 1979 und 1980 großenteils umgesetzt.[52]

Für seinen Alleingang mit Israel erntete Ägypten in der arabischen Welt allerdings heftige Kritik und wird aus der Arabischen Liga ausgeschlossen. Obwohl sich Begin und Sadat im Laufe der Verhandlungen dem amerikanischen Präsidenten gegenüber verpflichteten, im Anschluss an ihre Einigung auch Verhandlungen über eine palästinische Autonomie im Sinne der Camp-David-Verträge aufzunehmen, zeigte sich Begin nunmehr äußerst unwillig. Der Premier war nach Shlaim an einem Erfolg der Palästina-Gespräche nicht interessiert, weil er die israelische Souveränität in den palästinensischen Gebieten – für ihn Judäa, Samaria und der Gazastreifen – auch nach Ablauf der vorgesehenen fünfjährigen Übergangszeit getreu dem Mythos des »verheißenen Landes« aufrechterhalten wollte.[53]

Als deutlich wurde, dass Begin keine weiteren Verhandlungen anstrebte, traten Außenminister Moshe Dayan und Verteidigungsminister Ezer Weizmann (1924-2005) zurück. Daraufhin wurde Itzhak Shamir Außenminister, während Begin selbst das Verteidigungsressort übernahm; nach seiner Wiederwahl im Juni 1981 ernannte er Ex-General Ariel Sharon zum Verteidigungsminister. Mit diesen zwei Personen an der Spitze Israels formulierte Begin nun seine Absichten hinsichtlich der Palästinenserfrage.[54]

Mit dem Verzicht auf den Sinai gelangte Begin an die Grenzen seiner Kompromissbereitschaft: Auf eine jüdische Souveränität in Teilen von *Eretz Israel* zu verzichten, stand für Israel Anfang der 1980er Jahre offensichtlich außer Frage. Auf den gescheiterten Versuch des neuen Verteidigungsministers hin, mittels eines Kriegs eine neue Ordnung im Nahen Osten zu gestalten und das Palästinenserproblem zu lösen, trat Begin schon im September 1983 zurück. Dies bedeutete das Ende seiner politischen Laufbahn. Dennoch geht er in die Geschichte ein als erster israelischer Politiker, der eine Einigung auf der Basis von Gebietsverzichten wagte und es schließlich zu einem Friedensvertrag brachte, der zum großen Teil auch realisiert wurde. Knapp drei Jahrzehnte war der einst berüchtigte Anführer der Untergrund-Miliz *Etzel*, eine für ihre terroristischen Aktionen in den Gründungsjahren Israels bekannte nationale Militärorganisation, in der Opposition. Kurz nach seinem Wahlsieg 1977 gelang ihm ein historischer Friedensschluss, für den er zusammen mit Sadat den Nobelpreis erhielt.

Der Oslo-Friedensprozess 1993-1996:
Friedenswerk des Linkszionismus

Die syrischen und libanesischen Fronten ebenso wie die innere Front der Palästinenserfrage standen bekanntlich Jahre nach dem Friedensschluss mit Ägypten immer noch auf der außen- bzw. sicherheitspolitischen Tagesordnung Israels. Von einem Versöhnungsprozess an diesen Fronten kann im Laufe der 1980er Jahre kaum die Rede sein: Der Versuch, die Palästinenserfrage 1982 mittels eines Kriegs im Libanon zu lösen, die darauffolgenden 18 Jahre israelische Präsenz in der »Sicherheitszone« im Südlibanon, die jüdische Besiedlung der 1967 eroberten palästinensischen Gebiete und syrischen Golanhöhen, und schließlich die palästinensische Erhebung 1987-1992 – all dies sorgte vielmehr für äußerst instabile Verhältnisse zwischen Israel und seinen Nachbarn.

In diesem Zeitraum wurde Israel von einem *Likud*-Kabinett (1977-1984; 1990-1992) und einer Großen Koalition (1984-1990) regiert. 1992 kam der Linkszionismus an die Macht: Die Regierung der Arbeitspartei, auch diesmal mit Itzhak Rabin (Premier- und Verteidigungsminister) und Shimon Peres (Außenminister) an der Spitze, unternahm den Versuch, einen regionalen Frieden zu erzielen. Zunächst ist hier die der *Likud*-Regierung von den Amerikanern 1991 aufgezwungene Madrider Friedenskonferenz zu nennen, und schließlich der israelisch-palästinensische Durchbruch im Oslo-Friedensprozess 1993. 1994 brachte die israelische Regierung einen Friedenschluss mit Jordanien zustande, und im Laufe des Jahres 1995 zeichnete sich ein nennenswerter Fortschritt in den syrisch-israelischen Verhandlungen ab, die durch die Ermordung des Premierministers am 4.11.1995 allerdings einen herben Rückschlag erlitten und letztlich scheiterten.

Die 1990er Jahre werden oft als »optimistisches Friedensjahrzehnt« im israelisch-arabischen Konflikt bezeichnet. Das zionistische Israel wagte es, sich zum ersten Mal in seiner Geschichte mit der Palästina-Frage politisch auseinanderzusetzen. Damit erschien die ersehnte Normalisierung der israelisch-arabischen Beziehungen in greifbare Nähe gerückt. Gemäß dem Camp-David-Abkommen von 1978 wurden die Rechte des palästinensischen Volks von Israel zwar anerkannt, auch sah diese Übereinkunft die Errichtung einer palästinensischen Autonomie vor. Doch die israelisch-ägyptischen Verhandlungen über die palästinensische Autonomie zu Beginn der 1980er Jahre scheiterten letztlich an der Frage der Souveränität über die palästinensischen Gebiete:[55] Soll die Autonomie alleine für die Menschen gelten oder aber für das Land, das Territorium, auf dem sie leben? – eine für den Oslo-Friedensprozess entscheidende Frage. Begins Autonomieplan behandelte dieses Problem schließlich wie folgt:

> »Israel steht zu seinem Recht und seinem Souveränitätsanspruch auf Judäa, Samaria und den Distrikt Gaza. Im Wissen, dass es andere Ansprüche gibt, schlägt es, um der Vereinbarung und des Friedens willen, vor, dass die Frage der Souveränität in diesen Gebieten offen bleibt.«[56]

Dies bedeutete die Aufrechterhaltung des seit 1967 existierenden Status quo der militärischen Besatzung in den Palästinensergebieten. Sowohl der Rechts- als auch der Linkszionismus förderten in den 1980er Jahren im Rahmen der Großen Koalition massiv die jüdische Kolonisierung besagter Gebiete, sowohl aus historisch-religiösen (der Mythos der Verheißung des Landes) als auch aus sicherheitspolitischen Gründen (der Sicherheitsmythos bzw. der Mythos der Verteidigungslinien). Die militärische Dominanz über das ganze Land ist für beide politischen Lager Israels unabding-bar für jegliche Verhandlungen über die Palästinenserfrage. Denn sie beinhaltet die weiteren Konflikt-Kernfragen: das israelische Staatsgebiet, Siedlungen, Wasser, Jerusalem und die Frage der Rückkehr der palästinensischen Flüchtlinge. Über diese Fragen war das politische Israel der 1980er Jahre kaum zu sprechen be-reit.

Zwei verschiedene Staatsmythen lieferten die Grundlage für die Positionen der gegensätzlichen Lager: der »Mythos der Verhei-ßung des Landes« für den Rechts- bzw. religiösen Zionismus, der »Sicherheitsmythos« für den Linkszionismus. Während der erste Mythos kaum einen politischen Verhandlungsspielraum lässt, da auf Gebiete in *Eretz Israel* nicht verzichtet werden dürfe, schließt der »Mythos der Sicherheit« Friedensverhandlungen nicht ganz aus, sofern die Sicherheit gewährt ist.

So konnte sich im Laufe der 1980er Jahre unter Peres' Führung zunehmend der »Mythos des Friedens und der Sicherheit« (*Sha-lom ve-Bitahon*) als Alternative des linkszionistischen Lagers ent-wickeln, mithin die Arbeitspartei zusammen mit den anderen linkszionistischen Bürgerrechts-Parteien *Merez* und *Shinui* zum Friedenslager heranwachsen.

Doch der erste israelisch-arabische Friedensschluss wird nicht nur von einer rechten Regierung erzielt, zu einem ungünstigen Zeitpunkt für den Linkszionismus, nämlich kurz nach dem histo-rischen Machtwechsel von 1977. Er wurde auch um den Preis des *gesamten* besetzten ägyptischen Territoriums abgeschlossen. Die-ser klare Schnitt – das gesamte Territorium gegen einen Friedens-schluss – lief dem linkszionistischen Mythos »Frieden und Sicher-heit« deshalb zuwider, weil er die diesem Mythos innewohnende »Trumpfkarte«, die im Krieg eroberten Gebiete, auf einen Schlag preisgab. Dieser Verlust bedeutete in den Augen vieler Israelis eine Gefahr für die Sicherheit, weil die zurückgegebenen Gebiete nicht nur als territoriale Ressourcen für das Siedlungsprojekt, sondern auch als »Verteidigungslinien« dienten.

Die Verhandlungstaktik des Mythos »Frieden und Sicherheit« – diese lag dem Oslo-Friedenskonzept zugrunde – war die der »kleinen Schritte«. Dabei sollten zwar Verhandlungen aufgenommen werden, doch deren politische Ziele blieben, unausgesprochen und in letzter Konsequenz den jeweiligen *Macht*verhältnissen der verhandelnden Parteien überlassen. Peres' Friedensbemühungen im Rahmen der Großen Koalition Ende der 1980er Jahre, welche von Seiten der *Likud*-Koalitionspartner energisch vereitelt wurden, verschaffen Einblick in das linkszionistische Verständnis von »Frieden und Sicherheit«. Im April 1987 fanden zwischen Außenminister Peres und Jordaniens König Hussein geheime Gespräche in London statt. Peres suchte dabei eigene Friedensvorstellungen gemäß der »jordanischen Option« zu realisieren. Das ausgehandelte »London-Dokument« sah im Kern vor, den Friedensprozess unter internationaler Schirmherrschaft in Gang zu setzen. Es beinhaltete folgende Punkte: Erstens soll der UN-Generalsekretär die fünf permanenten Mitglieder des Sicherheitsrats und die israelisch-arabischen Konfliktparteien dazu aufrufen, eine Regelung auf der Basis der UN-Sicherheitsratsbeschlüsse 242 und 338 auszuhandeln, und zwar »mit der Absicht, der Region einen umfassenden Frieden zu bringen, ihren Staaten Sicherheit, und auf die legitimen Rechte der Palästinenser einzugehen«.[57]

Zweitens sah das Londoner-Papier vor, die jeweiligen Konfliktparteien in dieser Konferenz zur Bildung bilateraler Gruppen einzuladen, um die Verhandlungen zu führen. Der dritte Teil beinhaltete die Vereinbarung, dass erstens in diesem Verhandlungsrahmen keine Lösung und kein Veto den Parteien von außen aufgezwungen werden dürfe; zweitens, dass die Verhandlungen in bilateralen Gruppen geführt werden sollten; drittens, dass die Palästinenserfrage in Gesprächen zwischen einer jordanisch-palästinensischen und einer israelischen Delegation behandelt werden solle; viertens, dass die palästinensischen Vertreter als Bestandteil der jordanisch-palästinensischen Delegation teilnehmen dürften; fünftens, dass die Teilnahme an der Konferenz die Annahme der UN-Sicherheitsbeschlüsse 242 und 338 und die Ablehnung von Gewalt und Terrorismus voraussetze; sechstens, dass jede multilaterale Gruppe unabhängig verhandeln solle. Schließlich betont das London-Dokument den multilateralen Charakter dieser entmachteten internationalen Konferenz: Andere Angelegenheiten sollen im Rahmen eines Abkommens zwischen Jordanien und Israel bestimmt werden.[58]

Die London-Vereinbarung hatte die jordanische Option insofern als Grundlage, als die palästinensische Option, also die Schaffung eines palästinensischen Staats und die Anerkennung der PLO als Gesprächspartner, kategorisch ausgeschlossen wurden. Die palästinensische Frage sollte stattdessen allein in Zusammenhang mit Jordanien behandelt werden. Eine Besonderheit war auch, dass eine internationale Schirmherrschaft den Rahmen der Konferenz bildete, die UN jedoch keinen inhaltlichen Einfluss auf die Verhandlungen und deren Ausgang ausüben durfte, da die Regelungen in bilateralen Verhandlungen zwischen den jeweiligen Delegationen ausgearbeitet werden sollten. Inhaltlich traf das London-Dokument kaum Aussagen über die Kernpunkte des israelisch-palästinensischen Konflikts. Auch diese sollten durch bilaterale Verhandlungen geklärt werden. Welche Erfolgschancen das London-Dokument gehabt hätte, wäre seine Umsetzung nicht von den Likud-Koalitionspartnern vereitelt worden, muss ungeprüft bleiben.

Peres zeigte sich äußerst empört über seine politischen Rivalen, die seiner Friedensmission von 1987 im Wege stehen. Er war fest davon überzeugt, dass seine Initiative realistische Erfolgschancen gehabt hätte, wäre sie umgesetzt worden.[59] Doch die Geschichte bescherte dem israelischen Linkszionismus bekanntlich noch eine Chance. Seit dem Machtwechsel im Juni 1992 befand sich Peres wieder in einer Position, aus der heraus er auf den politischen Prozess Einfluss nehmen kann, und zwar als Außenminister in der sogenannten »Zweiten Rabin-Regierung«. Die im Zuge der Madrid-Konferenz 1991 geführten bilateralen Gespräche in Washington zwischen der israelischen und der jordanisch-palästinensischen Delegation erwiesen sich nämlich bald als erfolglos. Die Differenzen zwischen den Parteien in der Autonomiefrage blieben unüberbrückbar: Während die Palästinenser auf der Grundlage eines palästinensischen Staats verhandeln wollten, beharrten die Israelis auf einem vagen Konzept der Übergangsregelungen mit dem Ziel der Aufrechterhaltung der militärischen Dominanz in den palästinensischen Gebieten.[60]

Die Aussichtslosigkeit der Washington-Gespräche ließ den Druck der israelischen Öffentlichkeit auf den neuen Premierminister allmählich wachsen, sein Wahlversprechen in punkto Frieden einzulösen. Die israelische Führung unter Rabin und Peres sowie Vize-Außenminister Yossi Beilin (geb. 1948) trafen letztlich die historische Entscheidung, direkt mit der seit jeher als terroristische Organisation begriffenen PLO zu verhandeln. Dies ermöglichte den Durchbruch.

Die »Prinzipienerklärung über die vorübergehende Selbstverwaltung«, genannt Oslo I, unterzeichnet von Israel und der PLO am 13.9.1993, war in erster Linie eine gegenseitige Anerkennung der Rechte der beiden Völker, eine Absichtserklärung für die Beendigung des Konflikts und für eine historische Aussöhnung, mithin für ein Leben in Frieden, Würde und Sicherheit. Außerdem sah Oslo I innerhalb eines Zeitraums von fünf Jahren die Errichtung einer Palästinensischen Autonomiebehörde vor, die durch freie Wahlen bestimmt werden und allmählich die Zuständigkeiten der israelischen zivilen und militärischen Verwaltung übernehmen sollte. Diese Autonomiebehörde sollte dazu auch mit Israel über permanente Regelungen auf Grundlage der UN-Resolutionen 242 und 338 verhandeln. Dies beinhaltete vorläufig aus der Prinzipienerklärung ausgeschlossene Kernfragen wie die Grenzen, Jerusalem, Flüchtlinge, Siedlungen und Sicherheitsregelungen.

Gemäß Oslo I sollten die Verhandlungen über eine permanente Regelung, die fünf Jahre nach Oslo I in Kraft gesetzt werden sollten, bereits am 13.12.1995 aufgenommen werden. Das Westjordanland und der Gazastreifen wurden in der Prinzipienerklärung als eine territoriale Einheit definiert, für die die Palästinensische Autonomiebehörde zuständig sein sollte, mit Ausnahme von Sicherheitsbestimmungen und Auswärtigen Angelegenheiten, für die Israel die Verantwortung erhielt Israel wurde angewiesen, seine Truppen aus Gaza und Jericho abzuziehen, und zwar im Rahmen eines Vertrags, der bis zum 13.12.1993 unterzeichnet und bis zum 13.4.1994 umgesetzt werden sollte. Innerhalb von neun Monaten nach Oslo I – also im Juli 1994 – waren freie Wahlen für einen legislativen Rat im Gazastreifen sowie im Westjordanland vorgesehen, und zwar unter internationaler Beobachtung sowie mit Hilfe der palästinensischen Polizei.[61]

Das »Abkommen über die Autonomie des Westjordanlands«, auch Oslo II genannt, wurde am 28.9.1995 unterzeichnet. Oslo II markierte den Abschluss der ersten Phase der Verhandlungen zwischen Israel und der PLO. Das Abkommen sah u. a. die Wahl eines palästinensischen Rats vor und die Übertragung der legislativen Autorität auf diesen, den Rückzug der Armee aus »den palästinensischen Zentren« und die Teilung der Westbank in drei Kontrollkategorien: A, B und C.

Kategorie A umfasst die palästinensischen Städte und Kleinstädte, die im Gerichtsbezirk der palästinensischen Autonomie liegen. Kategorie B bezieht sich auf die palästinensischen Dörfer und dünn besiedelten Gegenden der Westbank, die als zivile Gerichtsbezirke gelten; die Sicherheitskontrolle bleibt bei der israelischen Armee. Kategorie C beinhaltet den Rest der Westbank und besteht in von Israel beschlagnahmtem Land, das für jüdische Siedlungen und Straßen vorgesehen ist. Bei der Zone A handelt es sich um vier Prozent, bei der Zone B um 25 Prozent der Westbank.[62] Im Gazastreifen behält Israel mehr als 35 Prozent des Landes für Siedlungszwecke, Militärstützpunkte und den Straßenbau.[63] Am 5.10.1995 erhielt auch Oslo II nur eine knappe Mehrheit von 61 gegen 59 Stimmen in der *Knesset*. Der Oslo-Friedensprozess stieß auf noch nie da gewesene Demonstrationen der rechtszionistischen und nationalreligiösen Opposition gegen die Regierung der Arbeitspartei. Am 4.11.1995 wurde Premierminister Itzhak Rabin durch einen israelischen Extremisten ermordet.

Der Soziologe Lev Grinberg verweist auf drei Prozesse in der israelischen Gesellschaft, die zum Oslo-Friedensprozess beigetragen hätten: im militärischen, im wirtschaftlichen und schließlich im politischen Bereich. Den Hintergrund hierfür bildete vor allem die seit Ende 1987 andauernde palästinensische Erhebung gegen die israelische Besatzungsordnung. Die Intifada ließ den Unmut innerhalb der israelischen Militärführung wachsen angesichts der frustrierenden Aufgabe, den palästinensischen Widerstand zu zerschlagen. Die sicherheitspolitische Elite erkannte allmählich die Notwendigkeit einer politischen Wende. Die Aussage des Generalstabschefs Dan Shomron (1937-2008), es gebe keine militärische Lösung für die Intifada, deutet Grinberg als ein Kratzen am konstitutiven Sicherheitsmythos. Denn Shomrons Erkenntnis untergrub zunehmend die Legitimation für den Einsatz des Militärs gegen die Erhebung der Palästinenser. Der Sicherheitsmythos büßte insofern an Überzeugungskraft ein, als seine Grundlage –

Kampf und Sieg der jüdischen Seite als Voraussetzung für die nationalstaatliche Existenz – allmählich an Konsistenz verlor.

Grinberg zufolge war es das Militär in seiner Funktion als wichtige politische Sicherheitsautorität, das der politischen Ebene die Legitimation für einen politischen Prozess signalisierte. Ex-General und Premierminister Itzhak Rabin habe tatsächlich die Abnutzung der Armee wegen der mit der Besatzung einhergehenden polizeilichen Aufgaben befürchtet.[64]

Neben dem sicherheitspolitischen Beweggrund benennt Grinberg zweitens die wirtschaftliche Elite als treibende Kraft für einen Versöhnungsprozess. Die Intifada erwies sich allmählich als wirtschaftliche Last. Das Ideal eines von Israel gut kontrollierten, zugunsten der eigenen Wirtschaft ausgerichteten palästinensischen Markts mit billigen Arbeitskräften einerseits und kontrollierter Wareneinfuhr andererseits hatte sich nicht verwirklicht. Das Augenmerk der Wirtschaftseliten Israels richtete sich angesichts der weltpolitischen Veränderungen auf Globalisierungsprozesse, weshalb die Wirtschaft die Politik dahin drängt, den lokalen Konflikt beizulegen. Die globalen Märkte, einschließlich der des Nahen Ostens, wollte man der neoliberal orientierten israelischen Wirtschaft öffnen. Grinberg sieht in Shimon Peres den politischen Träger dieser Denkrichtung.[65]

Zudem beschreibt Grinberg einen Anfang der 1990er Jahre in Gang gesetzten parteipolitischen Prozess, der Hoffnungen auf einen Versöhnungsprozess mit den Palästinensern nährte. Grinberg spricht von einem Demokratisierungs- bzw. Erneuerungsprozess innerhalb der israelischen Arbeitspartei, damals einer wichtigen Volkspartei. Die Parteimitglieder erhielten bei der Wahl ihrer Vertreter mehr Mitspracherecht; erstmals fanden Vorwahlen statt. Auch wurden politisch relevante Inhalte in das Parteiprogramm eingeführt. Unter dem Slogan »Veränderung der nationalen Prioritäten« sollte der Fokus des nationalen Interesses verschoben werden: von der im Laufe der 1980er Jahre massiv geförderten Besiedlung der besetzten Gebiete auf die Sozialpolitik im Kernland Israels. Überhaupt schienen eine neue Sprache und ein neues Image für eine neue Ära nach 15 Jahren unter der Führung Peres' erforderlich zu sein.

Grinberg erkennt in diesem Demokratisierungsprozess ein erstes Signal für die Abwendung der Arbeitspartei von der »altstämmigen«, lähmenden Links-Rechts-Debatte der nationalen Mythen. Die Beschäftigung mit »normalen« politischen Alltagsfragen des durchschnittlichen Israeli nahm größeren Raum ein. Der Wahlkampf von 1992 mit Itzhak Rabin an der Spitze gegen den alten Staatschef und *Likud*-Chef Itzhak Shamir stand im Zeichen dieser Veränderung der Prioritäten.

In dieser politischen Konstellation sieht Grinberg auch eine politische Alternative zur Aufrechterhaltung der israelischen Dominanz über die besetzten Gebiete.[66] Doch hier stellt sich die Frage, ob dieselben führenden Persönlichkeiten der 1970er und 1980er Jahre (also: Rabin und Peres), die die israelische Ordnung maßgeblich geprägt haben, sowohl sicherheits- als auch siedlungspolitisch, eine wirkliche Alternative aufzeigen konnten. War der israelische Linkszionismus der 1990er Jahre in der Lage, den Konflikt um Palästina wirklich beizulegen?

Der Oslo-Friedensprozess: Die palästinensische Option?

Baruch Kimmerling stellt in Hinblick auf den Oslo-Friedensprozess einen Zusammenhang her zwischen der in der israelischen Gesellschaft verfestigten »*routinization of war and conflict*« und dem ideologisch-religiösen Beweggrund der Aufrechterhaltung der Herrschaft über die palästinensischen Gebiete:

> »Im Laufe der Kristallisation des Staats haben israelische Einwanderungssiedler sowohl kriegs- bzw. konfliktorientierte als auch kompromissorientierte Werte und Gruppen mit einer jeweiligen Begleitrhetorik herausgebildet. Der Umwandlung zu Krieg und Konflikt geschuldet, hat sich allerdings ein meta-kultureller, alles umfassender Code entwickelt, um die Unterscheidungen zwischen Krieg und Frieden zu verwischen, und zwischen rationalen militärischen und ideologischen religiösen ›Gründen‹, um die besetzten Gebiete zu behalten. Die erste ›Land-gegen-Frieden‹-Vereinbarung mit Ägypten wurde geschlossen, um die Kontrolle über die ›Judäa und Samaria‹ genannten Teile von *Eretz Israel*, zu verstärken; unmittelbar gefolgt war sie 1982 vom Krieg im Libanon, der aus demselben Grund geführt wurde. Den Oslo-Vereinbarungen mit den Palästinensern wurde von Israel primär aus dem Grunde zugestimmt, um die Verantwortung **für von** einer arabischen Bevölkerung dicht besiedelten Gebiete loszuwerden, indem eine indirekte Kontrolle über Arafats

Palästinensische Behörde als Subunternehmer eingerichtet wurde,
aber ohne die ›allumfassende Sicherheitsverantwortung‹ für ganz
Eretz Israel aufzugeben. Dies kam erst zustande, nachdem politische
und militärische Eliten zu dem Entschluss gekommen waren, dass es
keine akzeptable Lösung für das palästinensische Problem gab (allerdings waren sich nicht alle israelischen Juden darüber einig). Der
Friedensabschluss mit dem Haschemitischen Königreich Jordanien
[1994] zielte auf die politische und militärische Schwächung der Palästinenser.«[67]

Kimmerling erklärt die Motive für den Oslo-Friedensprozess wie
folgt:

>»Die existenzielle Angst, wie sie gleichzeitig in die israelische kollek-
tive Identität und das Kollektivgedächtnis eingebrannt ist, schürt
den zivilen Militarismus und verfestigt den ›militärischen Militarismus‹ und den militärisch-kulturellen Komplex; dies schafft so einen
Teufelskreis, der stets zu sich selbst erfüllenden ›Worst Case‹-
Prophezeiungen führt. Sogar die Hauptmotive für den Friedensschluss, (um Frieden zu schließen), resultieren entweder aus frem-
denfeindlichen Abgrenzungsgefühlen oder dem manipulativen
Bestreben nach verbesserter Kontrolle über ›die andere Seite‹ und
Bewahrung ›unserer‹ ultimativen militärischen Macht.«[68]

Die Anerkennung der PLO als Vertreterin des palästinensischen
Volks stellte eine Zäsur in der israelisch-palästinensischen Konfliktgeschichte dar. Bis 1993 bekriegten sich Israel und die PLO,
für Israel war die »Palestine Liberation Organization« nichts anderes als eine terroristische Organisation, da sie auf die Auflösung
des jüdischen Staats aus sei. Die Ansprüche der 1964 gegründeten
PLO, Palästina – also das gesamte Staatsgebiet unter israelischer
Vorherrschaft – zu befreien, können kaum mit dem zionistischen
Anspruch auf *Eretz Israel* für das jüdische Volk vereinbart werden.

Peres nutzte über Jahre hinweg seine Position als Vize-Präsident
der Sozialistischen Internationale, um der PLO auf internationalem Parkett die Anerkennung zu verwehren. Er geriet daher wiederholt in Konflikt mit europäischen Führungspersönlichkeiten,
die zunehmend den Schlüssel für die Lösung der Palästina-Frage
in der Einbeziehung der PLO sahen. 1985 erließ die *Knesset* unter
der Regierung Peres ein Gesetz, das Gespräche zwischen Israelis
und Vertretern von Terrororganisationen unterband, das erst
1993 für den Oslo-Prozess wieder annulliert wird. Peres' Bio-

graph Michael Bar-Zohar zufolge ist die Schwäche der PLO der Beweggrund für ihre Anerkennung gewesen. Peres habe sich zu Verhandlungen mit der PLO entschieden, weil diese infolge des Zweiten Golfkriegs politisch und finanziell erheblich an Einfluss verloren habe. Es sei ein günstiger Zeitpunkt gewesen, mit einer geschwächten PLO einen »Deal abzuschließen«.[69]

Inwiefern stand die neue Regierung *politisch* hinter der dem Oslo-Friedensprozess zu Grunde liegenden palästinensischen Option? Der israelische Linkszionismus befand sich hinsichtlich des Friedensprozesses in den Jahren 1992-1996 in einer ausgesprochen heiklen Lage. Nach jahrelanger politischer Stagnation, bedingt durch die Regierungskoalition mit dem *Likud*, gelang ihm 1993 ein Durchbruch.

Der als historischer Wendepunkt begriffene Oslo-Friedensprozess gilt zum großen Teil als Verdienst des israelischen Außenministers Shimon Peres und seines Vizes Yossi Beilin. Diese überzeugten den zögernden Staatschef und Verteidigungsminister Itzhak Rabin von der Notwendigkeit, die schwierigen, mit der Anerkennung der PLO verbundenen direkten Verhandlungen mit den Palästinensern aufzunehmen. Rabin und Peres sorgten durch ihre Bereitschaft, die PLO unter Führung Jassir Arafats als Gesprächspartner zu akzeptieren, für einen historischen Durchbruch in der israelisch-palästinensischen Geschichte, weswegen alle drei politischen Führer 1994 mit dem Friedensnobelpreis ausgezeichnet wurden.

Doch während die Friedensregierung in Jerusalem auf internationalem Parkett Lob einheimste, sah sie sich in Israel selbst mit einer besonders heiklen politisch-intellektuellen Herausforderung konfrontiert: Sie musste nämlich den Friedensprozess gegenüber einer äußerst aktiven und gut organisierten politischen Opposition des Rechts- bzw. religiösen Zionismus verteidigen. Denn ebenso wie ihre politischen Rivalen stand sie der Lösung der Palästina-Frage im Sinne der palästinensischen Option äußerst skeptisch gegenüber. Immerhin ließ das spezifische Konzept von Oslo I die politisch-militärische Lage im Kern *vorerst* unverändert. Ausgehend von der Absichtserklärung begann ein Prozess der »kleinen Schritte«, dessen Entwicklung von den Verhandlungen abhängig war. Da sich aber Israel gegen einen Schlichter aussprach und dazu auch die Lösung der Kernfragen bis zu Verhandlungen für eine permanente Regelung aufschieben wollte, wurde vieles von den Machtverhältnissen zwischen den beiden Parteien bestimmt. Dabei entstand eine für die Oslo-Jahre charakteristische hybride Situation: Es wurde verhandelt und gleichzeitig wurden die üblichen Besatzungspraktiken mit den nötigen Modifikationen fortgesetzt. In der Oslo vorausgehenden Annahme, dass die Konflikt-Kernfragen ohnehin erst später geklärt werden würden, verschaffte sich Israel mehr Spielraum, um in seinem Sinne weiterhin Fakten zu schaffen. Dies geschah, obwohl die PLO durch ihre Anerkennung als Verhandlungspartner nicht mehr ganz ohnmächtig dastand. Die Situation, dass einerseits der Palästinensischen Autonomiebehörde zivile Zuständigkeiten und somit die Verantwortung für die palästinensische Bevölkerung übertragen wurden (Oslo II), andererseits aber die israelische militärische Dominanz weiterhin bestand, klingt in der hybriden Formulierung der linken Oslo-Kritiker wie folgt: »Oslo als Fortsetzung der Besatzung mit friedlichen Mitteln.«

Die Arbeitspartei-Regierung wagte nicht einmal im Ansatz, die besetzten Gebiete zu dekolonisieren. Im Gegenteil: Sie suchte Wege, Siedlungsprojekte *trotz* Oslo aufrechtzuerhalten und letztlich zu erweitern. Das hybride »Oslo-Regime« ermöglichte nämlich einerseits die Trennung der beiden Kollektive mit Hilfe des Militärs. Hier muss vor allem die Politik der Abriegelung genannt werden, die die Bewegungsfreiheit der Palästinenser erheblich einschränkte und ihre Lebensbedingungen verschlechterte. Andererseits lief die Fortsetzung der jüdischen Kolonialisierung der palästinensischen Gebiete der in Oslo erhofften Trennung der beiden Völker zuwider.

Doch gerade unter dem Deckmantel des Friedensprozesses brachte Israel die zionistisch untermauerte Trennungspolitik stärker in Einklang mit der Kolonialisierung, indem das Oslo-Regime die palästinensischen Gebiete zerstückelte und somit die palästinensische Gesellschaft segmentierte. Amira Hass weist auf die Verdoppelung der Siedlerzahl in den besetzten Gebieten (ohne Ostjerusalem) zwischen 1991 und 2000 von 91.400 auf 198.300 hin. Für Ostjerusalem ist die Rede von 141.000 Siedlern im Jahre 1992 und 173.000 im Jahre 2000.[70] Das Oslo-Konzept erzeugte eine offene Lage: Einerseits ließ der Druck der internationalen Gemeinschaft auf Israel erheblich nach, und Israels Image wurde nach fünf Jahren palästinensischer Intifada enorm verbessert, was dazu beitrug, dass Kolonialisierung und Besatzung ungestört fortgesetzt werden konnten. Andererseits wurde der fortschreitende Friedensprozess, der auf einen palästinensischen Staat hinsteuern sollte, von der israelischen Rechten bekämpft, obwohl die Siedlungspolitik ja tatsächlich weiter betrieben wurde.

Denn die israelische Rechte bekämpft auch die Option eines von Israel kontrollierten palästinensischen Scheinstaats; sie befürchtet Verhandlungen, die dazu führen könnten, dass Israel auf Gebiete in *Eretz Israel* verzichten muss. Die Führung der zionistischen Linken sucht hingegen einen Mittelweg: Verhandlungen und Versöhnung *damit* Siedlung und Sicherheit weiterhin gewährt bleiben würden. Die Terrorismus-Bekämpfung, vor allem die der religiösen palästinensischen Gruppierungen Hamas und Islamischer Dschihad, war für Israel ausdrücklich eine Motivation für die Verhandlungen: Die Palästinensische Autonomie sollte als Hilfsmacht dienen und diese Aufgabe der israelischen Armee abnehmen.

Das politische Ziel aus Sicht der Palästinenser – ein palästinensischer Staat im Westjordanland und Gazastreifen – war in den Jahren 1993-1995 für die israelische Regierung keineswegs beschlossene Sache. Somit befand sich Außenminister und später Premier- und Verteidigungsminister Peres (1995-1996) in einer politischen Zwickmühle: Er wurde für einen Friedensprozess verantwortlich gemacht, dem eben dieses politische Ziel eines Palästinenserstaats zugeordnet wurde. Dies wurde wenigstens von der zionistischen Linken so ersehnt, von der Weltgemeinde erwartet und von den Anhängern von *Eretz Israel* bekämpft. Dabei stand ausgerechnet der Führer der Friedensregierung eben nicht hinter diesem Ziel.[71]

Der Linkszionismus gefangen zwischen *Eretz Israel*, Sicherheit und Frieden

Als Architekt von Oslo und führender Politiker musste Peres den Friedensprozess innenpolitisch-öffentlich unterstützen, obwohl er einen palästinensischen Staat ablehnte. Daher mutete Peres' eigener Umgang mit dem laufenden Friedensprozess gelegentlich skurril an, vor allem, wenn er ihn vor der kämpferischen Rechten verteidigen musste.[72] Problematisch war, dass die politischen Ziele des Prozesses nicht transparent waren und daher nicht diskutiert werden konnten.

In einem öffentlichen Gespräch über den Oslo-Friedensprozess am 25.3.1994 zwischen dem Außenminister und dem jüdisch-religiösen israelischen Philosophen Yeshayahu Leibowitz – einem scharfen Kritiker der Besatzungspolitik seit 1967 – setzte Peres andere Akzente. Leibowitz bekräftigte gegenüber dem Außenminister, dass »die israelische gewalttätige Besatzungsmacht auch nach Oslo [I] nicht abgeschafft worden ist; wir haben uns noch kein Zentimeter zurückgezogen [aus den Gebieten im Gazastreifen und Jericho gemäß Oslo I]«. Peres hielt dem entgegen: »Ich glaube, das Oslo-Abkommen wird in einigen Wochen umgesetzt. Desweiteren beabsichtigen wir, über weitere Gebiete zu verhandeln. […] Doch wir müssen behutsam vorgehen, weil wir stets die Mehrheit [der israelisch-jüdischen Bevölkerung] gewinnen und gleichzeitig den [palästinensischen] Terror bekämpfen müssen.«

Leibowitz begegnete dem auf die Palästinenser bezogenen Terror-Argument wie folgt: »Ich weiß, was Terror heißt: 260 Kinder bis zum Alter von Jahren 15 wurden von israelischen Soldaten getötet. Das ist die Bedeutung der Besatzungspolitik.« Peres ging in seiner Argumentation auf die Wünsche der »israelischen breiten Mitte« ein: »Deshalb wollen wir dort raus. Das ist einer der Gründe, weshalb wir nicht die Polizisten des palästinensischen Volks sein wollen.« Doch Leibowitz zeigte sich skeptisch gegenüber Peres' Absichtserklärung und konfrontierte ihn mit der politischen Realität: »Wir sind es noch [die Polizisten des palästinensischen Volks].« Peres erwiderte, dass doch verhandelt werde, »um da rauszukommen«; Leibowitz, der bei seinem Standpunkt »wir haben uns doch keinen Zentimeter zurückgezogen«, blieb, musste sich von Peres folgende Argumentation gefallen lassen: »Wir können doch nicht Mitten in der Nacht wie Diebe abhauen. Denn die Araber [gemeint sind die Palästinenser] töten dort ihre Brüder, leider. Unschuldige Araber werden von Arabern getötet.« Leibowitz hierzu: »Dieses Mitleid mit den Arabern ist doch eine reine Heuchelei.« Leibowitz, ein Befürworter der Zweistaatenlösung gemäß der Grenzen von 1967, bekam vom Außenminister dessen eigentliche Meinung zum Oslo-Konzept zu hören: »Ich wäre auch wie Sie für eine permanente Lösung, doch ich sehe keine Möglichkeit, dass die zwei Parteien sich über die Linien [Grenzen] einigen würden [...]. Deshalb richtet sich das Konzept Oslo erst darauf aus, das [Verhandlungs-]Klima zu verbessern, in der Hoffnung, nach fünf Jahren eine für beide Parteien akzeptable Karte zeichnen zu können. [...] Ich kann mich heute einer permanenten Lösung nicht verpflichten.«

Für Peres waren die Grenzen von 1967 eben keine Grundlage für die Lösung. Er wies hier vielmehr auf sein bevorzugtes Konföderations-Konzept hin. Leibowitz' Prophezeiung von 1994 ist hier aufschlussreich: »Das, was Sie sagen, ist unaufrichtig. Denn dies bedeutet de facto die Fortsetzung der Besatzung des palästinensischen Volks. [...] Wir werden [die Besatzung] in einer Mogelpackung von Lügen und Heuchelei weiter betreiben. [...] Das ist eine kranke Heuchelei.«[73]

Doch diese »Heuchelei« hat eine Logik, bedenkt man, was für einen jüdischen Nationalisten und langjährigen Sicherheitspolitiker ein palästinensischer Staat bedeutet. Dieser gilt schon seit der Staatsgründung bzw. nach dem Krieg von 1948 für die sicherheitspolitischen bzw. politischen Eliten des Landes als tabu. Peres sieht darin eine Gefahr für das zionistische Israel.[74] Denn auf die militärische Dominanz im Lande, die ein palästinensischer Staat im Westjordanland und Gazastreifen aufheben würde, kann letzten Endes auch die linkszionistische »Friedens-Regierung« nicht verzichten. Diese suchte vielmehr Mitte der 1990er Jahre den Abgrund zwischen den drei Maximen: Sicherheit, *Eretz Israel* und Frieden erfolglos zu schließen, weil diese miteinander nicht kompatibel sind. Sowohl das Sicherheitsverständnis, sprich die Notwendigkeit der militärischen Dominanz als Grundsatz der Sicherheit als auch der zionistische Grundsatz von *Eretz Israel* als Land des jüdischen Volks machen einen Frieden im Sinne der Zweistaatenlösung unmöglich.

Da es Israel auch unter der linkszionistischen Führung nicht gelungen ist, sich von den zwei Gründungsmythen – vom Sicherheitsmythos und vom Mythos der Verheißung des Landes – zu befreien, muss der Frieden weiterhin ein unerfüllter Traum bleiben. Der Linkszionismus hält aber noch Jahre später am Friedensprozess fest, weil er in der Friedensideologie bzw. dem Mythos von Frieden und Sicherheit weiterhin gefangen ist und über die Widersprüchlichkeit seiner zionistischen Zielsetzung mit der Realität nicht reflektieren kann.

Der Glaube an die Kompatibilität von Frieden und eigenem Staatsverständnis macht den Unterschied zwischen den zwei Hauptlagern des politischen Spektrums Israels aus. Während der Rechtszionismus und der religiöse Zionismus den Frieden nicht anstreben, weil sie nicht gewillt sind, dessen territorialen und identitätspolitischen Preis zu bezahlen, hält der Linkszionismus am alt-zionistischen Anspruch der Normalisierung der Verhältnisse zwischen Juden und Nichtjuden fest, und zwar trotz besagter Gründungsmythen. Diese Friedensideologie führt aber zur Entpolitisierung des Friedens: Wenn das Friedenswerk im Kern nicht von Israels Politik abhängig sei, (diese sei im Sinne des zionistischen Israels, daher bleibt unerlässlich bzw. unhinterfragt), sondern alleine vom Willen der »Araber«, Israel anzuerkennen, so lässt sich politisch gesehen auch wenig machen. Mann hofft, dass die Feindschaft der »Araber« verschwindet, man imaginiert den Frieden und bekämpft weiterhin den Terrorismus, militärisch wohl gemerkt.

Der Abgang des Linkszionismus

Peres' entpolitisiertes Verständnis des Oslo-Friedensprozesses bzw. seine Ablehnung der in ihm steckenden palästinensischen Option trat in dem Moment deutlich zutage, als Peres die Staatsführung übernehmen musste. Zwischen dem Mord an Premier- und Verteidigungsminister Itzhak Rabin am 4.11.1995 und der Abwahl der Arbeitspartei Ende Mai 1996 wird deutlich, inwiefern der Linkszionismus unter der Führung Peres' eine Alternative in der Friedensfrage darstellt.

In eben dieser kurzen Zeit zwischen November 1995 und Ende Mai 1996 konnte Peres seine Friedenspolitik nach eigenem Verständnis umsetzen. Kurz vor dem 4.11.1995, anlässlich der Unterzeichnung von Oslo II, gab er vor der *Knesset* seine Einschätzung der Lage wieder: »Die permanente Reglung wird nicht auf einen palästinensischen Staat hinauslaufen, sie wird vielmehr auf neuen Ideen beruhen.« Er fragte rhetorisch: »Handelt es sich bei der [in Oslo II festgelegten Errichtung einer palästinensischen] Autonomie um einen palästinensischen Staat? Nicht unbedingt. Sie kann eine Vorlage für viele Dinge darstellen – für Regelungen, entmilitarisierte, und sogar herrschaftsfreie [sic!] Territorien. Ich glaube, dass die permanente Regelung nicht auf der bestehenden Grundlage [von Oslo II] basieren wird, sondern auf einer Reihe komplett neuer Ideen.« Auch zu diesem Zeitpunkt, im israelischen Parlament, fühlte sich der Außenminister nicht verpflichtet, seine »komplett neuen Ideen« inhaltlich auszubreiten. Auch sagte er nicht, welchen rechtlichen Status er der palästinensischen Autonomie bzw. den geräumten palästinensischen Gebieten zuerkennen wollte. Vielmehr verlagerte er das Augenmerk auf sein eigentliches Anliegen: »Ohne Oslo II wäre Israel in die Gefahr eines bi-nationalen Staats gerutscht, und zwar ohne Koexistenz. Israel kann nicht, und wird auch nicht, ein Apartheid-Staat sein.«

Peres betonte in seiner *Knesset*-Rede die militärische und ökonomische Stärke Israels und schloss daraus, dass die Entscheidung für Oslo II zu diesem Zeitpunkt günstig sei. Die israelische wäre die einzige Armee zwischen Jordan und Mittelmeer. Die Terrorismusbekämpfung sei dabei nicht alleine im israelischen, sondern auch im palästinensischen Interesse: »Die palästinensische Behörde weiß nämlich sehr wohl, wenn sie den Terror nicht zerschlägt, würde er sie unterwandern.«[75]

Hier brachte Peres sein sicherheitsorientiertes Verständnis des Oslo-Prozesses auf den Punkt: Einerseits bleibt die Zukunft der palästinensischen Autonomie vage, da hierüber kein Wort verloren wird, andererseits erhält die palästinensische Autonomie bereits im Vorfeld eine klare Aufgabe: Sie muss den palästinensischen Terrorismus gegen Israel bekämpfen, um nicht selbst von ihm zerstört zu werden.

Kurz nach seinem Amtsantritt im November 1995 erklärte der neue Premierminister, welche Akzente er im Friedenprozess setzen wollte.[76] Zunächst übernahm Peres Rabins Doppelposition als Staatschef und Verteidigungsminister. Das Außenministerium übergab er jedoch nicht seinem Vize-Außenminister Yossi Beilin, dem engagierten Mann in den israelisch-palästinensischen Beziehungen, sondern dem Ex-Generalstabschef Ehud Barak, der in seiner Position als Armeechef dem Oslo-Friedenprozess kritisch gegenüberstand.

Bald kündigte Peres sein Vorhaben an: einen regionalen Frieden zwischen Israel und der ganzen arabischen Welt. Deshalb wolle er sich in den nächsten Monaten Syrien zuwenden; »mit den Palästinensern eilt es vorerst nicht«. Die herannahenden Wahlen spielten bei diesem Wandel auch eine Rolle: »Eine weitere Friedenszeremonie in Washington [ähnlich wie am 13.9.1993] – so vermutet man – würde die Wahlkampagne erübrigen.«[77] Sollte diese Hinwendung zum syrisch-israelischen Schauplatz dazu gedacht gewesen sein, den Neuen Nahen Osten näherzubringen, ist Peres dies nicht gelungen. Die syrisch-israelischen Verhandlungen in Maryland (USA) im Januar 1996 gerieten sehr schnell in eine Sackgasse. Die territoriale Frage blieb auch in dieser Front das Haupthindernis.

Dass Peres im israelisch-palästinensischen Konflikt den Frieden nicht mit weiteren territorialen Zugeständnissen erreichen wollte, legt sein Versuch nahe, kurz nach der Ermordung Rabins, sprich vor der Umsetzung von Oslo II, ausgerechnet die nationalreligiöse Partei *Mafdal* in seine Koalition einzubinden. *Mafdal* stand dem Oslo-Friedensprozess auf Grund ihrer Ideologie der »Verheißung des Landes« ausgesprochen feindselig gegenüber.

Was war Peres' Motivation für einen derartigen »Rechtsruck«? Grinberg führt dies darauf zurück, dass Peres den Mord an Rabin ebenso wie den Friedensprozess selbst als Gefahr für die »Einheit der israelisch-jüdischen Gesellschaft« aufgefasst habe. Den Führern von *Mafdal* machte Peres das Versprechen, keine Siedlungen zu räumen. Zwar gelang es Peres nicht, die Einbeziehung der *Mafdal* in seine Koalition durchzusetzen. Doch der Ansatz, die Oslo-Gegner mit Hilfe der Auflösung der ohnehin vagen politischen Gegensätze zwischen Anhängern und Gegnern des Friedensprozesses zu beschwichtigen, bestimmte sein Handeln bis zu seiner knappen Abwahl Ende Mai 1996. Die politische Debatte wurde nämlich vom Versöhnungsprozess mit den Palästinensern auf die Frage der »nationalen Einheit« und die Gefahr eines »Zerfalls der jüdisch-israelischen Gesellschaft« verlagert.

Peres' Annäherungsversuche an die *Mafdal* so kurz nach Rabins Mord verleiteten den israelischen Publizisten Jacob Jona dazu, diesen Schulterschluss ironisch als »Hysterischen Bund« zu bezeichnen, in Anspielung auf den parteipolitischen, sogenannten »Historischen Bund« zwischen der *Mapai* und *Mafdal* in den ersten drei Jahrzehnten israelischer Politik. Dabei kritisierte Jona Peres' mangelnde Kollegialität gegenüber seinen »natürlichen politischen Verbünden« für den Frieden wie der linkszionistischen *Merez*-Partei, dem Reformjudentum und den israelischen Palästinensern.[78] Ob Peres in diesen ausgesprochenen Anhängern des Friedensprozesses tatsächlich seine »natürlichen Verbündeten« sah, oder inwiefern er die Koalition mit den Nationalreligiösen aus einer »Hysterie« heraus und nicht auf Grund einer ideologischen Nähe suchte – um das nötige Alibi für einen Rückzieher zu haben, sollte sich in den Friedensgesprächen ein territorialer Kompromiss abzeichnen –, lässt sich aus seiner Politik erschließen.

Im Dezember 1995 setzte Peres den im Oslo-II-Abkommen festgelegten Truppenrückzug aus den palästinensischen Städten im Westjordanland um. Die Regionen A und B, die 27 Prozent der zerstückelten Herrschaftsgebiete im Westjordanland umfassen, wurden der Palästinensischen Autonomiebehörde übertragen, die Region C (73 Prozent) blieb unter israelischer Dominanz. Die jüdischen Siedlungen blieben mit Zustimmung der Palästinensischen Autonomiebehörde bestehen, wobei Arafat den islamischen Widerstand neutralisierte und sogar dessen Vertreter in den Palästinensergebieten zur Akzeptanz der Osloer Abkommen bewegte. Peres seinerseits gelang es, die Zustimmung der gemäßigten jüdischen Siedler-Vertreter zu Oslo II zu sichern, wobei er als Gegenleistung den Ausbau von Umgehungsstraßen für Juden und die Erweiterung bestehender Siedlungen versprach.

Oslo II wurde somit im Dezember 1995 großenteils umgesetzt. Im Januar 1996 ließ Peres die wiederholt verschobenen, im Oslo-I-Abkommen festgelegten Wahlen für die Präsidentschaft und für den palästinensischen Rat in den palästinensischen Gebieten zu. Damit war eine weitere wichtige Voraussetzung erfüllt, um in die letzte Phase der Verhandlungen, die eine permanente Regelung bringen sollen, einzutreten.

Auch im Hinblick auf die Frage, einen Grenzwall zu errichten, blieb Peres seinem Konzept der »weichen Grenzen« treu. Er stellte das bereits begonnene Projekt ein.[79] Der Gedanke, einen Grenzwall zu bauen, entstand nach einem im Januar 1995 inner-

halb der »Grünen Linie« vom Islamischen Dschihad auf israelische Soldaten verübten Attentat. Der Druck der israelischen Öffentlichkeit, die im Oslo-Friedensprozess angestrebte Trennung
der beiden Völker auch zu realisieren, wuchs zunehmend. Neben
der Abriegelungspolitik in den besetzten Gebieten erwog die Rabin-Regierung die Errichtung eines Grenzwalls, um das seit 1967
schwindende Bewusstsein für die Grenzen wieder zu schärfen.
Trotz erheblichen Widerstands seitens der Siedler-Führung setzte
sich Rabin zunehmend für die Wiedererrichtung der Grenzen ein,
und zwar auch, wenn diese nicht mit den Grenzen von 1967 über-
einstimmen mochten.[80]

Freilich besteht ein Meinungsgegensatz zwischen Israels Wirtschaftselite, die jegliche Trennung der beiden Wirtschaftsräume
für schädlich hält – ein Standpunkt, der sich in Peres' Idee der
»offenen wirtschaftlichen Grenzen des Neuen Nahen Ostens« wi-
derspiegelt –, und der »Sicherheitselite« unter der Führung Rabins, die den Akzent eher auf die »Verteidigungsgrenzen« legt.[81]
Ob diese Dichotomie der beiden Eliten – Ökonomie und Sicherheit – hinsichtlich der Grenzwall-Frage aufrechterhalten werden
kann, ist fraglich. Denn es ist zum einen mehr als zweifelhaft, ob
die Militärführung die Position Rabins, der zunehmend die Tren-
nungslösung vertritt, tatsächlich teilt und den Rückzug aus den
Gebieten wirklich befürwortet. Zum anderen ist unklar, ob Peres
alleine den »wirtschaftlichen Faktor« im Sinn hat, wenn er die
Einheit des Landes beschwört. Die Wirtschaftselite ist darauf bedacht, ihre Dominanz über den palästinensischen Markt zu bewahren. Die militärische Dominanz über das ganze Land gilt als
unverzichtbar auch für die Aufrechterhaltung der Interessen der
Wirtschaftselite.[82] Deshalb: Auch wenn Peres alleine den wirtschaftlichen Aspekt und die Interessen der israelischen Wirtschaftselite vor Augen gehabt haben sollte, so musste er auf der
militärischen Dominanz bestehen. Und dieser Standpunkt duldet
keine wirkliche Trennungsmauer.

Grinberg zufolge sei Rabin fest entschlossen gewesen, einen
Grenzwall an der »Grünen Linie« von 1967 zu errichten, da ein
anderer Standort die Verletzung der Abkommen mit der PLO bedeutet hätte. Die Wiederherstellung der Grenzen von 1967 hätte
aber nicht nur die Grenzfrage vorzeitig geklärt, sondern auch der
Siedlungsfrage zusätzliche Brisanz verliehen. Ein Grenzwall wür-

de also die beabsichtigte Verwischung der Grenzen bzw. der israelischen Dominanz in den palästinensischen Gebieten zunichte machen.

Der neue Premierminister wollte sicherlich die »permanenten Grenzen« nicht vorzeitig festlegen und ordnete noch im November 1995 an, die Vorbereitungen für den Bau der Trennungsmauer zu stoppen. Peres beschrieb in blumigen Sprache die »Errichtung ›Industrieller Parks‹ in den ›Gebieten um die Grenzlinien herum‹«, und zwar, »um Beschäftigungsmöglichkeiten für die Palästinenser zu schaffen, was eine gute Nachbarschaft nach sich ziehen würde.«[83]

Letztlich kam Peres' politische Entscheidung gegen die Anerkennung der Grenzen von 1967 den Interessen beider Eliten entgegen, die 1993 hinter dem Oslo-Prozess stehen sollten: Die Wirtschaftselite war auf die Schließung der Grenzen zwischen der Palästinensischen Autonomie und Ägypten bzw. Jordanien bedacht, um die Einfuhr billiger Waren zu verhindern. Dies stimmte wiederum mit den Zielen der Militärführung überein. Diese sah die Kontrolle über die Palästinenser bzw. die Abriegelung von deren Gebieten von allen Seiten als sicherheitspolitisch vorrangig an, um den palästinensischen Terrorismus bekämpfen zu können.[84]

Dies deckte sich mit den Interessen der von Peres traditionell unterstützten Siedlerbewegung. Und wenn dazu auch noch die politische Ebene unter der Führung Peres' einen palästinensischen Staat im Westjordanland ablehnte, so hatte die palästinensische Option kaum eine Chance. Peres äußerte sich noch in den stürmischen Tagen nach der Ermordung Rabins:

> »Ich habe immer gesagt, dass ein Frieden mit Jordanien eintreten werde – das ist auch der Fall; ich habe immer gesagt, ›Gaza-Zuerst‹ – und das ist ebenfalls eingetreten; Ich habe dazu auch immer gesagt, im Westjordanland sollte eine ›funktionale Konföderationslösung‹ umgesetzt werden. Da müsst Ihr mir glauben, das wird letzten Endes auch der Fall sein.«[85]

Peres unternahm jedenfalls einiges in seiner kurzen Amtszeit als Regierungschef, um sein Lösungskonzept für das Westjordanland durchzusetzen, auch wenn dabei weder »Industrielle Parks« geschaffen werden, noch von einer »guten Nachbarschaft« die Rede sein kann.

Die politische Realität Ende 1995 glich nun wieder mehr und mehr der bekannten »alten Sicherheitsordnung« – und zwar trotz der Umsetzung von Oslo II.[86] Der neue Premierminister nahm bald eine »sicherheitspolitische Haltung« ein. Dabei traf Peres zwei zentrale militärische Entscheidungen, die die wenig friedliche Atmosphäre im Lande in der ersten Hälfte des Jahres 1996 bald bestimmen sollten: Im Januar 1996 ordnete er die Tötung des palästinensischen Terroristen Yihya Ajjasch an, woraufhin in den Monaten Februar und März eine Terrorwelle Israel überrollte. Im April 1996 genehmigte der Premier- und Verteidigungsminister einen militärischen Einsatz im Libanon.

Grinberg interpretiert Peres' Kriegspolitik als einen misslungenen Versuch, den ultimativen »Mann der Sicherheit« (Ex-General Rabin) zu imitieren, der im Sommer 1993 eine ähnliche Aktion im Libanon durchgesetzt hatte, und unter dessen Befehlsgewalt die Liquidierung des Führers des Islamischen Dschihad kurz vor der eigenen Ermordung im Oktober 1995 stattgefunden hatte. Inwiefern Peres selbst hinter dieser Profilierung als »Mann der Sicherheit« stand – mit Hinblick auf die nahenden Wahlen – und ob er sich nicht etwa unter dem Einfluss schlechter Berater darauf einließ, ist schwer zu sagen.

Die Terrorbekämpfung mittels gezielter Tötung und militärische Aktionen sind keine Ausnahmen in der Sicherheitspolitik und werden in Israel auch für Wahlkampfzwecke instrumentalisiert. Von Belang ist hier, dass der Führer des Friedenslagers seine Wiederwahl eben nicht an der Fortsetzung des Friedensprozesses festmachen wollte, sondern an seiner militärischen Haltung: Die zwei sicherheitspolitischen Entscheidungen – die letztlich zur Wahlniederlage führten – sind die Kehrseite der Entpolitisierung des Friedensprozesses.

Peres setzte in dieser Wahlkampagne auf die Vertuschung der politischen Debatte zwischen dem Friedenslager und den Oslo-Gegnern, stellte dabei die israelisch-palästinensischen Gespräche stillschweigend ein. Er führte einen entpolitisierten Wahlkampf, wobei weder die israelisch-palästinensischen Beziehungen noch der damit zusammenhängende politische Mord an Rabin wirklich thematisiert wurden.[87]

In der Zuversicht auf seine Wiederwahl wollte Peres sogar den Wahlkampf selbst als eine entpolitisierte Angelegenheit verstehen:

Nicht nur, dass er es mied, die Positionen der Arbeitspartei in Sachen Frieden zu diskutieren. Peres verfolgte auch im Fernseh-duell mit seinem Herausforderer Benjamin Netanjahu (geb. 1949) am Wahlvorabend die »Strategie des Ignorierens«. Er wich einer politischen Konfrontation schlichtweg aus.[88]

Diese Strategie war eng mit einem entscheidenden politischen Schachzug im Friedensprozess verknüpft: Peres weigerte sich, vor den Wahlen die Verhandlungen mit den Palästinensern über eine permanente Regelung aufzunehmen. Das von Yossi Beilin und dem palästinensischen Vertreter Mahmud Abbas (geb. 1935) in Stockholm geheim ausgehandelte Grundsatzabkommen für eine permanente Regelung vermochte Peres nicht vor den Wahlen auf-zugreifen, geschweige denn es zur Grundlage seiner Friedenspoli-tik zu machen. Das Beilin/Abu-Masen-Papier sah im Kern einen entmilitarisierten palästinensischen Staat vor, der 94 Prozent des Westjordanlandes umfassen sollte, wobei die restlichen 6 Prozent (davon 75 Prozent jüdische Siedlungen) durch einen Landstrich in der südlichen Gaza-Region kompensiert werden sollten. Die mos-lemischen heiligen Stätten in Ostjerusalem sollten einen exterrito-rialen Status erhalten, doch die palästinensische Hauptstadt hätte außerhalb der von Israel bestimmten Stadtgrenze Jerusalems sein dürfen.

Die Ablehnung dieses vom palästinensischen Verhandlungs-partner Hussein Agha als »Coup des Jahrhunderts« bezeichneten Papiers erklärt Shlaim wie folgt: »[...]

Peres konnte aus drei Hauptgründen nicht überredet werden, den Plan zu unterstützen: Er wollte die zukünftigen Beziehungen zwischen den Palästinensern und Jordanien klar definiert sehen; er sah die Ideen zu Jerusalem als unzulänglich an; und er wollte das Jordantal als Israels strategische Grenze beibehalten.«[89]

Israels Gründungsmythen und der Nahostkonflikt

Der Friedensprozess der 1990er Jahre öffnete zum ersten Mal in der israelisch-palästinensischen Konfliktgeschichte ein Zeitfen-ster, das eine politische Regelung der Palästina-Frage hätte mit sich bringen können. Die innenpolitische Entwicklung in Israel

1992, sprich der Machtwechsel in Jerusalem und die Bildung einer friedenswilligen Regierung, war mit ein Grund für den historischen Moment. Ohne die Bereitschaft des politischen Israels, sich der Palästinenserfrage und somit der Palästina-Frage zu stellen, wäre der Durchbruch 1993 nicht möglich gewesen.

Die Wahlniederlage der Arbeitspartei 1996 wird gemeinhin als herber Rückschlag für den Friedensprozess zwischen Israel und den Palästinensern gewertet. Man hatte die Hoffnung, der Kandidat der Arbeitspartei und somit des Linkszionismus sei – im Gegensatz zu seinem Herausforderer *Likud*-Chef Benjamin Netanjahu – als Hauptverantwortlicher für den in Oslo erzielten Durchbruch ein »Mann des Friedens«. Daher sei Peres auch der Mann gewesen, der das Begonnene auch zu Ende hätte führen können, und zwar im Sinne der Zweistaatenlösung.

Oslo-Befürworter bedauerten daher seine knappe Wahlniederlage. Oslo-Gegner sahen in dem Duo Peres/Beilin die Hauptschuldigen für die sogenannte »Oslo-Katastrophe« – gerade wegen des Lösungspotentials der Teilung des Landes zwischen beiden Völkern. Angesichts der äußerst labilen Sicherheit am Vorabend der Wahlen wurden immense Hoffnungen in den Friedens-Nobelpreisträger gesetzt, das Schiff ans sichere Ufer zu bringen.

Doch ist Peres als eingefleischter Sicherheitspolitiker und prägende Gestalt der konfliktträchtigen israelischen Ordnung eben nicht der richtige Mann. Denn als die Bedingungen für die Vollendung des Friedensprozesses am günstigsten waren, brachte Peres ihn nur zögerlich voran. Letztlich stellte er ihn sogar stillschweigend ein. Ab November 1995 befand sich der »Mann des Friedens« in einer einmaligen Situation. Nach Rabins Ermordung verfügte Peres auf Grund seiner einflussreichen Doppelfunktion als Premier- und Verteidigungsminister sowie auf Grund seiner Position als »Stammesältester« für weite politische und gesellschaftliche Kreise über beispiellose Macht und Autorität.

Nach Rabins Tod hätte er die israelische Öffentlichkeit für den Friedensprozess mobilisieren können: Die zionistische Linke ebenso wie die sogenannte »breite Mitte« hätten ihn zweifelsohne unterstützt. Die rechte Opposition war zu diesem Zeitpunkt stark geschwächt, da man sie allgemein für die unerhörte Tat der Ermordung eines Juden durch einen Juden verantwortlich machte.

Die Voraussetzungen für Fortschritte im Friedensprozess waren nicht nur innenpolitisch ausgesprochen gut. Mit der PLO existierte ein von Israel, den Vereinten Nationen und den Palästinensern selbst anerkannter Gesprächspartner, mit dem Ende 1995 schon viel erreicht worden war: Das Interims-Abkommen wurde erzielt und in Teilen bereits umgesetzt, eine »permanente Regelung« formuliert. Das auf der Teilungslösung basierende Beilin/Abu-Masen-Papier war kurz vor Rabins Ermordung bereits ausgehandelt und wäre von der palästinensischen Führung begrüßt worden.

Nicht unwichtig ist das Alter: Peres stand 1996 in der Mitte seines achten Lebensjahrzehnts. Hätte er das Zweistaatenkonzept wirklich gewollt, so hätte er diese Chance ergreifen müssen. »Es gibt solche einmaligen Schicksals-Momente in der Geschichte«, bemerkt der israelische Publizist und Friedensaktivist Uri Avneri (geb. 1923) Ende November 1995 über die politische Situation des neuen Staatschefs, »in denen alles möglich ist, was sich kurz davor bzw. kurz danach nicht mehr verwirklichen ließe. [...] Die Größe eines historischen Führers besteht darin, einen solchen Moment zu erkennen und die Gelegenheit auch zu ergreifen.«[90]

Aber Peres griff nicht zu, um den Friedenprozess mit den Palästinensern politisch zu vollenden, weil der zionistische Staatsmann auch Mitte der 1990er Jahre im Zweistaatenkonzept keine Lösung im Sinne des zionistischen Israels sah. Ein Frieden mit den Palästinensern, basierend auf Israels offiziellem Verzicht auf Teile von *Eretz Israel* hieße, sich auch offiziell die *Palästina*-Frage zu stellen, wie vor der Staatsgründung. Doch für den Linkszionisten Peres bzw. für das zionistische Israel stellt *Eretz Israel* keinen Gegenstand politischer Debatte dar: Es sei vielmehr das »Land der Urväter«, daher auch das Land des jüdischen Volks. Das ist die Grundlage des in Israel umgesetzten Zionismus.

Um eben diese Verwirklichung des zionistischen Projekts in *Eretz Israel* hat Peres sein ganzes politisches Leben gekämpft. Darin sieht er sein Lebenswerk: Einwanderung, Siedlung und Sicherheit sind erste Gebote der israelischen Politik. Da das Land bereits von einem anderen Kollektiv bereits besiedelt war und letztlich noch immer ist, wurde im Laufe der Jahre ein konflikt-trächtiger politischer Diskurs dominant; ein nicht friedensorientierter, sondern sicherheitspolitischer Diskurs.

Die Aussage von Peres aus der Zeit kurz vor dem Ausbruch der Zweiten Intifada – »Von der Verteidigung hinüberzuwechseln in die Domäne des Friedens, das war für mich, als verließe ich eine reale Welt im Tausch gegen eine irreale«[91] – ist in dieser Hinsicht aufschlussreich. Der Frieden ist sogar von dem vermeintlichen Friedenspolitiker und Hoffnungsträger kaum vorstellbar. Denn auch er hält die historisch gewachsene, politische Ordnung für unverzichtbar.

Der politischen Ordnung des zionistischen Israels liegen im Endeffekt zwei Gründungsmythen zu Grunde: der Mythos von *Eretz Israel* als Land des jüdischen Volks und der Sicherheitsmythos. Diese beiden bilden den Kern für die Palästina-Frage, damit die Kernfrage des historisch gewachsenen Nahostkonflikts. Beide Mythen stehen im Wege einer politischen Regelung des Konflikts mit den »Arabern von *Eretz Israel*«. Denn Israels Beharren auf den Mythos, *Eretz Israel* sei das Land des jüdischen Volks, bedeutet gleichzeitig, dass es das Selbstbestimmungsrecht der auf eben diesem Territorium lebenden Palästinenser nicht anerkennen kann. Deshalb kann es auch keinen palästinensischen Staat in Teilen des Landes entstehen lassen. Die Alternative der Einbürgerung aller Palästinenser würde ebenfalls Israel dazu zwingen, die eigene Staatsräson eines jüdisch-mehrheitlichen Staats für das jüdische Volk in *Eretz Israel* zu revidieren. Da das zionistische Israel weder das Land teilen kann/will, noch im bi-nationalen Staat eine wirkliche Option sieht, bleibt der Status quo der »Araber von *Eretz Israel*« als »outgroup«, letztlich als verdrängte Feinde des zionistischen Israel, bestehen.

Doch in Israels politischer Kultur stellen nicht alleine die Palästinenser, sondern mit ihnen auch die arabischen Nachbarstaaten den Feind dar. Diese haben bereits 1948 in den Konflikt um Palästina interveniert und sind seitdem in mehreren Konflikten mit dem jüdischen Staat verwickelt. Der Konflikt um *Eretz Israel* ist aus israelischer Sicht auf Engste mit dem Konflikt in der Region Nahost gekoppelt. Mit dieser höchst heiklen nationalstaatlichen Frage hängt die historisch gewachsene Zivilmilitarisierung der Gesellschaft zusammen, letztlich die Etablierung des zweiten Mythos. Der Sicherheitsmythos basiert auf einer aus der jüdischen Leidensgeschichte erwachsenen Auffassung der Unauflösbarkeit der feindseligen Verhältnisse zwischen den Juden und den *Gojim*.

Damit einher geht die Vorstellung von der Notwendigkeit einer unschlagbaren militärischen Macht, deren Einsatz immer wieder innenpolitisch legitimiert wird, weil er zum Schutz der Juden gegen ihre allgegenwärtigen Feinde gerichtet sei.

Für den jüdischen Staat übernehmen »die Araber« spätestens seit 1948 die Funktion eines »großen Gegners«, weshalb bereits in den 1950er Jahren die militärische Stärke als nationalstaatlicher Existenzgarant angesehen werden konnte. Sicherheit wurde somit zur zentralen Säule der israelischen Ordnung, zu einem gesellschaftlichen Security-Code; eine politische Sicherheitskultur prägt das Land, sodass die Sicherheitskräfte sich zu einer der mächtigsten Staatseliten entwickeln konnten.

Im Zuge der Zivilmilitarisierung der israelischen Gesellschaft verfestigte sich zunehmend die Auffassung, dass weniger Verhandlungen bzw. Kompromisse, sondern vielmehr günstige Machtverhältnisse letztlich einen Frieden möglichen machen würden. Denn günstige Machtverhältnisse sind in den Augen vieler Israelis die Voraussetzung für die nationalstaatliche Existenz: Das Land eroberte die israelische Armee in zwei Kriegen (1948 und 1967), und diese garantiere wiederum den Schutz des jüdischen Staats.

Folgerichtig sei der Frieden nur dann möglich, wenn die nationalstaatliche Existenz garantiert sei. Dies bedeutet wiederum die militärische Kontrolle über *Eretz Israel* und dessen »Araber«, aufrechtzuerhalten. Die Militärregierung vor und die Besatzungspolitik nach 1967 sind Beispiele hierfür. Da die Fixierung auf Sicherheit und Kontrolle jeglicher Versöhnung im Wege steht, etablierte sich im Laufe der Zeit neben dem Sicherheitsmythos auch eine Friedensideologie.

Die Friedensideologie bezieht sich auf das Spannungsverhältnis zwischen dem »friedenswilligen« Israel und dessen »widerspenstiger« arabischer Umgebung. Israel wünsche sich uneingeschränkt die Versöhnung, »die Araber« seien dem Frieden mit dem jüdischen Staat nicht gewachsen. Aus diesem Verständnis erscheinen nicht nur Verhandlungen sinnlos, weil es »keinen Gesprächspartner« für den Frieden gäbe. Es verstärkt auch das Selbstverständnis, Israel sei ein friedlicher und gerechter Staat – eine äußerst wichtige, innenpolitische Kraftquelle für eine auf Gewalt basierende politische Ordnung.

Denn die Friedensideologie dient auch als Schleier zur Durchsetzung eigener Interessen, die als nationalstaatliche und daher unverzichtbare Interessen verstanden werden. Dass der als historisch gerecht begriffene Zionismus letztlich mit dem Schwert vollbracht worden ist, gilt es zu verdrängen. Denn gerade das Spannungsverhältnis der Friedensideologie, die einerseits auf dem einträchtigen Selbstverständnis des jüdischen Volks beruht, sich andererseits aber auf ein starkes Feindverständnis beruft, ermöglichte innenpolitisch den Bestand der konfliktträchtigen Ordnung über viele Jahre hinweg.

In dieser Ordnung bilden die Friedensideologie und der Sicherheitsmythos wichtige Chiffren des israelisch-zionistischen Diskurses. Beide sind gleichermaßen Ursache und Ausdruck der Unfähigkeit, sich mit dem Konflikt samt dessen politischer und historischer Entstehungsgeschichte wirklich auseinanderzusetzen. In der Tat führen der Sicherheitsmythos und die Friedensideologie jeweils zu einem entpolitisierten Konfliktverständnis: Der Konflikt wird jenseits von dessen konkreter politischer bzw. historischer Entstehung begriffen und an einer gegen Juden als solche gerichteten Feindseligkeit festgemacht.

Aus der Auffassung heraus, der konkrete Streit um *Eretz Israel* ginge nicht wirklich um Ressourcen (wie ums Territorium), sondern sei vielmehr in einem breiteren Kontext der Verfolgungsgeschichte gegen Juden zu verstehen, etablierte sich im Laufe der Jahre eine politische Kultur, in der weniger die Politik sondern vielmehr das Militär im Endeffekt als zuständig für den Konflikt gilt.

Die Entpolitisierung des Konflikts ist die Konsequenz der beiden Gründungsmythen. Die Sakralisierung des Landes einerseits hielt über die Jahre hinweg das »Heilige Land« fern vom Verhandlungstisch, was die »Judaisierung des Landes« ermöglicht hat. Andererseits diente der Sicherheitsmythos der »Ideologisierung der Sicherheit«, damit führte er zu ihrer Entpolitisierung. Die Sicherheit hat somit ihre Sonderstellung als oberstes Gebot aufrechterhalten können, obwohl sich die konkrete Sicherheitspolitik Israels immer wieder als kontraproduktiv erwiesen und letztlich auch den Nahostkonflikt in die jetzige Sackgasse geführt hat.

Die Entpolitisierung des Konflikts führt unweigerlich zur Entpolitisierung des Friedens: Ein letztlich auf unerklärbarer Feindse-

ligkeit basierendes Konfliktverständnis lässt wohl kaum echte
Versöhnung zu. Ein der verinnerlichten Logik der Friedensideologie geschuldetes Friedensverständnis bleibt konfliktträchtig, weil
demnach der Konfliktkern nicht im Politischen liegt. Nicht die
eigene Politik bzw. die dieser zugrunde liegende Ordnung wird
zur Disposition gestellt, sondern ein jenseits der (eigenen) Politik
liegendes Motiv.

Dieses Verständnis wächst schließlich auch im zionistischen-
Friedenslager. Frieden wird zum Drang, sich des palästinensischen
»Feindes« zu entledigen, er wird zum Mittel, die Trennung von
»den anderen« herbeizuführen, um endlich die ersehnte zionistische Utopie verwirklichen zu können. Doch weil die israelische
Ordnung (samt der zwei Gründungsmythen) auch im Friedensprozess der 1990er Jahre im Kern erhalten blieb, müsste der Frieden »imaginiert« werden.

Die Verdrängung der eigenen Geschichte ist ein Resultat der
zahlreichen, auch für das linkszionistische Israel, politisch unlösbaren Kernfragen. Das umstrittene Staatsgebiet Israels und der
Status der Palästinenser in der zionistischen Utopie bleiben die
Achillesferse des zionistischen Israels, weil sie auch wiederum den
Kern für die zahlreichen Verstrickungen des regionalen Nahostkonflikts darstellen.

Denn in jedem Kompromiss, in jedem Zurückgehen hinter das
Erreichte befürchtet das politische Israel den Keim für das Scheitern des gesamten Projekts. Denn dieses Projekt ist schließlich von
Anfang an in irgendeiner Weise »auf Kosten der Araber« voran-
getrieben worden, wie hartnäckig auch immer dies verdrängt und
verleugnet wird. Jedes nennenswerte Zugeständnis könnte das
nächste nach sich ziehen; jegliches mit Schwäche assoziierte
Nachgeben könnte der Anfang vom Ende sein.

Existenzangst und Isolationsgefühle sind die Folge. Seit dem
Ausbruch der Zweiten Intifada im Oktober 2000 und der darauf
folgenden Eskalation des Nahostkonflikts befindet sich der jüdische Staat in einer äußerst heiklen historischen Phase: Nach über
60 Jahren erfolgreicher Politik im Sinne der zionistischen Staatsräson müssen sich die Israelis damit auseinandersetzen, dass die
Geschichte nicht mehr auf ihrer Seite steht: Trotz regional-militä-
rischer Hegemonie – von der Israel seine Existenz abhängig macht
– und noch immer beträchtlicher Unterstützung des Westens wird

im letzten Jahrzehnt immer offensichtlicher, dass die politische Ordnung Israels nicht von Dauer ist. Die Demographie in Palästina spielt gegen den Mythos von *Eretz Israel*; der andauernde Kriegszustand zermürbt die israelische Zivilgesellschaft zusehends, was die innenpolitische Bedeutung des Sicherheitsmythos mehr und mehr schwächt. Militärische Stärke kann die Palästina-Frage nicht klären, der Einsatz nationalstaatlicher Gewalt kann auch nicht die ersehende Sicherheit, geschweige denn Normalisierung oder Frieden, bringen. Und der internationale Druck auf Israel wächst von Tag zu Tag. Trotzdem hält Israel an seinen Gründungsmythen, an seiner konflikträchtigen Ordnung fest: Denn die tief sitzende Unsicherheit über die eigene Zukunft geht Hand in Hand mit der Angst vor der Auseinandersetzung mit der Vergangenheit. Aus seiner Erfahrungsgeschichte entwickelte das politische Israel die Strategie des Abwartens, des Sich-Verschanzens und des Kämpfens, an welcher Front auch immer es sein muss. Der Nahostkonflikt bleibt indes der Preis für die jüdische Nationalstaatlichkeit.

Anmerkungen

1 Der Zionismus: Ideologie des jüdischen Staats

[1] Littell, 1998, S.17-18.
[2] Dubnow, 1931/2003, S. 176-177.
[3] Ibid.
[4] Raz-Krakotzkin, 2002, S. 186.
[5] Brubaker, 2002, S. 218-219.
[6] Avineri, 1999, S. 251-252.
[7] http://www.nkusa.org/Foreign_Language/German/062504ViennaGerman.cfm.
[8] Brenner, 2002, S. 90.
[9] Leibowitz, 1954/1997, S. 39.
[10] Zertral & Eldar, 2004.
[11] Wehler, 2007, S. 7.
[12] Ibid., 8.
[13] Vgl. u. a. Gellner, 1983/1990; Anderson, 1983/1996; Hobsbawm, 1983/1993; ders., 1990/ 2004.
[14] Zitiert nach Wehler, Ibid., 9.
[15] Hobsbawm, 1990/2004, S. 24.
[16] Smith, 1991, S. 170; ders., 1986.
[17] Wehler, 2007, S. 36.
[18] Herzl, 1896/1997, S. 15-16.
[19] Zitiert nach Avineri, 1999, S. 135.
[20] Brenner, 2002, S. 49.
[21] Avineri, 1999, S. 131- 144.
[22] Zuckermann, 2002, S. 37.
[23] Ibid., 37.
[24] Ibid., 40.
[25] Ibid., 37.
[26] Ibid., 36.
[27] Arendt, 1945/1976, S. 159.
[28] Ibid., 153.
[29] Ibid., 150-153.
[30] Peres, 1998, S. 219-220.
[31] Ibid., 221.

2 Der Zionismus und Israels Feinde

[1] Gorny, 1986.
[2] Raz-Krakotzkin, 2005, S. 162-163.
[3] Said, 1978/2009, S. 11.
[4] Said, 2003/2006, S. 111.
[5] »Despite the Zionist rejection of ›assimilationist trends‹, it can be read as an extreme expression of the desire to assimilate the Jews into the Western narrative of enlightenment and redemption. [...] Generally, Zionist thought, in spite of very important differences from assimilationist ideologies, did not challenge the dichotomy between Europe and the Orient; rather, it was based on the desire to assimilate into the West. [...] Zionists developed a range of attitudes toward the Orient and toward the Arabs, from romantic desire to a total denial; but all of them remained within the framework of orientalist dichotomy, and served to create the ›new Jew‹, whom Zionism wished to define as a new European, and not an oriental.« Raz-Krakotzkin, 2005, S. 166.
[6] »The act of immigration was perceived as the transformation and regeneration of the Jew; that is, the overcoming of oriental elements.«. Ibid., 166-167.
[7] Herzl, 1896/1997, S. 41.
[8] Ibid., 41.
[9] Gorny, 1986, S. 36-38; Herzl, 1902.
[10] Gorny, 1986, S. 38.
[11] Ibid., 39.
[12] Ibid., 56-57.
[13] Ibid., 47-55.
[14] Ibid., 80-81.
[15] Ibid., 91.
[16] Shapira, 1983, S. 307-308.
[17] Ibid., 306.
[18] Ibid., 307; Gorny, 1986, S. 287.
[19] Shapira, 1983, S. 306.
[20] Gorny, 1986, S. 382.
[21] Ibid., 383.
[22] Ibid., 382.
[23] Littell, 1998, S. 112-113.
[24] Raz-Krakotzkin, 2000.
[25] Littell, 1998, S. 113.
[26] Raz-Krakotzkin, 2000, S. 187.
[27] Wasserstein, 2003, S. 45.
[28] Ibid., 12, 18, 26.
[29] Ibid., 26.
[30] Ibid., 27.
[31] http://www.ynet.co.il/articles/0,7340,L-4066153,00.html
[32] Ozacky-Lazar, 1998, S. 349.

33 http://www.knesset.gov.il/laws/special/heb/chok_hashvut.htm.
34 Ozacky-Lazar, 1998, S. 356-357; Golan, 1995, S. 403-440.
35 Ozacky-Lazar, 1998, S. 349-350; Cohen, 2006.
36 Ozacky-Lazar, 1998, S. 361.
37 Ibid., 349-355.
38 Hofnung, 1996, S. 50; Benziman & Mansour, 1992, S. 33.
39 Azoulay & Ophir, 2008.
40 Morris, 1996, S. 136-151.
41 Peres, 1978, S. 74.
42 Peres, 1965, S. 88.
43 Ibid., 101.
44 Peres, 1970, S. 143; Peres, 1965, S. 65.
45 Peres, 1970, S. 1-3.
46 Ibid., 213-232.
47 Peres, 1970, S. 1-2.
48 Ibid., 183.
49 Krispin, 2002, S. 196-197.
50 Peres, 1970, S. 2-3.
51 Ibid., 4.
52 Ibid., 4.
53 Ibid., 4-6.
54 Peres, 1970, S. 117.
55 Peres, 1965, S. 68.
56 Peres, 1970, S. 217.
57 Mustafa Kemal Atatürk, 1881-1938, der Gründer der modernen Türkei.
58 Yusuf Ibn Ayyub 1138-1193, genannt Saladin, erster Sultan der Ayyubi-den-Dynastie, 1187 eroberte er Jerusalem und setzte damit der christlichen Herrschaft über die Stadt nach 88 Jahren vorerst ein Ende.
59 Ibid., 218.
60 Ibid., 220.
61 Ibid., 144.

3 Das zionistische Projekt und die israelische Demokratie

1 Vollständige Übersetzung der Unabhängigkeitserklärung: http://www.ha-galil.com/israel/independence/azmauth.htm
2 Neurberger 1998.
3 Eisenstadt, 1985.
4 Horowitz & Lissak, 1990.
5 Smooha, 1996.
6 Kimmerling, 1994.
7 Davis, 2003.
8 Benvenisti, 1987.
9 Azoulay & Ophir, 2008.

10 Yiftachel, 1999.
11 Smooha, 2002.
12 Peled, 2007, S. 353.
13 Smooha, 1996, S. 296.
14 Ibid., 303.
15 Smooha, 2002, S. 477; zitiert nach Peled, 2007, S. 353.
16 Smooha, 1996, S. 303.
17 Ibid., 304.
18 Yiftachel, 1999, S. 369.
19 »An Ethnocracy is a non-democratic regime which attempts to extend or preserve disproportional ethnic control over a contested multi-ethnic territory. Ethnocracy develops chiefly when control over territory is challenged, and when a dominant group is powerful enough to determine unilaterally the nature of the state. Ethnocracy is thus an unstable regime, with opposite forces of expansionism and resistance in constant conflict.«, Ibid., 367-368.
20 Ibid., 370.
21 Ibid., 371-373; Yiftachel, 2006, S. 114.
22 »›Israel‹, as a definable democratic-political entity, simply *does not exist*. The legal and political power of extraterritorial (Jewish) bodies and the breaching of state borders empty the notion of Israel from the broadly accepted meaning of a state as a territorial-legal institution. Hence, the unproblematic acceptance of ›Israel proper‹ in most social science writings [...] and in the public media has been based on a misnomer.« Yiftachel, 1999, S. 377.
23 Peled, 2007, S. 355.
24 Ibid., 362.
25 Kimmerling, 1994.
26 Ibid., 116-119.
27 Ibid., 120-121.
28 Ibid., 121-123.
29 Ibid., 123.
30 Ophir, 2001, S. 245-255.
31 Bechor, 1996.
32 Zitiert nach Bechor, 1996, S., 39.
33 Zitiert nach Bechor, 1996, S., 42.
34 Ibid., 42.
35 Ibid., 32 und 45.
36 Peres, 1970, S. 210.
37 Edmonds, 1999.
38 Janowitz, 1971; Huntington, 1968.
39 Lissak, 1983.
40 Barzilai, 1996.
41 Ben-Eliezer, 1994 & 1998.
42 Vagts, 1959.
43 Ben-Eliezer, 1998A, S. 318-320.
44 Kafkafi, 1998, S. 235-236; Eldar, Akiva, »Die geheimen Verhandlungen zur Entlassung der Kairo-Häftlinge«, Haaretz, 5.7.1990.

45 Black & Morris, 1994, S. 177, 180.
46 Hasin & Horowitz, 1961; Arieli, 1965; Harel, 1979 & 1982; Eshed, 1963/1979; Teveth, 1994 & 1996; Kafkafi, 1998; Shahar, Peerli, »Wer hat den Befehl *nicht* gegeben?«, Al Hamishmar, 18.12.1989; Kafkafi, 1998; Avneri, Uri, »Begraben in Kairo«, Haolam Haze, 19.3.1975; Elgazi, Josef, »Michel Binett hätte den Befehl nicht ausgeführt«, Haaretz, 24.10.1997; Avneri, Arye, »Er will nicht verzeihen«, Maariv, 24.5.2004; Yoren, Noam, »Kultur des Verschweigens«, Haaretz, 10.2.2004.
47 Kafkafi, 1998, S. 197-199.
48 Arieli, 1965, S. 46, 55.
49 Ibid., 113; Kafkafi, 1998, S. 280-281.
50 Arieli, 1965, S. 114; Hasin & Horowitz, 1961, S. 214-215.
51 Hasin & Horowitz, 1961, S. 214-215.
52 Arieli, 1965, S. 24.
53 Hasin & Horowitz, 1961, S. 219.
54 Ibid., 88.
55 Ibid., 91.
56 Kafkafi, 1998, S. 372-373.
57 Zitiert nach Arieli, 1965, S. 155-156.
58 Die Untersuchung sei gründlich und intensiv gewesen laut Hasin & Horowitz, 1961, S. 144.
59 Segev, Tom, »Erinnerungen einer Sekretärin«, Haaretz, 7.7.1989.
60 Arieli, 1965, S. 148-149, Kafkafi, 1998, S. 386; Hasin & Horowitz, 1961, S. 150.
61 Hasin & Horowitz, 1961, S. 156.
62 Hasin & Horowitz, 1961, S. 174-175.
63 Kafkafi, 1998, S. 398.
64 Arieli, 1965, S. 149-150; Teveth, 1996, S. 268.
65 Kafkafi, 1998, S. 401.
66 Kimmerling, 1993, S. 346.
67 Black & Morris, 1994, S. 591-595.
68 Ibid., 601-614.
69 Barnea, Nahum, »Wenn ein böser Araber zum toten Araber wird: Zorea-Kommission, wohin mit den Gefangenen?«, Koteret Rashit, 30.5.1984; Baron, Natan, »In Ruhe, mit Geheimhaltung«, Yedioth Ahronoth, 30.5.1986; Ben-Porat, Isaiah, »Shimon Peres' Dilemma«, Yedioth Ahronoth, 30.5.1986; Azouly-Katz, Orly, »Seit wann weiß Peres von der Affäre? Der Premier: Seit November 1985«, Yedioth Ahronoth, 6.6.1986; Oz, Amos, »Putsch«, Davar, 27.6.1986; Zertal, Idith, »Aktiver oder passiver Partner«, Davar, 27.6.1986; Rosental, Rubik, »Buslinie 300, der Kern der Frage«, Maariv, 16.1.1997; Bar-Josef, Uri, »Eine nachvollziehbare Verleugnung«, Haaretz, 16.1.1997. Ian Black und Benny Morris geben in ihrem Werk *Mossad, Shin Bet, Aman, die Geschichte der israelischen Geheimdienste* einen prägnanten Überblick über die Ereignisse. Der israelische Politikwissenschaftler Michael Keren behandelt in seinem Versuch, Peres' Legislaturperiode von 1984-1986 politikwissenschaftlich unter die Lupe zu nehmen, ebenfalls die Shin-Bet-Affäre. In seinem Buch *Professio-*

nals Against Populism, The Peres' Government and Democracy weist Keren auf Peres' Dilemma hin und erklärt dessen Sicht der Dinge im Kapitel »Gesetz und Demokratie«. Auch Michael Bar-Zohar widmet Peres' Verhalten im Laufe der Affäre in seiner Biographie einige Seiten. Eine detaillierte und trotzdem eingängige Schilderung liefert Yechiel Gutman in seinem Buch von 1995 *A Storm in the G.S.S.*

70 Black & Morris, 1994, S. 579-590.
71 Ibid., 579-581; Gutman, 1995, S. 16-18.
72 Gutman, 1995, S. 24.
73 Ibid., 27.
74 Black & Morris, 1994, S. 584.
75 Gutman, 1995, S. 28-32; Black & Morris, 1994, S. 584-585.
76 Black & Morris, 1994, S. 585.
77 Ibid., 585.
78 Gutman, 1995, S. 36.
79 Ibid., 39; Black & Morris, 1994, S. 585.
80 Betelheim, Avi, »Die Schlamperei 1986, die politische Ebene«, Maariv-Spezialbericht – Shin-Bet-Affäre,   18.7.1986, S. 20-27.
81 Ibid.; Gutman, 1995, S. 40.
82 Gutman, 1995, S. 40-41.
83 Ibid., 43.
84 Betelheim, 18.7.1986.
85 Gutman, 1995, S. 47.
86 Amar-Dahl, 2010, S. 147-164.
87 Betelheim, 18.7.1986.
88 Gutman, 1995, S. 48.
89 Ibid., 50.
90 Gutman, 1995, S. 50-51.
91 Haaretz, 30.5.1986.
92 Gutman, 1995, S. 81-82.
93 Ibid., 87-91.
94 Negbi, 1987, S. 9.
95 Black & Morris, 1994, S. 588-590.
96 Schmidt, 2000, S. 75.
97 »[...] the Shin-Bet scandal [...] shows that Israel's political culture contains a strong dimension of elite illegalism, an instrumental orientation of the nations' leadership toward the law and the idea of the rule of law. Israeli leaders, so it seems, do not appear to be antidemocratic in principle, or have an alternative model of government to the democratic order. But their conception of democracy is limited, and their commitment to universal legal principles, recognized today as an integral part of the modern democracy, is very low. [...] Israeli democracy has always been very weak on the question of legalism, and [...] recent governments have not been an exception to this phenomenon. Legalism in the Western sense of the term never was an integral part of the democratic system established in Israel by the Zionist parties and their leaders.« Sprinzak, 1993, S. 174-175.

[98] »The political psychology of Yitzhak Shamir, Shimon Peres, and Yitzhak Rabin, the ministers involved in the Shin Bet Affair, was shaped when almost everything was permissible. They all grew up in Palestine of the 1940s, when it was prestigious to cheat on the British and to engage in ›illegal‹ settlement, ›illegal‹ defense, and ›illegal‹ immigration; [...] The Zionist founding fathers of Israel were not vicious or corrupt. They were great idealists and daring dreamers. They wished to build a better society and set an example for the rest of the world. Eager to do so as fast as they could, they ignored legalistic details and procedures. All they wanted was political power, free of constraints, to make the dreams come true.« Ibid., 190-191.

[99] Barnea, 25.6.2004.

[100] Bar-Zohar, 2006, S. 542; Keren, 1996, S. 50.

[101] Black & Morris, 1994, S. 588.

[102] Amar-Dahl, 2010, S. 178-183.

[103] Er spricht von »state-spawned praetorianism«, Ben-Eliezer 1998, S. 338-339.

[104] Peres, 1970, S. 210.

[105] Ibid., 210.

4 Das zionistische Projekt und Israels Kriegspolitik

[1] Shapira, 1992; Biale, 1986.

[2] Fackenheim, 1990 & 1978; Schweid, 1973.

[3] Shapira, 1992, S. 37-53.

[4] Shapira, 1992.

[5] Mintz, 1983.

[6] Horowitz, 1977; Lissak,1984.

[7] Horowitz, 1977

[8] Ben-Eliezer, 1994, S. 63.

[9] Kimmerling, 1993A, S. 125.

[10] Ibid., 125-127.

[11] Vagts, 1937.

[12] Kimmerling, 1993A, S. 127-28.

[13] Ibid., 130.

[14] Zertal, 2003, S. 279.

[15] Zertal, 2003, S. 279-280.

[16] Kimmerling, 1993A, S. 123.

[17] Ibid., 131.

[18] Pedezur, 2003, S. 88-89.

[19] Sheffer, 1995; Amar-Dahl, 2003.

[20] Golani, 2002, S. 97.

[21] Morris, 1996, S. 458-459.

[22] Ibid., 129-198.

23   Ibid., 199, 203. Zur Kooperation der israelischen Presse mit der sich der
     Verantwortung für Qibiya entziehenden Regierung vgl. Morris, 2000, S.
     175-197.
24   Morris, 1996, S. 199, 206-208, 447.
25   Ibid., 446, 459, 372-376.
26   Ibid., 382-436.
27   Tal, 2001, S. 1.
28   Tal bezieht sich auf: Bar-On, 1992; Love, 1969; Oren, 1992, Morris,
     1996.
29   Tal, 2001, S. 2.
30   Golani, 1998, S. viii- ix.
31   Bar-On, 1992, S. 378.
32   Ibid., 378-379.
33   Kafkafi, 1994, S. 17.
34   Ibid., 18.
35   Tal, 2001, S. 7-8.
36   Ibid., 8.
37   Bar-Zohar, 2006, S. 114-115.
38   Ibid., 156.
39   Ibid., 159-163.
40   Ibid., 177.
41   Ibid., 181.
42   Tal, 2001, S. 8.
43   Nach Bar-Zohar sind es 20 Prozent des gesamten Etats Israels. Bar-Zohar,
     2006, S. 189.
44   Tal, 2001, S. 9.
45   Golani, 1998, S. viii-ix.
46   Tal, 2001, S. 11.
47   Shlaim, 2001, S. 119-143, S. 121-122.
48   Ibid., 121.
49   Ibid.,121-122.
50   Shlaim, 2001, S. 123-126.
51   Ibid., 130-131.
52   »Jordan, he [Ben-Gurion] observed, was not viable as an independent sta-
     te and should therefore be divided. Iraq would get the East Bank in return
     for a promise to settle the Palestinian refugees there and to make peace
     with Israel while the West Bank would be attached to Israel as a semi-au-
     tonomous region. Lebanon suffered from having a large Muslim populati-
     on which was concentrated in the south. The problem could be solved by
     Israel's expansion up to the Litani River, thereby helping to turn Lebanon
     into a more compact Christian state. The Suez Canal area should be given
     an international status while the Straits of Tiran in the Gulf of Aqaba
     should come under Israeli control to ensure freedom of navigation. A prior
     condition for realizing this plan was the elimination of Nasser and the re-
     placement of his regime with a pro-Western government which would also
     be prepared to make peace with Israel. Ben-Gurion argued that his plan
     would serve the interests of all the Western powers as well as those of Is-

rael by destroying Nasser and the forces of Arab nationalism that he had unleashed. The Suez Canal would revert to being an international waterway. Britain would restore its hegemony in Iraq and Jordan and secure its access to the oil of the Middle East. France would consolidate its influence in the Middle East through Lebanon and Israel while its problems in Algeria would come to an end with the fall of Nasser. Even the United States might be persuaded to support the plan for it would promote stable, proWestern regimes and help to check Soviet advances in the Middle East. Before rushing into a military campaign against Egypt, Ben-Gurion urged that they take time to consider the wider political possibilities. His plan might appear fantastic at first sight, he remarked, but it was not beyond the realm of possibility given time, British goodwill and good faith.« Shlaim, 2001, S. 124-125.

53 Zitiert nach Bar-Zohar, 2006, S. 199.
54 Ibid., 220; Peres, 1970, S. 170.
55 Cohen, 2000, S. 39; Evron, 1987, S. 14-15.
56 Cohen, 2000, S. 37.
57 Ibid., 25.
58 Ibid., 39; Bar-Zohar, 2006, S. 292-296.
59 Cohen, 2000, S. 81.
60 Ibid., 79-81.
61 Peres, 1995, S. 162-163.
62 Peres, 1995, (englische Version), S. 113.
63 Shlaim, 2001, FN. 41, S. 142.
64 Bar-Zohar, 2006, S. 292.
65 Ibid., 292-294.
66 Ibid., 17. Kapitel: »Gegen alle Chancen«, S. 292-308; Cohen, 2000.
67 Ibid., 296 297.
68 Ibid., 302.
69 Cohen, 2000, S. 187.
70 Ibid., 194.
71 Evron, 1987, S. 18.
72 Cohen, 2000, S. 194.
73 Evron, 1987, S. 80-81.
74 Evron, 1987, S. 17-18.
75 Cohen, 2000, S. 195.
76 Ibid., 196; Evron, 1987, S. 19.
77 Vgl. Interview mit Peres: »Alarm für die Verhinderung der Rückständigkeit mittels Machtausgleich«, Davar, 24.8.1962; Wöchentliches Interview mit Vize-Verteidigungsminister Shimon Peres, »Rüstungswettlauf begann bereits vor Shavit 2«, Maariv, 27.2.1962; Peres' Pressemeldung: »Wir treten in eine schwierige Ära ein«, Maariv, 5.8.1962.
78 Peres, 1965, S. 190.
79 Ibid., 190.
80 Vgl. Peres, »Lehren für die Sicherheitspolitik«, von Mai 1962, in: Peres, 1965, S. 146-156.
81 Ibid., 146, 149.

[82] Cohen, 2005.

[83] Ibid., 14.

[84] Ibid., 142.

[85] Ibid., 141.

[86] Ibid., 19-20.

[87] Ibid, 142.

[88] Cohen, 2005, S. 12-13, 184-187.

[89] Ibid., 150-151.

[90] Ibid., 192-193.

[91] Cohen, 2000, S. 188-189.

[92] Ibid., 180-191.

[93] Cohen, 2005, S. 152.

[94] Ibid., 151-152.

[95] Cohen, 2000, S. 191.

[96] Cohen, 1995, S. 370.

[97] Cohen, 2005, S. 154.

[98] Segev, 2005, S. 347-345.

[99] Cohen, 2005, S. 49-54. Israel stockte im Gefolge des Kriegs von 1973 sein nukleares Arsenal »gewaltig« auf. Dies geschah unter Rabins Regierung 1974-1977, in der Peres Verteidigungsminister. Mit dieser Aufstockung sei Israel zu einer nuklearen Weltmacht geworden. Ibid., 54-55.

[100] Black & Morris, 1994, S. 631; Cohen, 1995, S. 123-126; Haaretz, 6.11.1986 und 19.4.2004.

[101] Cohen, 1995, S. 169.

[102] Ibid., 177.

[103] Ibid., 329-331.

[104] Malman, Yosi, »Vanunu wird sich weder dem Ben-Gurion-Flughafen noch einer Botschaft nähern dürfen«, Haaretz, 14.4.2004.

[105] Cohen, 1995, S. 250.

[106] Ibid., 236, 239-240.

[107] Ibid., 240.

[108] Ibid., 240.

[109] Shapiro, 1998, S. 154-155.

[110] Orr, 1998, S. 65-68.

[111] *Amnesty International* bezeichnet Vanunus Haftbedingungen als »grausam und unmenschlich«. Vgl. Kimmerling, Baruch, »Die noch zu führende Debatte«, Haaretz, 20.4.2004.

[112] Cohen, 2005, S. 159.

[113] Ibid., 23-40, 246-264.

[114] Cohen, 1995, S. 120.

[115] Cohen, 2005, S. 160.

[116] Cohen, 1995, S. 319.

[117] Ibid., 318- 320.

[118] Die Protokolle im Vanunu-Prozess, Haaretz, 20.4.2004, (erste Veröffentlichung am 25.11.1999).

[119] Feldmann, 1998, S. 129.

[120] Cohen, 2005, S. 163-165.

[121] Black & Morris, 1994, S. 526.
[122] Ibid., 528.
[123] Ibid., 527.
[124] Ibid., 525-526.
[125] Ibid., 537.
[126] Ibid., 538.
[127] Shlaim, 2000, »Ariel Sharon's Big Plan«, S. 395-400; Benziman, 1985, S. 256.
[128] Black & Morris, 1994, S. 539.
[129] Ibid., 543-545.
[130] Shlaim, 2000, S. 413-415.
[131] Ibid., 416.
[132] Maariv, 9.6.1982.
[133] Ben-Simon, 1997, S. 231.
[134] Maariv, 8.6.1982.
[135] Al Hamishmar, 11.6.1982.
[136] Haaretz, 16.6.1982.
[137] Maariv, 29.6.1982.
[138] Davar, 24.6.1982.
[139] Maariv, 26.7.1982.
[140] Haaretz, 30.7.1982.
[141] Maariv, 26.9.1982.
[142] Haaretz, 30.7.1982.
[143] Am 1.8.1982 nimmt die IDF den internationalen Flughafen in Beirut ein und bombardiert die südlichen Teile der Stadt. Am 4.8.1982 fällt auch West-Beirut in israelische Hände. Gal & Hammerman, 2002, S. 14-15.
[144] Haaretz, 30.7.1982.
[145] Segev, 2005, S. 200.
[146] Shlaim, 2000, S. 412.
[147] Haaretz, 30.7.1982.
[148] Haaretz, 30.7.1982.
[149] Shlaim, 2000, S. 427.
[150] Pedezur, Reuven, »Gefangen in den Händen der Generäle«, Haaretz, 27.7.2006.
[151] Shlaim, 2000, S. 427-428; Azoulay-Katz, 1996, S. 122-123.
[152] Hadashot, 4.3.1984.
[153] Hadashot, 4.3.1984.
[154] Shlaim, 2000, S. 560-561.
[155] Maariv, 3.4.1996.
[156] Pedezur, 27.7.2006.
[157] Shlaim, 2000, S. 556.
[158] Ibid., 556; Azoulay-Katz, 1996, S. 238.
[159] Littell, 1998, S. 122.
[160] Ben-Simon, 1997, S. 216-218.
[161] Premier- und Verteidigungsminister Itzhak Rabin genehmigt die Tötung des Anführers des Islamischen Dschihad Fathi Shikaki. Der Mossad führt den Befehl am 25.10.1995 auf der Insel Malta aus.

[162] Bar-Zohar, 2006, S. 664.
[163] Shlaim, 2000, S. 559.
[164] Vgl. Pressemeldungen wie z. B.: IDF-Einschätzung: »Die Bewohner der Sicherheitszone assistierten der Hisbollah bei der Tötung eines israelischen Soldaten«, Haaretz, 11.3.1996; »Gerüchte über eine bevorstehende militärische Aktion der IDF im Libanon«, Haaretz, 18.3.1996; »Hisbollah meldet: Sollte IDF im Libanon attackieren, so werden wir die Siedlungen in Nord-Israel ebenfalls mit Katjuscha-Raketen beschießen«, Haaretz, 19.3.1996; »Katjuscha-Raketen auf Galiläa als Reaktion auf das IDF-Bombardement, in welchem zwei Libanesen getötet wurden«, Haaretz, 31.3.1996; »Seit Jahresbeginn wurden 110 Attentate gegen die IDF im Südlibanon verübt«, Haaretz, 17.3.1996; Yoel Markus fragt, »Ob ein Zweiter Libanonkrieg bevorstehe«, Haaretz, 19.3.1996; Ehud Oshri erkennt: »Kampflust der TV-Medien«, Haaretz, 2.4.1996.
[165] Ben-Simon, 1997, S. 230.
[166] Ibid., 231.
[167] Shlaim, 2000, S. 560.
[168] Ibid., 560; Ben-Simon, 1997, S. 231.
[169] Haaretz, 24.3.1996.
[170] Haaretz, 21.3.1996.
[171] Haaretz, 8.4.1996. Am 8.6.1996, also ein paar Tage vor Beginn der Kämpfe, werden die Bewohner Nordisraels dazu aufgerufen, in Bunkern Schutz zu suchen. Vgl. Haaretz, 9.6.1996.
[172] Haaretz, 14.4.1996.
[173] Haaretz, 16.4.1996.
[174] Ibid., 561; Bar-Zohar, 2006, S. 665; Azoulay-Katz, 1996, S. 247.
[175] Bar-Josef, Uri, »Abschreckung – nicht nur mit Gewalt«, Haaretz, 24.7.2006.
[176] Kimmerling, 2001.
[177] Amar-Dahl, 2010, S. 225-250.
[178] Golani, 2002, S. 197-203; Segev, 2005.

5 Von jüdischer Nationalstaatlichkeit und regionalem Frieden

[1] Peres, 1999, S. 57, 61.
[2] Ibid., 61-62.
[3] Al Hamishmar, 9.4.1990.
[4] Zuckermann, 2001, S. 159.
[5] Ibid., 142.
[6] Zuckermann, 2003, S. 105.
[7] Zuckermann, 2001, S. 177-191.
[8] Ibid., 186-187.
[9] Ibid., 186-187; ders., 2003, S. 105.
[10] Grinberg, 2007.

11 Ibid., 44-45.

12 Ibid., 54.

13 Grinberg, 2007, S. 339.

14 Raz-Krakotzkin, 1998, S. 59-76.

15 Ibid., 65.

16 Hass, 2006, S. 13-34.

17 Raz-Krakotzkin, 1998, S. 66-67.

18 Ibid., 67-68.

19 Zimmermann, 2010.

20 Shlaim, 2000, S. 49-51.

21 »I am prepared to get up in the middle of the night in order to sign a peace agreement – but I am not in a hurry and I can wait ten years. We are under no pressure whatsoever.« Shlaim, 2000, S. 52; Ben-Gurions Tagebuch, 18.7.1949.

22 »It is true that these things should not prevent us from accelerating the peace, because the issue of peace between us and the Arabs is important, and it is worth paying a considerable price for it. But when the matter is dragged out – it brings us benefits, as the mufti helped us in the past. [...] But in general we need not regret too much that the Arabs refuse to make peace with us.« Shlaim, 2000, S. 51-52; Kabinettsprotokoll vom 29.5.1949.

23 Peres, 1965, S. 16-24, [im Folgenden: Peres, 29.9.1955].

24 Shlaim, 2000, S. 124.

25 Ibid., 128-129.

26 Ibid., 127.

27 Ibid., 146-147.

28 »The attitude of the defense establishment was typically negative and suspicious: it was believed that Johnston's purpose was to look for incriminating evidence against Israel and to curtail its rights. Sharett's attitude was characteristically flexible and constructive. He mastered the water brief as only he knew how to, and he conducted the negotiations himself.« Shlaim, 2000, S. 109.

29 Ibid., 109-110.

30 http://www.ag-friedensforschung.de/regionen/Palaestina/wasser

31 Shlaim, 2000, S. 110.

32 Amar-Dahl, 2003, Anhang 2, S. 143-154.

33 Sharett, 1957, in: Amar-Dahl, 2003, S. 150.

34 Ibid., 150-151.

35 Peres, 29.9.1955, S. 16, 24.

36 Ibid., 17-18.

37 Ibid., 19.

38 Ibid., 19.

39 Ibid., 20.

40 Ibid., 19.

41 Ibid., 20.

42 Ibid., 20.

43 Peres, 1965, S. 129-134.

[44] Ibid., 129.
[45] Peres, 1970, S. 213.
[46] Ibid., 214-217.
[47] Ibid., 218.
[48] Ibid., 218.
[49] http://www.palaestina.org/fileadmin/Daten/Dokumente/Abkommen/Historische/Camp_David_Abkommen__17.09.1978.pdf
[50] Ibid.
[51] Ibid.; Shlaim, 2000, S. 375.
[52] Shlaim, 2000, S. 380- 381.
[53] Ibid., 381-382.
[54] Ibid., 382-383.
[55] Grinberg, 2007, S. 50.
[56] »Israel stands by its right and its claim of sovereignty to Judea, Samaria and the Gaza District. In the knowledge that other claims exist, it proposes, for the sake of the agreement and the peace, that the question of sovereignty in these areas be left open.« Shlaim, 2000, S. 365.
[57] »with the object of bringing a comprehensive peace to the area, security to its states, and to respond to the legitimate rights of the Palestinian people« Shlaim, 2000, S. 444-445.
[58] Ibid.
[59] Peres, 1995, S. 385.
[60] Ibid., 509.
[61] Grinberg, 2007, S. 78; Shlaim, 2000, S. 516-517.
[62] Shlaim, 2000, S. 529.
[63] Ibid., 528.
[64] Grinberg, 2007, S. 54.
[65] Ibid., 56.
[66] Ibid., 57-59.
[67] »In the course of the state's crystallization, Israeli immigrant settlers developed war- and conflict-oriented as well as compromise-oriented values and groups, with their accompanying rhetoric. Owing to the routinization of war and conflict, however, an all-embracing militaristic metacultural code developed to blur the distinctions between peace and war, and between rational military and ideological religious ›reasons‹ for keeping the occupied territories. The first ›peace in exchange for territory‹ agreement with Egypt was made in order to increase control over the components of Eretz Israel dubbed ›Judea and Samaria‹ and was immediately followed by the 1982 war in Lebanon, fought for the same reason. The Oslo accords with the Palestinians were agreed to by Israel primarily in order to shed responsibility for densely Arab-populated areas by establishing indirect control using Arafat's Palestinian Authority as subcontractor, but without giving up ›overall security responsibility‹ for any part of Eretz Israel. This came about only after political and military elites had reached the conclusion that there was no acceptable military solution to the Palestinian problem (not all Israeli Jews were, however, in agreement). The making of de facto peace with the Hashemite kingdom of Jordan was aimed at weake-

ning Palestinian political and military strength«. Kimmerling, 2001, S. 227-228.

68 »The existential anxiety built into Israeli collective identity and collective memory simultaneously fuels civilian militarism and reinforces ›military militarism‹ and the military-cultural complex, creating a vicious circle that always leads to self-fulfilling ›worst case‹ prophecies. Even the main motives for peace-making are driven either by xenophobic feelings of separateness or instrumental manipulation of improved control over ›the other side‹ and preservation of ›our‹ ultimate military might.« Ibid., 228.

69 Bar-Zohar, 2006, S. 616.

70 Vgl. dazu Hass, Amira, »Israelischer Kolonialismus unter dem Deckmantel des Friedensprozesses (1993-2000)«, in: Hass, 2006, S. 194-209, 208; Grinberg, 2007, S. 129.

71 Amar-Dahl, 2010, S. 336-366.

72 Amar-Dahl, 2010, S. 366-370.

73 Vgl. »So sagte der wütende Prophet dem Friedens-Architekten«, Maariv, 25.3.1994.

74 Amar-Dahl, 2010, S. 328-387.

75 Davar I, 24.10.1995.

76 Haaretz, 8.11.1995.

77 »Der Führer des Neuen Nahen Ostens«, Haaretz, 5.12.1995.

78 Jona, Jacob, »Der hysterische Bund«, Maariv, 11.12.1995.

79 Davar I, 26.11.1995.

80 Grinberg, 2007, S. 133-134.

81 Ibid., 135.

82 Grinberg, 2007A, S. 38-45.

83 Davar I, 26.11.1995.

84 Grinberg, 2007, S. 139.

85 Galili, Orit, »Beilin sucht Fesseln, Peres schreitet rückwärts – Wörter, die man vor den Wahlen nicht sagen darf«, Haaretz, 29.11.1995.

86 Grinberg, 2007, S. 161-162.

87 Peres' engster Berater Uri Savir betont sogar, dass die Erörterung der Differenzen mit den Palästinensern bezüglich der anstehenden permanenten Regelung in sich die Gefahr berge, dass die Arbeitspartei nicht wiedergewählt werden würde. Deshalb wurden die Gespräche auf Syrien verlagert. Vgl. Galili, Orit, »Beilin sucht Fesseln, Peres schreitet rückwärts – Wörter, die man vor den Wahlen nicht sagen darf«, Haaretz, 29.11.1995.

88 Bar-Zohar, 2006, S. 666.

89 »[...] Peres could not be persuaded to endorse the plan, for three main reasons: he wanted future relations between Palestine and Jordan spelled out, he regarded the ideas on Jerusalem as inadequate, and he wanted to retain the Jordan Valley as Israel's strategic border.« Shlaim, 2000, S. 555-556.

90 Avneri, Uri, »Der Moment der Wahrheit«, Maariv, 27.11.1995.

91 Peres, 1999, S. 61.

Verwendete Literatur

Amar-Dahl, Tamar, (2003): *Moshe Sharett: Diplomatie statt Gewalt: Der »andere« Gründungsvater Israels und die arabische Welt*, München

Amar-Dahl, Tamar (2010): *Shimon Peres. Friedenspolitiker und Nationalist*, u.a. Paderborn

Anderson, Benedict (1983/1996): *Die Erfindung der Nation: Zur Karriere eines folgenreichen Konzepts*, u. a. Frankfurt

Arendt, Hannah (1945/1976): »Der Zionismus aus heutiger Sicht«, in: Die verborgene Tradition, Acht Essays, hg. v. ders., Frankfurt a. M., S. 127-168

Arieli, Jehushua (1965): *Geheime Verschwörung*, Tel Aviv, (hebr.)

Avineri, Shlomo (1999): *Varieties of Zionist Thought*, Tel Aviv, (hebr.)

Azoulay, Ariella & Ophir, Adi (2008): *This Regime which is not One: Occupation and Democracy Between the Sea and the River (1967 –)*, Israel, (hebr.)

Azoulay-Katz, Orly (1996): *Sisyphos' Catch: Der Mann, der nicht zu siegen wusste – Shimon Peres in der Sisyphos-Falle*, Tel Aviv, (hebr.)

Bar-Zohar, Michael (2006): *Phoenix. Wie ein Strandvogel. Shimon Peres – Eine politische Biographie*, Tel Aviv, (hebr.)

Barzilai, Gad (1996): *Wars, Internal Conflicts, and Political Order. A Jewish Democracy in the Middle East*, New York

Bar-On, Mordechai, (1992): *The Gates of Gaza: Israel's Defense and Foreign Policy 1955-1957*, Tel Aviv

Bechor, Guy (1996): *Constitution for Israel*, Jerusalem, (hebr.)

Ben-Eliezer, Uri (1994): »›Das Volk in Waffen‹ und der Krieg: Israel in den ersten Jahren der Souveränität«, Zmanim 49, Historische Zeitschrift der Tel Aviver Universität, S. 50-65, (hebr.)

Ben-Eliezer, Uri (1998): *Making of Israeli Militarism*, Bloomington

Ben-Eliezer, Uri (1998A): »Is Military Coup Possible in Israel? Israel and French-Algeria in Comparative Historical-Sociological Perspective«, Theory and Society 27, Netherlands, S. 311-349

Ben-Simon, Daniel (1997): *A New Israel*, Tel Aviv, (hebr.)

Benvenisti, Meron (1987): *1987 Report: Demographic, Economic, Legal, Social and Political Development in the West Bank*, Jerusalem

Benziman, Uzi (1985): *Sharon: An Israeli Caesar*, Tel Aviv, (hebr.)

Benziman, Uzi & Mansour, Atallah (1992): *Subtenants*, Jerusalem, (hebr.)

Biale, David (1986): *Power and Powerlessness in Jewish History*, New York

Black, Ian & Morris, Benny (1994): *Mossad, Shin Bet, Aman. Die Geschichte der israelischen Geheimdienste*, Heidelberg

Brenner, Michael (2002): *Geschichte des Zionismus*, München

Brubaker, Rogers (2002), »Nationalistische Mythen und eine post-nationalistische Perspektive«, in: Jüdische Geschichtsschreibung heute: Themen, Positionen, Kontroversen, hg. v. Michael Brenner & David N. Myers, München, S. 217-228

Cohen, Avner (2000): *Israel and The Bomb*, Tel Aviv, (hebr.)

Cohen, Avner (2005): *The Last Taboo*, Israel, (hebr.)

Cohen, Hillel (2006): *Good Arabs. The Israeli security services and the Israeli Arabs*, Jerusalem, (hebr.)

Cohen, Yoel (1995): *Die Vanunu Affäre. Israels Geheimes Atompotential*, Heidelberg

Davis, Uri (2003): *Apartheid Israel, Possibilities for the struggle within*, London/New York

Dubnow, Simon, (1931/2003): »Diaspora«, in: *Jüdische Geschichte lesen, Texte der jüdischen Geschichtsschreibung im 19. und 20. Jahrhundert*, hg. v. u. a. Michael Brenn, München

Edmonds, Martin (1999): »Armed Service and Society«, Boulder, Westview Press, S. 70-112

Eshed, Chagai (1963/1979): *Who Gave The Order? The Lavon Affair*, Jerusalem, (hebr.)

Eisenstadt, Shmuel N. (1985): *The Transformation of Israeli Society*, London

Evron, Yair (1987), *Israel's Nuclear Dilemma*, Israel, (hebr.)

Fackenheim, Emil L. (1978): *The Jewish Return to History: Reflections in the Age of Auschwitz and a New Jerusalem*, New York

Fackenheim, Emil L. (1990): *The Jewish Bible after the Holocaust – a re-reading*, u. a. Bloomington

Feldmann, Avigdor (1998): »Vanunu, das Geheimnis und das Gesetz«, in: *Vanunu and the Bomb, The Campaign to Free Vanunu*, London/Israel, (hebr.), S. 129-138

Gal, Irit & Hammerman, Ilana (2002): *From Beyrouth to Jenin*, Tel Aviv, (hebr.)

Gellner, Ernest (1983/1990): *Nationalismus und Moderne*, Berlin

Golan, Arnon (1995): »The Transfer to Jewish Control of Abandoned Arab Lands during the War of Independence«, in: *Israel – The First Decade of Independence*, hg. v. Ilan S. Troen & Noah Lucas, New York, S. 403-440

Golani, Motti (1998): *Israel in Search of a War – the Sinai Campaign, 1955-1956*, Brighton

Golani, Motti (2002): *Wars Don't Just Happen*, Ben Shemen, (hebr.)

Gorny, Josef (1986): *The Arab Question and the Jewish Problem*, Tel Aviv, (hebr.)

Grinberg, Lev (2007): *Imagined Peace, Discourse of War. The Failure of Leadership, Politics and Democracy in Israel, 1992-2006*, Tel Aviv (hebr.)

Gutman, Yechiel (1995): *A Storm in the G.S.S.*, Tel Aviv, (hebr.)

Harel, Isser (1982): *When Man Rose Against Man*, Jerusalem, (hebr.)

Harel, Isser (1979): *Anatomie eines Verrats. Das Desaster in Ägypten*, Israel, (hebr.)

Hasin, Eliyahu & Horowitz, Dan (1961): *The Affair*, Tel Aviv, (hebr.)

Hass, Amira (2006): *Morgen wird alles schlimmer*, München

Herzl, Theodor (1896/1997): *Der Judenstaat, Versuch einer modernen Lösung der Judenfrage*, Zürich, 1997

Herzl, Theodor (1902): *Altneuland*, Leipzig

Hobsbawm, Eric J. (1983/1993): *The Invention of Tradition*, u. a. Cambridge

Hobsbawm, Eric J. (1990/2004): *Nationen und Nationalismus: Mythos und Realität*, Frankfurt/New York

Hofnung, Menachem (1996): *Democracy, Law and National Security in Israel*, Dartmouth

Horowitz, Dan (1977): »Is Israel A Garrison State?«, The Jerusalem Quarterly, Summer, S. 58-75

Horowitz, Dan & Lissak, Moshe (1990): *Trouble in Utopia: The Overburdened Polity of Israel*, New York

Huntington, Samuel P. (1968): *Political Order in Changing Societies*, New Haven

Janowitz, Morris (1971): *The Professional Soldier, A Social and Political Portrait*, New York

Kafkafi, Eyal (1994): *An Optional War. To Sinai and Back – 1956-1957*, Tel Aviv, (hebr.)

Kafkafi, Eyal (1998): *Pinchas Lavon – Anti-Messiah. Biography*, Tel Aviv, (hebr.)

Keren, Michael (1996): *Professionals Against Populism, The Peres' Government and Democracy*, Tel Aviv, (hebr.)

Kimmerling, Baruch (1993): »Staat und Gesellschaft in Israel«, in: *Israel Society: Critical Perspectives*, hg. v. Uri Ram, Tel Aviv, S. 328-350, (hebr.)

Kimmerling, Baruch (1993A): »Militarismus in der israelischen Gesellschaft«, Theorie und Kritik 4, Jerusalem, S. 123-141, (hebr.)

Kimmerling, Baruch (1994): »Religion, Nationalismus und Demokratie in Israel«, Zmanim 50-51, Historische Zeitschrift der Tel Aviver Universität, S. 116-131, (hebr.)

Kimmerling, Baruch (2001): *The invention and decline of Israeliness – state, society, and the mili*tary, u. a. Berkeley

Krispin, Yael (2002): »Wende in der Kontinuität: Shimon Peres' Vorstellungs- und Auffassungswelt in Bezug auf den israelisch-arabischen Konflikt«, Der Neue Orient, Die israelisch-orientalische Gesellschaft 43, Jerusalem, S. 177-207, (hebr.)

Leibowitz, Yeshayahu (1954/1997): »Nation, Religion, and State«, De'ot, Tel Aviv, 1954, (hebr.), hier zitiert nach: Akiva Orr, »Hundert Jahre Zionismus – eine Kritik«, in: *Hundert Jahre Zionismus. Befreiung oder Unterdrückung? Beiträge der Gegentagung zum Herzl-Jubiläum*, hg. v. Verein »Gegentagung zum Herzl-Jubiläum«, Basel, S. 35-52

Lissak, Moshe (1984): »Paradoxes of Israeli Civil-Military Relations: An Introduction«, in: *Israeli Society and Its Defence Establishment*, hg. v. ders., London, S. 1-12

Lissak, Moshe (1983): »Paradoxes of the Israeli Civil-Military-Relations«, Journal of Strategic Studies 6, S. 6-11

Littell, Robert (1998): *Gespräche mit Shimon Peres – Arbeit für den Frieden*, Frankfurt a. M.

Love, Kenneth, (1969): *Suez: The Twice Fought War*, London

Mintz, Alex (1983): »The Military Industrial Complex – The Israeli Case«, Journal of Strategic Studies 6/3, S. 103-127

Morris, Benny, (1996): *Israel's Border Wars, 1949-1956: Arab Infiltration, Israeli Retaliation and the Countdown to the Suez War*, Tel Aviv, (hebr.)

Morris, Benny, (2000): »Die israelische Presse und die Qibiya-Affäre, Oktober-November 1953«, in: *Juden und Araber in Eretz Israel 1936-1956*, hg. v. ders., Tel Aviv, (hebr.), S. 175-197

Negbi, Moshe (1987): *Above the Law: The Constitutional Crisis in Israel*, Tel Aviv, (hebr.)

Neurberger, Benyamin (1998): *Democracy in Israel: Origins and Development*, Tel Aviv, (hebr.)

Ophir, Adi (2001): *Working for the Present: Essays on Contemporary Israeli Culture*, Israel, (hebr.)

Oren, Michael B. (1992): *The Origins of the Second Arab-Israel War*, London

Orr, Akiva (1998): »Mordechai Vanunu und die israelische Nuklearpolitik«, in: *Vanunu and the Bomb, The Campaign to Free Vanunu*, London/Israel, (hebr.), S. 65-68

Ozacky-Lazar, Sarah (1998): »Security and Israel's Arab Minority«, in: *Security Concerns – Insights from the Israeli Experience*, hg. v. Daniel Bar-Tal, Dan Jacobson, Aharon Kliemann, London: 1998, S. 347-369

Pedezur, Reuven (2003): »Zur israelischen Sicherheitskultur: Ursprung und Auswirkung auf die israelische Demokratie«, Politika, The Israeli Journal of Political Science and International Relations 10, Jerusalem, 87-113, (hebr.).

Peled, Yoav (2007): »Von ethnischer Demokratie zur Ethnokratie? – Demographie und Staatsbürgerschaft im heutigen Israel«, in: *Demographie – Demokratie – Geschichte*, Göttingen: Tel Aviver Jahrbuch für deutsche Geschichte, S. 351-362

Peres, Shimon (1965): *The Next Phase*, Tel Aviv, (hebr.)

Peres, Shimon (1970): *David's Sling*, Jerusalem, (hebr.)

Peres, Shimon (1978): *And Now Tomorrow*, Jerusalem, (hebr.).

Peres, Shimon (1993): *Die Versöhnung – Der neue Nahe Osten*, Berlin

Peres, Shimon (1995): *Shalom – Erinnerungen*, Stuttgart, (eng. *Battling for Peace. Memoirs*, London, 1995)

Peres, Shimon (1998): *Zurück nach Israel – Eine Reise mit Theodor Herzl*, München

Peres, Shimon (1999): *Man steigt nicht zweimal in denselben Fluß. Politik heißt Friedenspolitik*, München

Raz-Krakotzkin, Amnon (1998): »A Peace without Arabs: The Discourse of Peace and the Limits of Israeli Consciousness«, in: *After Oslo: New Realities, Old Problems*, hg. v. George Giacaman & Dag Jørund Lønning, London/Chicago, S. 59-76.

Raz-Krakotzkin, Amnon (2000): »Historisches Bewußtsein und historische Verantwortung«, in: *Historikerstreit in Israel – Die ›neuen‹ Historiker zwischen Wissenschaft und Öffentlichkeit*, hg. v. Barbara Schäfer, Frankfurt/New York, S. 151-207

Raz-Krakotzkin, Amnon (2002): »Geschichte, Nationalismus, Eingedenken«, in: *Jüdische Geschichtsschreibung heute: Themen, Positionen, Kontroversen*, hg. v. Michael Brenner & David N. Myers, München, S. 181-206

Raz-Krakotzkin, Amnon (2005): »The Zionist Return to the West and the Mizrahi Jewish Perspective«, in: *Orientalism and the Jews*, hg. v. Ivan Davidson Kalmar & Derek J. Penslar, Hanovar/London, S. 162-181

Schmidt, Helmut (2000): *Jahrhundertwende, Gespräche mit…*, Berlin

Schweid, Eliezer (1973): *Israel at the Crossroads*, Philadelphia

Segev, Tom (2005): *Israel in 1967*, Jerusalem, (hebr.)

Shapira, Anita: (1983): *Berl Katznelson. Biography*, Jerusalem, (hebr.)

Shapira, Anita (1992): *Das Schwert der Taube: Der Zionismus und die Macht 1881-1948*, Tel Aviv, (hebr.)

Shapiro, Gidon (1998): »Die israelische Regierung kündigt an«, in: *Vanunu and the Bomb, The Campaign to Free Vanunu*, London/Israel, (hebr.), S. 148-166

Smith, Anthony D. (1986): *The Ethnic Origins of Nations*, Oxford

Smith, Anthony D. (1991): *National Identity*, London

Smooha, Sammy (1996): »Ethnische Demokratie: Israel als Proto-Typ«, in: *Zionismus: Eine zeitgenössische Debatte*, hg. v. Pinchas Genosar & Avi Bareli, Israel, (hebr.), S. 277-311

Smooha, Sammy (2002): »The Model of Ethnic Democracy: Israel as a Jewish and Democratic State«, in: Nations and Nationalism 8/4, S. 475-503

Sprinzak, Ehud (1993): »Elite Illegalism in Israel and the Question of Democracy«, in: *Israeli Democracy under Stress*, hg. v. ders., & Larry Diamond, Boulder/London, S. 173-198

Said, Edward W. (2009): *Orientalismus*, Frankfurt am Main, (aus dem Engl. von Hans Günter Holl)

Said, Edward W. (2003/2006): *Kultur und Widerstand, David Barsamian spricht mit Edward W. Said über den Nahen Osten*, Cambridge/USA

Sheffer, Gabriel (1995): »Sharett's ›Line‹, Struggles, and Legacy«, in: *Israel. The First Decade of Independence*, hg. v. Ilan S. Troen & Noah Lucas, New York, S. 143-169

Shlaim, Avi (2000): *The Iron Wall – Israel and the Arab World*, u. a. New York

Shlaim, Avi (2001): »The Protocol of Sèvres, 1956, Anatomy of a War Plot«, in: *The 1956 War: Collusion and Rivalry in the Middle East*, hg. v. David Tal, London, S. 119-143

Tal, David (2001): »Introduction: A New Look at the 1956 Suez War«, in: *The 1956 War: Collusion and Rivalry in the Middle East*, hg. v. ders., London, S. 1-18

Teveth, Shabtai (1994): *The Unhealing Wound*, Tel Aviv, (hebr.)

Teveth, Shabtai (1996): *Ben-Gurions Spy – The Story of the Political Scandal that Shaped Modern Israel*, New York

Vagts, Alfred (1937): *A history of militarism: romance and realities of a profession*, New York

Vagts, Alfred (1959): *A History of Militarism*, New York

Wasserstein, Bernard (2003): *Israel und Palästina, warum kämpfen sie und wie können sie aufhören?*, München

Wehler, Hans-Ulrich (2007): *Nationalismus. Geschichte – Formen – Folgen*, München

Yiftachel, Oren (1999): »›Ethnocracy‹: The Politics of Judaizing Israel/Palestine«, Constellations 6/3, S. 364-390

Zertal, Idit (2003): *Nation und Tod. Der Holocaust in der israelischen Öffentlichkeit,* Göttingen

Zertral, Idit & Eldar, Akiva (2004): *Lords of the Land, The Settlers and the State of Israel 1967-2004,* Israel, (hebr.)

Zimmermann, Moshe (2010): *Die Angst vor dem Frieden – Das israelische Dilemma,* Berlin

Zuckermann, Moshe (2001): *On the Fabrication of Israelism, Myths and Ideology in a Society in Conflict,* Tel Aviv, (hebr.)

Zuckermann, Moshe (2002): »Volk, Staat, Religion im Zionistischen Selbstverständnis. Historische Hintergründe und aktuelle Aporien«, in: *Gewaltspirale ohne Ende? Konfliktstrukturen und Friedenschancen im Nahen Osten,* hg. v. Uta Klein & Dietrich Thränhardt, Schwallbach/Ts.: 2002, S. 34-49

Zuckermann, Moshe (2003): *Zweierlei Israel? Auskünfte eines marxistischen Juden an Thomas Ebermann, Hermann L. Gremliza und Volker Weiß,* Hamburg

Internet

http://www.nkusa.org/Foreign_Language/German/062504ViennaGerman.cfm

http://www.ynet.co.il/articles/0,7340,L-4066153,00.html

http://www.palaestina.org/fileadmin/Daten/Dokumente/Abkommen/Historische/Camp_David_Abkommen__17.09.1978.pdf

http://www.ag-friedensforschung.de/regionen/Palaestina/wasser

http://www.hagalil.com/israel/independence/azmauth.htm

http://www.knesset.gov.il/laws/special/heb/chok_hashvut.htm

Personenregister